球员时代的菲尔·杰克逊，坐在替补席上。

1974 年，菲尔·杰克逊在对阵凯尔特人的比赛中抢下篮板。

1991/1992 赛季 NBA 总决赛，菲尔·杰克逊在比赛暂停期间布置战术。

1995/1996 赛季芝加哥公牛队阵容合照，菲尔·杰克逊（后排中）带领球队创造了常规赛 72 胜的纪录。

菲尔·杰克逊荣膺 1995/1996 赛季 NBA 年度最佳教练。

他的爱徒迈克尔·乔丹则获得该赛季常规赛 MVP。

1996 年 6 月，公牛队在总决赛中战胜超音速队，菲尔 · 杰克逊拿到了执教公牛队的第 4 枚戒指。

1997 年 6 月，在公牛队总冠军巡游庆典上，罗德曼、迈克尔 · 乔丹、皮蓬、罗恩 · 哈珀，与菲尔 · 杰克逊一同手持总冠军奖杯合影。

菲尔·杰克逊和乔丹在比赛中沟通。

2005年12月9日，菲尔·杰克逊、乔丹等人参加皮蓬的球衣退役仪式。

2000/2001 赛季湖人队拍摄的球队大合影，菲尔 · 杰克逊位于后排中间。

2001 年 9 月 28 日，菲尔 · 杰克逊与湖人队教练组合影。

1999/2000 赛季西部决赛抢七大战，科比和菲尔·杰克逊在更衣室内。

2001 年 6 月 13 日，总决赛第四场，“禅师”为球员布置战术。

菲尔·杰克逊与科比、奥尼尔的合影。

三连冠！菲尔·杰克逊与科比展示他们的新总冠军戒指。

2007/2008 赛季总决赛第三场，菲尔·杰克逊向裁判乔·克劳福德提出质疑。

“禅师”与泰克斯·温特观看湖人队训练。

2009/2010 赛季总决赛抢七大战击败凯尔特人，“禅师”在更衣室里与弟子们庆祝两连冠。

菲尔·杰克逊与家人庆祝湖人队夺冠。

2013 年 4 月 2 日，菲尔·杰克逊和珍妮·巴斯出席奥尼尔的球衣退役仪式。

2017 年 3 月 24 日，奥尼尔铜像揭幕仪式，奥尼尔、科比与“禅师”齐聚活动现场。

2012 年 10 月，菲尔 · 杰克逊与加索尔一起参加慈善晚宴。

师徒情深！2017 年 4 月，菲尔 · 杰克逊与科比亮相电影节活动，科比紧搂“禅师”。

2020 年 2 月 24 日，菲尔 · 杰克逊参加科比与 GIGI 追思活动。

2024 年 2 月 8 日，湖人队为科比举行雕像揭幕仪式，菲尔 · 杰克逊发表讲话。

菲尔·杰克逊参加本书英文版的新书签售会，“禅师”回忆自己的传奇人生。

ELEVEN RINGS: THE SOUL OF SUCCESS

# 11枚戒指

## “禅师”菲尔·杰克逊自传

[美] 菲尔·杰克逊 [美] 休·迪里汉提 著
郑奇峰 译

金城出版社 GOLD WALL PRESS
西苑出版社 XIYUAN PUBLISHING HOUSE
中国·北京

**图书在版编目（CIP）数据**

11枚戒指 ：“禅师”菲尔·杰克逊自传 / （美）菲尔·杰克逊，（美）休·迪里汉提著 ；郑奇峰译. -- 北京 ：金城出版社有限公司，2025. 10
书名原文：Eleven Rings: The Soul of Success
ISBN 978-7-5155-2561-7

Ⅰ. ①1… Ⅱ. ①菲… ②休… ③郑… Ⅲ. ①菲尔·杰克逊—自传 Ⅳ. ①K837.125.47

中国国家版本馆CIP数据核字(2024)第013596号

**11枚戒指：“禅师”菲尔·杰克逊自传**

作　　者　[美] 菲尔 · 杰克逊　[美] 休 · 迪里汉提
译　　者　郑奇峰
责任编辑　王　璐
责任校对　李凯丽
责任印制　李仕杰
开　　本　710毫米×1000毫米　1/16
印　　张　20
字　　数　268千字
版　　次　2025年10月第1版
印　　次　2025年10月第1次印刷
印　　刷　小森印刷（北京）有限公司
书　　号　ISBN 978-7-5155-2561-7
定　　价　69.80元

出版发行　金城出版社有限公司　西苑出版社有限公司
　　　　　北京市朝阳区利泽东二路3号　邮编：100102
发 行 部　(010) 84254364
编 辑 部　(010) 64391966
总 编 室　(010) 64228516
网　　址　http://www.jccb.com.cn
电子邮箱　jinchengchuban@163.com
法律顾问　北京同清律师事务所　13001187977

# 目录

第一章

# 爱的圆环

生活是一场旅程，时间像一条河流，而前方的门已轻启。

—— 吉姆·布契

## 塞西尔·B. 戴米尔想必也定会爱上我眼前的景象

在通往洛杉矶纪念体育场的斜坡上，我坐在豪华轿车里，等待我的球队到达。而在我周围，有超过9.5万名狂热球迷正浩浩荡荡地向球场进发。他们身上都装饰着各种象征湖人的紫金色，女人身穿芭蕾舞裙，男人装扮成《星球大战》的风暴兵，连小孩都挥舞着“科比：把握当下”（Kobe Diem）的标语牌。尽管场面略显荒诞，这场充满洛杉矶特色的传统庆典，依旧能让人感觉心潮澎湃。正如《洛杉矶周刊》专栏作家杰夫·韦斯的描述：“如果有人想感受当年罗马大军从高卢凯旋时的盛况，那他来这里就对了。”

老实说，我从未真正喜欢过庆祝胜利的场面，虽然这对于我选择的职业来说很奇怪。其实，我有点“人群恐惧症”。比赛中，它不会影响到我，但换到一些稍不受控的场合，我就容易感到不适。我也从不喜欢成为众人瞩目的焦点，这也许是因为我生来腼腆，也可能因为我那身为牧师的父母从小给我灌输的矛盾观点。他们认为胜利是好事，但沉浸于自己的成功，那就会停滞不前。”实际上，母亲是我见过最好胜的人之一。

不过，这次庆典的主角不再是我，而是那些在夺得 2009 年 NBA 总冠军过程中经历了非凡蜕变的球员们。看着他们头戴冠军帽子、身穿冠军 T 恤，在球迷们此起彼伏的欢呼声中，一边嬉笑打闹，一边从那条长长的紫金色阶梯走进球场，你能从他们的脸上感受到这种蜕变。4 年前，湖人还没有获得季后赛的资格。而如今，他们已经登上篮球世界的巅峰。有些教练痴迷于赢得奖杯，有些则享受在电视上看到自己的感觉。但最让我动容的，是看到这些年轻人团结一致，把全身心投入比自己更伟大的目标时，那种从心底迸发出的魔力。一旦你体验过这种感觉，它就会永远铭刻在你心中。

## 戒指是某种象征

在 NBA 中，冠军戒指象征着地位和权力。无论冠军戒指看起来是多么俗气或笨重，但赢得一枚冠军戒指的梦想，是驱使球员们忍受漫长赛季考验的动力。芝加哥公牛前总经理杰里·克劳斯深知这一点。1987 年，当我作为助理教练加入公牛时，他就要求我戴上自己的冠军戒指——那是球员时代我在纽约尼克斯赢得的两枚戒指中的一枚，以此激励年轻的公牛球员。早在大陆篮球协会担任教练时，我就有在季后赛期间干过这样的事情，而每天手指上戴着这么一块闪闪发光的大家伙，这主意就有些过头了。杰里的好主意还没实施满月，我就在芝加哥班尼根餐厅用餐时把戒指最中间的那颗宝石弄丢了，再也没能找回。从那以后，我又恢复了只在季后赛或者胜利庆典的特殊场合才佩戴冠军戒指的习惯。

在心理学层面上，戒指还有更深刻的象征，是个体对和谐、连接和整体的追寻。比如在印第安人文化中，圆形的统一力量意义深远，甚至整个部落都被视为一系列相互连接的圆环（或称之为“圈”）。他们的帐篷就是一个圆，篝火、村落乃至整个部落的布局也都是圆形——圆中有圆，没有起点，也没有终点。

大多数球员并不熟悉印第安人的心理，但他们依靠直觉也能理解戒指背后的深层含义。赛季初，球员们在每场比赛前都会手拉手围成一圈，齐声高喊出他们自创的口号：

“一，二，三，戒指！”

等球员们站上舞台——那是从斯台普斯中心移植过来的湖人主场地板——我起身向全场观众致辞：“我们球队的座右铭是什么？戒指。”我一边说，一边展示 2002 年的冠军戒指。“戒指——这就是我们的座右铭。它不仅仅是一圈金环，更是一个将所有球员凝聚在一起的圆环，是他们彼此间深厚的爱。”

## 爱的圆环

大多数球迷可能不会这样看待篮球运动。然而，在篮球顶级赛场上，以球员和教练的身份征战超过 40 年后，我觉得再没有比这更贴切的说法，能形容这种神秘的化学反应——它将球员们紧密相连，团结一心，共同追逐看似不可能的目标。

显然，我这里说的既非浪漫之爱，也不是传统意义上的兄弟之爱。最贴切的类比，是那些伟大战士在激烈战斗中感受到的强烈情感纽带。

几年前，记者塞巴斯蒂安·荣格曾深入阿富汗最危险区域的某个美军驻地，只为搞清楚这些年轻士兵，到底依靠什么信念才能在如此残酷的环境下作战。他在《战争》一书中讲述了自己的发现：参与战斗所需的勇气与爱是不可分割的。由于士兵们之间形成了深厚的兄弟情谊，他们更关心队友的安危，而非自己的生死。荣格回忆道，一名士兵曾告诉他，如果有队友面临危险，他会毫不犹豫地挡子弹，即便那是一位他并不特别喜欢的队友。当荣格问他为什么时，士兵回答："因为我真心爱我的兄弟们，我们兄弟情深。能救他们一命，让他们活下去，我觉得这很值得。我相信任何一个人都会为我做同样的事。"

按照荣格的说法，这种在和平年代几乎无法复现的情感，是通往成功的关键。因为没有它，其他一切都不可能实现。

我不想把这个类比扯得太远。不像在阿富汗的士兵，篮球运动员不用每天都冒着生命危险，但这个原理在两者之间是相通的。赢得 NBA 总冠军需要许多关键因素，包括合适的阵容、创造力、智慧、韧性，当然，还有运气。如果一支球队缺少最重要的元素——爱，那么其他所有因素都毫无意义。

这种爱并非朝夕之间就能形成。它需要多年的培养，才能让年轻运动员放下自我，全身心融入团队。NBA 也不是一个特别适合教导无私精神的环境。尽管篮球本身是一项五人运动，但围绕这项运动的文化却推崇个人英雄主义，更强调个人成就而非团队合作。

我在 1967 年开始为尼克斯队效力，那时候情况并非如此。当时大多数球员的薪水都很低，夏天不得不靠兼职来维持生计。电视台很少转播篮球比赛，大家都不知道什么是比赛精华集锦，更别提社交网络了。直至 20 世纪 80 年代，情况才出现转变，这很大程度归功于"魔术师"约翰逊与拉里·伯德的双雄争霸，以及迈克尔·乔丹的全球性偶像风潮。时至今日，NBA 已经发展成价值数十亿美元的产业，世界各地的球迷热衷其中，还有各种形式的媒体全年无休地 24 小时报道球场内外的每一件事。可惜发展总有代价，这一切的结果是，市场营销催生了对超级明星的过度关注，使少数自我膨胀的球员更加有恃无恐，却破坏了篮球本身最吸引人的地方——它那独特的内在美感。

像大多数NBA总冠军球队一样，2008/2009赛季的湖人队也经历了多年努力，才从一个缺乏凝聚力、以自我为中心的队伍，转变为团结无私的团队。他们并非我麾下最实力超凡的球队，那份荣誉属于1995/1996赛季由迈克尔·乔丹和斯科蒂·皮蓬领衔的芝加哥公牛。他们也不如1999/2000赛季的湖人队天赋超群，那时队内拥有一众关键先生，比如沙奎尔·奥尼尔、科比·布莱恩特、格伦·莱斯、罗伯特·霍里、里克·福克斯和德里克·费舍尔。和他们不同，2008/2009赛季的湖人把他们伟大的种子埋藏在团队的根基之中。

早在2008年8月的季前训练营，球员们就展现出比以往任何时候都更加强烈的求胜欲。在上个赛季末，他们奇迹般过关斩将与凯尔特人会师总决赛，却在波士顿惨遭羞辱，在对手握有总冠军赛点的第六场比赛，更是输了整整39分。我们被凯文·加内特和他的队友们重创，赛后在返回酒店的路上还遭受到凯尔特人球迷的讥讽，这样的经历无疑极为痛苦，对于那些未曾领教过波士顿篮球氛围的年轻球员，打击更为沉重。

触手可及的冠军戒指被一个更强大、更具压迫感的对手夺走，这样的惨败可能会令很多球队陷入消沉，但这群年轻且充满活力的小伙子反而从中汲取了动力。那一年荣获NBA最有价值球员的人是科比，人们对他的关注有增无减。他的韧劲和坚不可摧的自信心一直让我印象深刻。与经常自我怀疑的奥尼尔不同，科比从不让这种想法进入脑海。如果有人设定了10英尺[1]的标准，他会选择往11英尺跳，哪怕此前从未有人做到过。这就是他在2008年秋天参加训练营时带着的心态，这种心态对队友们产生了强大的影响。

1 1英尺为0.3048米。——译者注

不过，令我最为惊讶的并不是科比的坚毅决心，而是他与队友关系的变化。曾经的科比年轻气盛，一心只想成为历史最佳，为此他甚至不惜让其他人在比赛中变得无足轻重。而那个科比不见了。取而代之的是一个在赛季中逐渐蜕变的科比，他开始真正把自己作为队长的责任放在心上。多年前，我刚来到洛杉矶时，我曾鼓励科比多花时间和队友们在一起，而不是总单独躲在酒店房间里看比赛录像。但他当时对这个建议嗤之以鼻，认为那些队友只关心香车美人。现在，他开始努力与队友们更亲近，想办法将他们打造成更加团结的团队。

当然，球队的另一位队长德里克·费舍尔，也有助他一臂之力。费舍尔天生就是个领导者，具备卓越的情商和出色的管理能力。当费舍尔决定在与金州勇士和犹他爵士的球员合同结束后回到洛杉矶时，我高兴极了。作为球队的控球后卫，费舍尔曾在我们过往的三连冠过程中发挥了关键作用。虽然，他不像联盟某些年轻控卫那样迅捷或富有创造力，但他身强力壮，坚定无畏，性格坚如磐石。尽管速度不快，他依然擅长掌控进攻节奏，确保球队的进攻体系正常运转。当比赛进入最后时刻，费舍尔的三分球也格外精准。最重要的是，他与科比之间有着深厚的默契。科比尊重费舍尔的心理素质和在重压之下的可靠，而费舍尔也懂得如何与科比沟通，换作别人未必懂得这种沟通方式。

科比和费舍尔在训练营的第一天发表了演讲，他们强调，即将到来的赛季是一场马拉松，而非短跑冲刺，我们需要专注于以力制力，不被身体压力所吓倒。讽刺的是，科比每天说的话跟我越来越像了。

在那本极具开创性的著作《部落的力量》中，管理学专家戴夫·洛根、约翰·金和海丽·费·莱特在对中小型组织进行广泛研究后，总结并提出了部落发展的五个阶段。尽管球队并非真正的部落，但它们拥有许多相似特征，并且在发展过程中也遵循着类似的轨迹：

第一阶段——大多数街头帮派的共同特征，绝望、充满敌意，普遍认为：“生活很糟糕。”

第二阶段——以冷漠的人为主，他们将自己视为受害者，持有“我的生活很糟糕”的心态，表现出被动的敌对情绪。可以参考电视剧《办公室》或漫画《呆伯特》中的角色。

第三阶段——专注于个体成就，座右铭是“我很棒（而他人不行）”。根据作者的描述，处于这一阶段的组织成员“必须赢，而对他们来说，赢是个人的胜利。无论是在工作还是在思维上，这些人都会在个人层面上超越竞争对手，最终形成一群‘孤独的战士’”。

第四阶段——致力于部落的自豪感，坚信“我们都很棒（而对手不行）”。这样的团队需要一个强大的对手，敌人越强大，部落的力量就越强。

第五阶段——这是一个罕见的阶段，他们对世界抱着欣赏的态度，并且拥有“生活很美好”的强大信念（参考1995年到1998年的芝加哥公牛）。

洛根和他的同事们认为，在其他条件相同的情况下，第五阶段的团队会比第四阶段更好，第四阶段又会优于第三阶段，以此类推。此外，当你从一个阶段转变到另一个阶段时，规则也会发生变化。这就是为什么大多数领导力著作中所提到的所谓宇宙普遍原理很难站得住脚的原因。为了从一个阶段升级到下一个阶段，你需要找到一根适合撬动那个阶段发展的杠杆。

在2008/2009赛季，为了赢得总冠军，湖人需要从第三阶段升级到第四阶段。这其中的关键就是绝大部分球员接受更加无私的比赛方式。我并不太担心科比，尽管只要感到沮丧，他随时可能疯狂投篮。但到了职业生涯的这个阶段，我相信他已经意识到，每次拿到球就单打独斗的做法是多么愚蠢。我也不担心费舍尔或保罗·加索尔，他们天生就倾向于为团队着想。最让我担心的，是那些急于在ESPN体育节目上露脸来为自己打响名声的年轻球员。

但让我吃惊的是，我在赛季伊始就发现，即便是队里最不成熟的球员，也开始变得全神贯注、心无旁骛。"我们在执行重要任务，不容有丝毫松懈，"前锋卢克·沃顿说道，"等到我们打进总决赛，失败就不再是我们的选项。"

我们开局势如破竹，在前25场比赛中赢下了21场。到了主场与凯尔特人的圣诞大战时，球队的精神面貌已经远超上赛季季后赛时的状态。我们打比赛的方式就像是"篮球之神"所指引的那样：在运动中阅读防守，并像一支精心调配的爵士乐队一样齐心协力地给予对手回应。这支焕然一新的湖人队以92比83轻取凯尔特人，随后一路高歌猛进，以西部联盟最佳战绩（65胜17负）结束常规赛。

球队最大的威胁，来自季后赛第二轮对手休斯敦火箭，尽管明星球员姚明在第三场比赛就因为脚部问题缺席剩下的比赛，火箭队仍然将系列赛拖入了抢七大战。如果说有什么问题，那就是我们曾经抱有一种错觉，认为仅凭天赋就能轻松取胜。然而，面对一支缺少三名主力球员的火箭，我们被逼到了悬崖边，这充分展示了季后赛的残酷。这个艰难的系列赛让球员们警觉起来，帮助他们逐渐向更具团队精神的第四阶段迈进。

毫无疑问，这支后来仅用了5场比赛就赢下总决赛、昂首离开奥兰多的湖人队，与上赛季在波士顿溃不成军的球队截然不同。球员们不仅变得更加强韧和自信，而且建立了深厚的情感。

"兄弟情谊。"科比说，"兄弟情谊，这就是全部原因。"

我认识的大多数教练都花费大量时间专注于战术研究。我必须承认，有时我自己也掉进了这个陷阱。但让大多数人对体育产生兴趣的，并不是那些在媒体中无休止传播的战术讨论，而是我称之为"运动精神本质"的东西。

我无法假装自己是领导力理论的专家。但我明白，将一群年轻、雄心勃勃的个体转变为一个紧密合作的冠军团队，绝不是一个机械化的过程。这是一项神秘的多线程工作，不仅需要对比赛的传统法则有透彻的理解，还需要一颗开放的心，一个清晰的头脑，以及对人类精神的强烈好奇。

这本书，就是我试图解开这个谜团的旅程。

第二章

# 杰克逊十一法则

只有掌握游戏规则，你才能打破规则。

——里基·李·琼斯

在继续这段旅程之前，我想先简要介绍一下，这些年来我对正念领导力逐渐总结的基本法则。这些法则帮助我将杂乱无章的球队转变为冠军之师。我不会在这里讲什么高深的管理理论。就领导力而言，如同生活中的很多事情一样，最有效的方法往往是最简单的。

## 1. 从内而外领导

有些教练喜欢随大流。他们会花费大量时间研究其他教练在做什么，尝试各种华而不实的新技巧，希望从中获得战胜对手的优势。这种外在驱动的策略，在短期内或许会收到成效，尤其是当你足够强势，并且富有个人魅力的时候。但最终它不可避免地会适得其反，球员会厌倦压迫和训斥，逐渐变得抵触。更有可能的是，对手会看穿你的花招，找出更聪明的办法来应对你的最新战术。

我天生反对随波逐流。这要从我的童年往事说起，那时，我的父母都是牧师，他们强迫我接受宗教教条，要求我严格遵守教义来思考和行事。长大后，我努力摆脱早年接受的这种教育方式，转而形成一种更加开放、对个人有意义的生活方式。

在很长一段时间内，我都认为自己必须将个人信仰与职业工作划清界限。在努力与自己内心的精神渴望达成和解的过程中，我尝试了多种思想和实践，从神秘主义到禅宗冥想，再到印第安人的仪式。最终，我将这些不同理念结合，形成最适合我个人的一套理念。起初，我很担心球员们会觉得我的观念过于古怪，但随着时间的推移，我发现我越是遵从内心去表达，球员们就越能听得进去，并从我所领悟到的理念中获益。

## 2. 放下自我

曾经有记者采访比尔·菲奇——我在北达科他大学的教练，问他与那些难相处的人共事时，是否觉得心烦。他的回答是："我才是让别人心烦的人，轮不到他们让我头疼。"后来菲奇成为成功的 NBA 教练，他代表了一种最常见的教练风格，那种专制型的领导风格——"按我说的干，不然就滚蛋"。菲奇成功在于，他能用自己的幽默感来让球员接受这种强硬的方式。而另一种典型的教练类型则是"阿谀奉承"型教练，他们试图安抚球队的明星球员，做他们的好朋友，但这种做法充其量也只能算徒劳无益。

我采取了不同的方法。经过多年的尝试，我发现，越直接树立权威，反而越会削弱自己的影响力。我学会了放下自我，尽可能地分配权力，只把持最终的决策权。和听上去的不同，这种方法反而增强了我的领导力，因为这样做能让我专注于掌控球队的整体规划。

有些教练坚持事事掌握话语权，但我一直都想营造一个让每个人都能发挥领导作用的环境，无论他是没有经验的新人，还是经验丰富的超级球星。如果你的主要目标是将球队带入一个和谐与统一的状态，那么把自己的权威强硬地施加到球队上是没有意义的。

放下自我并不意味着没有原则。这是我从我的导师、前尼克斯队主教练瑞德·霍尔兹曼身上学到的一课，他是我见过的最无私的领袖之一。有一次，球队在客场比赛的航班上，一名球员的随身音响开始放起了激烈的摇滚乐。瑞德走到那名球员面前说："嘿，你歌单里有格伦·米勒的歌吗？"那哥们像看着疯子一样看着瑞德。"如果你有的话，那可以把我爱听的和你爱听的轮着放。否则，就给我把那破玩意儿关了。"然后，瑞德在我旁边坐下来说："你要知道，球员都有自我，但有时候他们忘了，教练也是有自我的。"

## 3. 助力球员发现自己的使命

身为教练，我学到的一件事是，你不能强迫别人按照你的意愿行事。如果你希望他们有所改变，就需要激励他们自我改变。

大多数球员习惯了让教练为他们思考。当他们在场上遇到问题时，他们会紧张地望向场边，期待教练给出答案。许多教练会乐意满足他们。但我不一样，我一直希望让球员们学会独立思考，这样他们才能在激烈的比赛中做出正确的决策。

NBA 有个常规惯例，当对方球队打出 6 比 0 的攻势时，你要立即请求暂停。但让我的教练团队颇为不解的是，我在面对这种情况时仍然让比赛继续进行，让球员们自己想办法解决问题。其实这样做不仅能增强球队的凝聚力，还能提升迈克尔·乔丹所说的那种球队集体"思考能力”。

另一方面，我一直会给予每个球员足够的自由，让他们在球队的整体架构中找到自己的角色。我见过无数球员淡出赛场，不是因为他们缺乏篮球天赋，而是因为他们找不到适合自己的方法融入 NBA 那种千篇一律的模式。

我的方法是，始终将每个球员视为一个完整的人，而不仅仅是篮球机器中的一个齿轮。这意味着要帮助他发现，自己除了投篮和传球之外，还能为比赛带来哪些独特的品质。他有多大的勇气？他是否足够强韧？他在重压之下能有什么表现？我执教过的许多球员在纸面上看起来并不特别，但在为自己寻找定位的过程中，他们能成长为令人敬畏的冠军球员。德里克·费舍尔就是典型的例子。他最初是湖人队替补控球后卫，移动速度和投篮技巧都很普通。但通过不懈的努力，他最终让自己成长为一位不可或缺的关键先生，也成了我执教过的最出色的领袖球员之一。

## 4. 通往自由之路是一套美妙的体系

1987 年，我作为助理教练加入了公牛队，我的同事泰克斯·温特教给我三角进攻体系，这个体系与我在佛教禅宗中学到的无私和专注价值观完美契合。泰克斯在南加州大学上学时，就从传奇教练山姆·巴里那学到了这套体系的基础原理。在堪萨斯州立大学担任主教练时，泰克斯进一步完善了这套体系，并带领野猫队 8 次闯进 NCAA 八强，其中两次晋级四强。在担任休斯敦火箭主教练时，他也在沿用这一体系。除此以外，泰克斯在南加州大学的队友比尔·沙曼和亚历克斯·汉纳姆都曾分别用自己版本的三角进攻带领湖人和 76 人赢得了 NBA 总冠军。

尽管泰克斯和我使用三角进攻在公牛队和湖人队取得了非凡的成功，但许多关于这个体系如何运作的误解仍然存在。批评者认为它僵化和过时，而且难以学习，但这些说法都不准确。事实上，三角进攻比许多 NBA 球队如今使用的进攻体系都要简单得多。最重要的是，它能自动激发球员的创造力和团队合作，让球员无须死记硬背那些数目众多的战术套路。

三角进攻最吸引我的，是它赋予了球员们更多的主动权，让每个球员都能在清晰、明确的结构中扮演至关重要的角色，同时让他们发挥出高水平的创造力。这套体系的关键在于训练每个球员去阅读防守，并做出恰当的应对。这使得球队能够根据每一刻的情况协调一致地行动。在三角进攻中，你不能站在一旁等待像迈克尔·乔丹和科比·布莱恩特这样的人物施展魔法。五名球员都必须时刻全力投入，否则整个体系就会失灵。球员们会在比赛中实时思考如何解决场上的问题，而不仅仅是在暂停时看教练在战术板上的讲解。当三角进攻运作得当时，它几乎是无法预测的，因为没有人知道接下来会发生什么，甚至连球员自己也无法预料。

## 5. 把平凡变为神圣

小时候，我常常惊叹于父母创建社区的能力，他们能将蒙大拿和北达科他这两片土地上的艰苦生活转变为一种神圣的体验。

你一定也听过这首歌：

> 愿那维系我们的纽带蒙福，
> 以爱相连；
> 志同道合者的情谊，
> 如同天上的那般美好。

这就是将个体凝聚在一起，并使他们与超越自我的事物相连接的崇高本质。在成长过程中，我曾无数次聆听那首歌，也亲眼看见了人们被这种精神所触动，并因此团结在一起。那些仪式对我产生了深远的影响，也影响了我的领导方式，尽管后来我脱离了五旬节教派，并找到了新的精神方向。

有一次，公牛队在一场艰难的比赛中逆转对手取得胜利。赛后，我的训练师奇普·谢弗尔在球队大巴上说，他希望我们能把那种比赛末段的能量像魔法药水一样装瓶保管，这样我们就能在需要时拿出来使用。这个想法不错，但我清楚，那些让球队和谐团结的力量并不是那么简单明了的。它们不能被随意制造，尽管你可以尽力创造出促进这种转变的条件，这就像我父母每周日在教堂里所做的事情。

职业篮球其实跟世上所有平凡的活动无异，我作为教练，职责就是让它变得有意义。尽管这项运动充满魅力，但日复一日在一座座城市中打比赛，难免还是会让人感到麻木。这就是我开始在训练中加入冥想的原因。我想给球员们一些战术之外的东西，让他们能够保持专注。而且，我们经常创造一些属于自己的仪式，给训练注入神圣感。

例如，在训练营开始时，我们会进行一个仪式，这个仪式我借鉴了美式橄榄球传奇教练文斯·隆巴迪。等球员们在底线排成一排，我会要求他们同意在这个赛季接受我的指导，并说：“我已受命来指导你们这些年轻人，我接受这个角色。如果你们愿意接受我所倡导的比赛方式，并跟随我的指导，作为你们承诺的象征，请跨过这条线。”奇迹般的是，他们总会照做。

这件事实现的方式很轻松，但意图是很严肃的。执教的本质在于让球员全心全意地同意接受指导，然后赋予他们某种团队使命感。

## 6. 同呼吸、共思考

1999 年当我接管湖人队时，他们是一支有天赋但缺乏专注的队伍。他们在季后赛中常常崩溃，因为他们的进攻混乱无序，缺乏纪律。而圣安东尼奥马刺和犹他爵士这样的强队，已经找到了方法去遏制湖人队的最强武器——沙奎尔·奥尼尔。

确实，我们可以采取一些战术调整来应对这些弱点，但球员们真正需要的是一种方法，能够让他们去除杂念，专注于赢得比赛的任务。当我在公牛队担任主教练时，球员们需要应对迈克尔·乔丹带来的媒体风潮，但那与身在潮流文化中心的湖人所面临的干扰相比，简直不值一提。为了让球员们平静下来，我向他们介绍了我在公牛队时成功使用过的一种方法：正念冥想。

因为采用冥想，我常常被其他教练嘲讽。有一次，大学篮球教练迪恩·史密斯和鲍比·奈特来到湖人队的比赛现场，问我："菲尔，听说你和球员们在比赛前会坐在黑暗的房间里手牵手，是真的吗？"

我只能一笑了之。虽然正念冥想源于佛教，但它是一种很容易上手的技巧，能帮助平静不安的心绪，专注于当下。这对篮球运动员非常有帮助，因为他们常常需要在巨大的压力下瞬间做出决策。我还发现，当我让球员们在安静的环境中坐下来，齐心协力地同步呼吸时，这种非语言的沟通比言语更能有效地让他们联系在一起。他们同呼吸、共思考。

佛教教义中另一个深深影响我的是它的开放性与自由。禅师铃木俊隆曾将人的心智比作在草地上吃草的牛。如果你把这头牛圈在一个狭小的牛圈里，它会变得紧张和沮丧，开始啃邻居家的草。但如果你给它一个广阔的牧场让它自由奔跑，它会更加满足，也不太可能会逃脱。对我而言，与我童年时期所养成的那种被严格限制的思维方式相比，这种管理思维的方法给了我极大的启发。

我还发现，铃木禅师的比喻同样适用于管理球队。如果你对球员施加过多的限制，他们会花费大量时间去反抗。就像我们每个人一样，球员的生活中需要一定程度的约束，但也需要足够的自由去发挥创造力。否则，他们就会像那头被圈起来的牛一样，开始表现出不安和反叛的行为。

## 7. 慈悲之心是成功的关键

在中国名著《道德经》的新译本中，史蒂芬·米切尔对老子的管理哲学给出了一种引人思考的解读：

> 我只教三样东西：
> 简朴、耐心、慈悲。
> 这三者是最大的宝藏。
> 行动和思想都保持简朴，
> 你便回归生命的本源。
> 对朋友与敌人都保持耐心，
> 你便与事物的道理相合。
> 对自己保持慈悲，
> 你便能和世间万物调和。

所有这些“宝藏”都在我的执教过程中发挥了不可或缺的作用，但其中最重要的就是慈悲。在西方，我们往往将慈悲视为仁爱的一种形式，但我与老子的观点相同，认为对所有生命的慈悲，尤其是对自己，是打破人与人之间隔阂的关键。

“慈悲”这个词在更衣室里并不常被提起。但我发现，即使是对球队中最强硬的球员，几句温暖、体贴的话语，都能在人际关系的变化中产生强大的效果。

因为我从球员做起的，所以我能够理解年轻球员面对 NBA 严酷现实时的感受。大多数球员生活在持续的焦虑中，担心自己会受伤、会被羞辱、会被裁掉或被交易，甚至最糟糕的，犯下一个愚蠢的错误，成为自己一生的噩梦。当我在尼克斯打球时，我因背伤被迫休战了一年多。这段经历让我能够从亲身经历出发，与我手下的球员们谈论身体崩溃时的感受，讲讲自己不得不在每场比赛后为每个关节冰敷，甚至一整个赛季都只能坐在板凳上的难堪往事。

除此之外，我认为运动员必须学会敞开心扉，这样他们才能以一种有意义的方式与队友合作。1995 年，当乔丹在职棒小联盟打了一年半后回归公牛时，他已经不认识队内大多数的球员，并感觉自己和球队完全不在一个节奏上。直到他在一次训练中与史蒂夫·科尔发生争执，他才意识到自己需要更深入地了解队友。他必须了解队友们的动力是什么，才能更高效地与他们合作。那一刻的觉醒帮助迈克尔成为一位富有同情心的领袖，最终也帮助公牛成为历史上最伟大的球队之一。

## 8. 关注精神，而非比分

管理学大师史蒂芬·柯维曾讲过一个关于日本武士和他的三个儿子的故事：这位武士想教导儿子们明白团队合作的力量。于是，他给了每个儿子一根箭，并让他们折断它。没有问题，每个儿子都轻松地做到了。接着，武士又给了他们一束三支箭绑在一起，让他们重复刚才的动作。但他们都做不到。"这就是你们的教训，"武士说，"如果你们三个人团结一致，就永远不会被打败。"

这个故事说明，当团队中的每个成员都为了更大的共同利益而放弃自我利益时，团队的力量会有多么强大。当一位球员不强行出手，或不将自己的个性强加于团队时，他作为运动员的天赋才能得到最充分的展现。看起来矛盾的是，通过在自身能力范围内打球，他为团队激发了更高的潜力，这种潜力帮助他突破了自己的局限性，并且帮助队友们超越了各自的极限。当这种情况出现时，整体的力量往往会超过各个部分的总和。

举个例子：在湖人队内，我们曾有个球员非常喜欢在防守端抢夺球权。如果要他把注意力集中在进攻端得分而不是抢断上，他就无法同时完成这两项任务。但当他全身心投入防守时，队友们就在进攻端把他那份活也做了，因为他们本能地知道他会做什么。突然间，大家都找到了自己的节奏，好事自然开始发生。

有趣的是，其他球员并不是有意识地察觉到自己预判了队友的行动。这不是什么灵魂出窍或者类似的神迹。但不知怎么，他们就是能神奇地感应到接下来会发生什么，然后根据这种感应做出相应的行动。

大多数教练常常陷入琢磨战术的困境，但我更关注球员们在精神上能否步调一致。迈克尔·乔丹曾说，他喜欢我的执教风格，是因为我在比赛最后几分钟依然保持耐心，就像他的大学教练迪恩·史密斯一样。

这种耐心并非刻意为之。我的自信源于这样一种认识：当精神状态合适，球员们彼此协调时，比赛往往会朝着对我们有利的方向发展。

## 9. 必要时掏出大棒

在形式最严格的禅宗中，导师会在冥想室里巡视，使用一根名为“警策”的小木棍，敲打那些打瞌睡或无精打采的冥想者，好让他们集中注意力。它的目的并非为了惩罚。事实上，“警策”有时被称为“慈悲棒”。敲打的目的是重新激发冥想者的活力，使他们在当下更加觉醒。

我在训练中虽然没有使用过“警策”，但有时我确实希望自己的手边能有一根。尽管如此，我还是用了其他办法来让球员们清醒过来，提升他们的意识。有一次，我让公牛队在完全安静的情况下进行训练；另一次，我让他们在熄灯的情况下打对抗赛。我喜欢打破常规，让球员们保持警觉。这并不是因为我想让他们的生活变得痛苦，而是因为我想让他们做好准备，来面对篮球场上不可避免的混乱。

我最喜欢的一招是把球员分成两支不平衡的队伍进行对抗赛，然后不吹较弱一方的犯规。我喜欢看看较强一方的球员在判罚对他们完全不利且落后对手30分时，会如何回应。这个安排常常让乔丹抓狂，因为他无法忍受失败，即便他知道这场比赛是故意安排的。

有一位球员，我曾对他尤其严厉，他就是湖人队前锋卢克·沃顿。我有时会和他打心理战，让他体验在压力下被逼到极限的感觉。有一次，我让他完成一组特别令人沮丧的训练，从他的反应来看，我知道我做得有些过分了。之后，我坐下来和他说："我知道你有一天想成为教练。我觉得这是个好主意，但教练工作可不是只有乐趣和比赛。有时候无论你为人多好，也得当个坏人。如果你想被所有人喜欢，你就当不了教练。"

## 10. 别在怀疑时行动

篮球是一项动态的运动，大多数参与其中的人都充满活力，遇到问题时他们都喜欢通过行动——任何行动来解决。然而，有时最好的解决办法是什么都不做。

如果在媒体介入时，这一点就更是至理名言。记者们经常开我玩笑，说即使我的球员有不成熟的表现或是在媒体前乱说话，我也不会直接指责他们。《洛杉矶时报》的T.J.西梅斯曾经写过一篇幽默的专栏，调侃我有时的不作为，并干脆地总结道"没有人像菲尔一样什么都不做"。我能理解这个笑话，但对于展露自我，我一向谨慎，不会给记者提供写作素材。

从更深的层面来看，我相信专注于工作以外的事物，有时是解决复杂问题的最有效方式。当大脑得以放松时，灵感往往随之而涌现，已经有研究开始证实这个说法。在CNN财经网上的一篇评论中，《财富》杂志资深记者安妮·费舍尔表示，科学家们已经开始意识到，"人们可能在不把注意力完全放在工作时，才会有更好的思考"。她引用了荷兰心理学家在《科学》杂志上发表的研究，那篇文章说："当意识忙于其他事务，潜意识能非常有效地解决复杂问题，如果意识没有承受过多负担就更好了。”

这就是为什么我认同已故的萨奇·佩吉的观点：“有时我会坐着思考，有时我只是在坐着。”

## 11. 忘掉戒指

我讨厌失败，一直都讨厌。孩提时代我非常好胜，常常因为在比赛中输给哥哥——查尔斯或乔——而气得哭出声，甚至把记分牌砸成碎片。他们喜欢在我因为输球情绪失控时嘲笑我，这反而让我更加坚定下次一定要赢的决心。我会不断练习，直到找到办法打败他们，让他们不再露出那种得意的笑容。

即便步入成年，我偶尔也会情绪失控。有一次，在季后赛中以一种耻辱般的方式输给奥兰多后，我气得剃掉了自己大部分头发，在房间里愤怒地踱步了近一个小时，直到怒气消散。

然而，作为教练，我知道过于追求胜利（更准确地说，是害怕失败）是会产生负面效果的，特别是当它导致你的情绪失去控制时。更重要的是，只有失败者才会执着于胜利，我们能做的，不过是创造出最有利的成功条件，然后顺其自然，接受结果。这样，过程才更有趣。波士顿凯尔特人的传奇人物比尔·拉塞尔是赢得冠军戒指最多的球员，数量多达11枚，他曾在自己的回忆录《重整旗鼓》中透露，在一些重要比赛中，他有时会偷偷在心中支持对手，因为如果对方表现出色，那就意味着他的比赛体验会更加精彩。

老子则用另一种的方式来看待这个问题。他认为，过于争强好胜会使人精神上失衡。

善为士者不武，

善战者不怒，
善胜敌者弗与；
善用人者，为之下。
是谓不争之德，
是谓用人之力，
是谓配天右之极。

因此，在每个赛季开始时，我总是鼓励球员专注于过程，而非结果。最重要的是以正确的方式打球，勇于成长，不仅是作为篮球运动员，更是作为个人。当你做到这一点，冠军戒指自会随之而来。

第三章

# 瑞德·霍尔兹曼

大制不割。

——老子

NBA 给我的第一印象，就是毫无组织的混乱。

1967 年，当瑞德·霍尔兹曼把我招募进纽约尼克斯时，除了电视播放的几场波士顿凯尔特人对费城勇士的季后赛之外，我从未看过任何 NBA 比赛。于是，瑞德寄给我一盘 1966 年尼克斯对阵湖人的比赛录像，然后我邀请了一群大学队友，一起在大屏幕上观看这场比赛。

这两支球队的表现如此松散和缺乏纪律，让我感到相当震惊。在北达科他大学，我们以体系化的打法为荣。事实上，在我大四那年，教练比尔·菲奇实施了一套让我非常喜欢的传球体系，后来我才知道，那是他从泰克斯·温特那学到的三角进攻的一个版本。

我们在录像里看到的这场尼克斯比赛看起来毫无逻辑可言。在我看来，就像是一群天赋异禀的球员在球场上折返跑，然后寻找机会投篮罢了。

接着，场上爆发了斗殴。

身高6英尺9英寸[1]、体重235磅[2]的尼克斯大前锋威利斯·里德，与湖人队前锋鲁迪·拉鲁索在湖人队替补席附近纠缠在了一起。随后录像出现了一段暂停，等重新播放时，威利斯先是把几名湖人球员从背上甩开，然后将中锋达雷尔·伊姆霍夫放倒，再给拉鲁索脸上来了两拳。等威利斯被制服时，他已经把前锋约翰·布洛克的鼻子打断，还把中锋汉克·芬克尔摔倒在地。

哇哦！我们跳起来齐声大喊："重放这段！"与此同时，我心里在想：我到底把自己推进了什么样的火坑？以后我可是每天都要在训练中和这家伙对抗呀！

事实上，当我在那年夏天见到威利斯时，我发现他其实是个热情友善的人，他品格高尚、胸怀宽广，天生就是个备受敬重的领导者。他在场上有着无与伦比的存在感，并且本能地知道，自己的职责就是保护队友。尼克斯原以为威利斯会因为和湖人比赛中的这次事故而被禁赛，但那时候联盟对于打架斗殴比现在宽容，于是他就这样被放过了。从那以后，联盟里的大个子球员在与威利斯对抗时都会三思而后行。

尼克斯队里并不只有里德一位伟大的领导者。事实上，在夺得冠军那几年在纽约打球，简直就像是上了一门领导力的研究生课程。前锋戴夫·德布斯切尔，曾在加入尼克斯之前担任底特律活塞的球员兼教练，是位极具洞察力的球场指挥官。前锋比尔·布拉德利，未来的美国参议员，擅长团结球员，帮助他们融合成一个集体。得分后卫迪克·巴内特，后来获得了教育学博士学位，总能用他的幽默感帮助大家轻松下来。还有沃尔特·弗雷泽，我新秀赛季的室友，是位技艺高超的控球后

---

1　1英寸为2．54厘米。——译者注

2　1磅为0.454千克。——译者注

卫，在球场上，他就像是球队的四分卫。

但在领导力方面教会我最多的人，却是众人里最低调的那个：瑞德·霍尔兹曼本人。

瑞德第一次看我打球，正好遇着我大学生涯中最糟糕的一场比赛。我很早就陷入犯规困境，始终无法找准比赛的节奏，最终我们在NCAA小校联盟锦标赛的首轮就被路易斯安那理工大学淘汰。虽然我在随后对帕森斯学院的安慰性比赛中砍下了51分，但瑞德却错过了那场比赛。

然而，瑞德一定看到了我身上某些他喜欢的特质，因为在路易斯安那理工大学的比赛后，他找到比尔·菲奇，问他："你觉得杰克逊能为我打球吗？"菲奇毫不犹豫地回答："当然能。"他当时认为瑞德是在找能应付全场紧逼防守的球员。直到后来，他才意识到，瑞德真正想知道的是：这个来自北达科他州的乡下小子，能否适应大苹果城的生活？无论如何，菲奇说他的回答都会是一样的。

菲奇是一位强调纪律的教练，作为退伍海军陆战队成员，他把训练当成了帕里斯岛的军训。我在北达科他州威利斯顿高中时的教练鲍勃·彼得森温文尔雅，而菲奇则和他完全不同，但我喜欢为他打球，因为他坚韧、诚实，并且总在督促我做得更好。记得大三那年，我在迎新周喝醉了酒，试图带着一群学生在学校喧哗胡闹，把自己搞得跟个傻瓜一样。当菲奇听说这件事后，他告诉我，以后每次在校园里看到他，我都得做俯卧撑。

尽管如此，我还是在菲奇的体系中茁壮成长。我们打全场紧逼防守，这是我非常喜欢的战术。身高6英尺8英寸，我拥有足以打中锋的身材，但同时我还有足够的敏捷和活力，以及很长的臂展，这让我可以轻松地骚扰对手的进攻组织者，并完成抢断。事实上，我的胳膊特别长，坐在车后座时，甚至可以在不向前弯腰的情况下同时打开前排的两个车门。在大学时，我的绰号是"拖把"，因为我总是倒地抢球。

大三那年，我找到了自己的最佳状态，场均能贡献21.8分、12.9个篮板，并且入选全美第一阵容。那一年，我们赢得了分区冠军，并且连续第二年晋级小校联盟四强，只是在半决赛中惜败南伊利诺伊大学。随后一年，我的场均得分增加到27.4分，篮板数达到了14.4个，两次单场得分超过50分，并再次入选了全美第一阵容。

起初，我以为如果我能被NBA选中，选我的应该是巴尔的摩子弹，他们的首席球探，我未来的老板杰里·克劳斯，一直对我关注有加。但尼克斯抢先一步，尼克斯在第二轮早早选中了我（总第17顺位），这让克劳斯后悔了多年，因为他本以为我会在第三轮才被选中。

我还被美国篮球协会（ABA）的明尼苏达梭鱼队选中了。那时候，因为离家更近，我其实对这支球队更感兴趣。但瑞德·霍尔兹曼不想让梭鱼队得手。那年夏天，他专程来到北达科他州法戈找我，当时我在那里担任营地辅导员，只为给我一份更好的报价。他问我对签约尼克斯还有什么顾虑，我告诉他，我在考虑去读研究生，好能成为一个牧师。他说，等我结束篮球职业生涯，有的是时间去追寻其他梦想。他还向我保证，如果我在适应纽约的生活时遇到困难，可以随时向他求助。

巧合的是，时任纽约市市长约翰·林赛正在法戈，为我工作的机构发表演讲。瑞德觉得这个巧合非常有趣。他一边看着我签合同，一边说："你能想象吗，纽约市市长在这里，这件事大家都知道。而你在这里签约，却没人知道这回事。"

那一刻，我意识到，我找到了自己的导师。

10月，当我到达训练营时，整支尼克斯还处于一种不确定状态。我们仍在等球队的前锋新星比尔·布拉德利，他得在完成空军预备役训练营后才能归队。实际上，我们选择在麦奎尔空军基地开展训练营，就是希望等他一从任务中脱身，就开始和球队一起训练。

尽管我们的阵容充满了天赋，但球队核心阵容尚未建立。球队名义上的领袖是沃尔特·贝拉米，一位得分能力强的中锋，未来的名人堂成员。然而，沃尔特和威利斯·里德一直有矛盾，而威利斯更适合担任领袖角色。在上赛季的一场比赛，为了在内线争夺位置，这两人甚至撞到了一起，差点撞晕过去。迪克·范·阿斯代尔是球队的首发小前锋，但很多人认为卡兹·拉塞尔更具天赋。同时，迪克·巴内特和霍华德·科密维斯组成了稳定的后场组合，但因为前一年跟腱受伤，巴内特还处于恢复的过程中。

更糟糕的是，球员们显然已经对主教练迪克·迈克奎尔失去了信心。迈克奎尔绰号“呢喃先生”，这很能说明他与球队沟通的困难。因此，那年 12 月，当尼克斯总裁奈德·艾利什将迈克奎尔降为球探，并任命瑞德·霍尔兹曼为主教练时，没有人感到惊讶。霍尔兹曼是一个严肃、内敛的纽约人，拥有独特的幽默感，并且有着深厚的篮球背景。他在纽约市立大学打后卫时两次入选全美最佳阵容，成为职业球员后曾效力于罗切斯特皇家队，并帮助球队赢得了两次联赛冠军。后来，他成了密尔沃基／圣路易斯老鹰的主教练。

瑞德·霍尔兹曼是简化问题的高手。他并不推崇某种特定的战术体系，也不会为了设计战术而不眠不休。他信奉的是正确的打球方式，对他来说，这意味着进攻时要传球，防守时要全力以赴，注重团队协作。瑞德在跳投还没有被发明的时代学习篮球，那时的篮球比赛更多依赖五人之间的配合，而非单打独斗的创造力。他有两条简单的规则，每场比赛他都会在场边大声喊出：

第一条：盯住球。

瑞德在训练时更加注重防守，因为他相信强大的防守是成功的关键。有时为了表达自己的观点，瑞德会采取极为生动的方式表演，比如在一次训练中，他就拿起我们战术的复印纸，假装用它们擦屁股。“这些东西就这点用处”。说完他就将纸丢到地上。这就是为什么他要我们更加一起练好防守，因为他相信，一旦防守做好了，进攻自然会顺利展开。

在瑞德看来，防守的秘诀是意识。他强调要始终盯住球，并时刻留意场上的动向。尼克斯的球员身材并不像其他球队那么高大，也没有像凯尔特人队的比尔·拉塞尔那样具备压倒性实力的内线防守大闸。因此，在瑞德的指导下，我们发展出了一种高度统一的防守风格，依赖于全队五名球员的集体意识，而不是某个人在篮下的精彩表现。五人一体协作时，我们能更容易给持球人设下陷阱，切断他的传球路线，迫使对方失误，并在对手反应过来之前发动快速反击。

瑞德喜欢利用全场紧逼防守来打乱对手的节奏。事实上，在我第一次训练时，我们就全程实施了全场紧逼防守。这对沃尔特·弗雷泽、埃梅特·布莱恩特和我来说再合适不过了，因为我们在大学时就已经习惯了全场防守。因为我的身材，队友们给我取了"衣架"和"头肩战士"两个绰号，但我更喜欢解说员马夫·阿尔伯特给我起的名字："行动派杰克逊"。从中锋改打前锋，我知道自己放弃了低位进攻这一最大优势，但我可以通过专注防守来帮助球队，并获得更多的上场时间。而且，我那时还没有开发出 15 英尺跳投，控球技巧也很糟糕，瑞德看不过去还给我定了一个最多运球两次的规则。

第二条：传球给空当的队友。

如果瑞德·霍尔兹曼今天还在执教，他一定会对如今比赛中球员以自我为中心感到震惊。对他来说，无私是篮球的真谛。"这不是什么尖端科技。"他常常这样说，并补充道，最好的进攻策略是让球在五球员之间不断传递，这样能创造投篮机会，并且让对方难以专注于一两个射手。尽管我们队中有一些单打出众的球员，特别是弗雷泽和"黑珍珠"厄尔·门罗，瑞德还是坚持要求大家团结合作，把球传给投篮机会最好的球员。如果有人决定单打独斗，那他很快就会发现自己被放逐到替补席的最末端，很少有人敢这样做。

"在一支好的球队里，没有超级明星，"瑞德坚持这个观点，"有的是那些能通过和队友团队配合，来展示自己实力的伟大球员。他们有成为超级明星的能力，但为了融入一支好球队，他们会做出牺牲，做出那些帮助球队获胜的事。薪水多少或统计数据的好坏并不重要，重要的是他们如何一起打球。”

在NBA历史上，没有几支球队能像1969/1970赛季的尼克斯那样打出如此均衡的进攻。我们有六名球员能保持得分上双，却没有一个人的场均得分超过20分。让对手防不胜防的是，首发的五名球员都能在关键时刻投中进球，因此如果你对一个状态火热的球员进行包夹防守，其他四名球员就会获得机会，他们每个人都有能力投中关键球。

瑞德有一点让我感到惊诧不已，那就是他会给球员非常多的进攻自主权。他让我们自主设计许多战术，并在关键比赛中积极征求我们的意见。许多教练不愿意将权力交给球员，但瑞德认真倾听球员的想法，因为他知道，对于场上的情况，我们比他了解得更加直接。

然而，瑞德最独特的天赋，还是他非凡的人员管理能力，通过一个共同目标，他能让一群成年人团结起来。没有复杂的激励手段，靠的只是直截了当和真诚。不像许多教练，除非球员们的行为可能对球队造成负面影响，否则他从不干涉球员的私生活。

当瑞德刚刚上任主教练时，球队训练简直混乱到了可笑的地步。球员们经常迟到，还带着亲朋好友来观看训练。训练设施破旧不堪，地板是坏的，篮球架上的木板都翘曲了，淋浴间连热水都没有，训练本身也大多是没有任何演练或组织的自由对抗。瑞德为以上一切画上句号。针对迟到现象，他制定了一套名叫“傻瓜罚款”的惩罚制度，并禁止任何球队成员之外的人进入训练场，包括媒体记者。他的训练严格且注重纪律，把重点放在球队的防守上。他常说：“训练本身不会造就完美，完美的训练才会。”

在客场比赛期间，瑞德没有设立宵禁或查房之类的规定。他只有一个规定：酒店的酒吧归他所用。只要不打扰到他与训练师丹尼·惠兰及随队记者的深夜威士忌时光，他对球员们去了哪里、干了什么毫不在意。尽管瑞德比其他教练更平易近人，但他认为与球员保持一定距离也很重要，因为他知道，总有一天他难免得裁掉或交易手下的某些球员。

如果瑞德处罚你，他很少当着全队的面进行，除非这项处罚与你的球场表现有关。相反，他会把你请到他的“私人办公室”：更衣室的厕所。通常，当我在媒体上发表了对球队的批评言论后，他就会把我叫进厕所。由于常年一起打牌，我和记者们的关系不错，也导致我时不时在他们面前口无遮拦。作为一个更加谨小慎微的人，瑞德会告诉我：“你难道没意识到，这些报纸到了第二天就是一堆废纸？”

众所周知，瑞德对媒体的态度是谜一样的。他经常请记者出去吃饭，一聊就是几个小时，但却很少向他们透露什么能用的内容。他也从不批评球员或指责对手。相反，他经常戏弄记者，看看他们会把什么无稽之谈写进报纸。有一次，在一场特别惨痛的失利后，一位记者问瑞德，他如何保持冷静的，他回答说：“因为我知道，只有一件事称得上真正的灾难，那就是回到家发现威士忌喝完了。”当然，这句话第二天就上了报纸。

我喜欢瑞德的一点是，他总能以一种长远合理的眼光来看待篮球。1969/1970 赛季初，我们打出了一波十八连胜，把其他对手远远甩在身后。当我们最终在主场以令人失望的方式结束连胜后，有记者问瑞德，假如尼克斯继续连胜，他会做什么。他回答说：“我会回家，喝杯威士忌，吃我太太塞尔玛做的美味晚餐。”那现在我们输了，他又会做什么呢？“回家，喝杯威士忌，吃塞尔玛做的美味晚餐。”

尼克斯的转折点还是一场斗殴，这次事件发生在 1968 年 11 月的客场比赛中，对手是亚特兰大老鹰，全程电视直播。斗殴发生在下半场，当时亚特兰大的卢·哈德森试图绕过威利斯·里德强硬的挡拆掩护，但最终他的拳头砸在了里德的脸上。尼克斯所有球员都站起来，加入混战，或者说，至少假装自己有在打架，只有一个人例外，他就是沃尔特·贝拉米。

《亚历克斯·弗格森：我的自传》
作者：［英］亚历克斯·弗格森 译者：颜强 田地

《亚历克斯·弗格森：我的自传》（精装版）
作者：［英］亚历克斯·弗格森 译者：颜强 田地

《我的红白人生：温格自传》
作者：［法］阿尔塞纳·温格 译者：颜强

《我的转身：克鲁伊夫自传》
作者：［荷］约翰·克鲁伊夫 译者：陈文江

《曼城俱乐部官方传记》
作者：英国曼彻斯特城足球俱乐部 译者：何小毕

《曼联俱乐部官方传记：红魔英超三十年》
作者：英国曼彻斯特联足球俱乐部 译者：何小毕

《克洛普时代：利物浦俱乐部官方传记》
作者：英国利物浦足球俱乐部 译者：何小毕

《赢家：齐达内传》
作者：［荷］帕特里克·福特 译者：何小毕

《欧冠之王：皇马十五冠图文史诗》
作者：《体坛周报》

《皇家荣耀：皇家马德里传奇功勋志》
作者：《体坛周报》

《红黑荣耀：AC米兰传奇功勋志》
作者：《体坛周报》

《红蓝荣耀：巴塞罗那传奇功勋志》
作者：《体坛周报》

《足球圣殿：世界杯图文全史》
作者：《体坛周报》

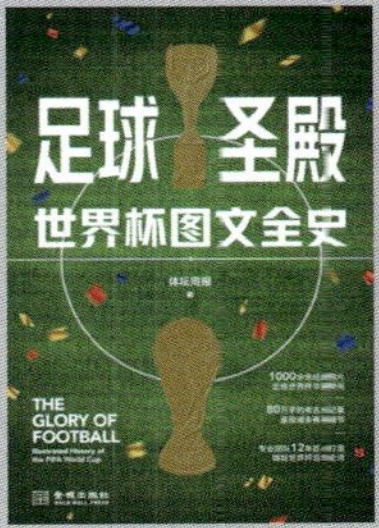


《足球圣殿：世界杯图文全史（典藏版）》
作者：《体坛周报》

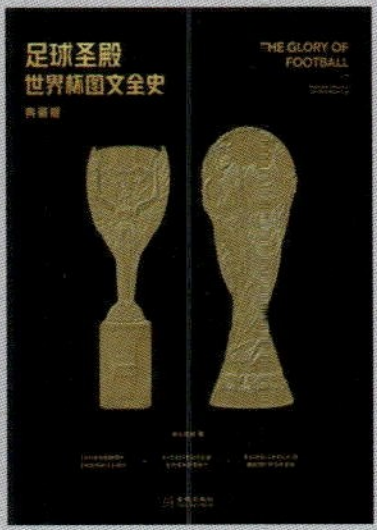


《冠绝欧洲：欧冠图文全史》
作者：《体坛周报》

《蓝白王朝：阿根廷三冠史诗》
作者：《体坛周报》著

## 足球系列
## FOOTBALL

《那些年，我们一起追的球星Ⅰ》
作者：《天下足球》

《那些年，我们一起追的球星Ⅱ》
作者：《天下足球》

《那些年，我们一起追的球星Ⅲ》
作者：《天下足球》

《C罗列传（特装版）》
作者：苗霖

《硝烟之子：莫德里奇传》
作者：[西]文森特·阿兹塔特 [西]何塞·曼努埃尔·普尔塔斯
译者：汪天艾

《狼王：托蒂自传》
作者：[意]弗朗切斯科·托蒂 [意]保罗·孔多
译者：朱晓雨 陈坚

《我的成长，我的热爱：孙兴慜自传》
作者：[韩]孙兴慜 译者：宋青云

《追风年代：欧文自传》
作者：[英]迈克尔·欧文 [英]马克·埃格林顿
译者：搜达足球 陈丁睿

《生为红魔：卡里克自传》
作者：[英]迈克尔·卡里克
译者：夏熙明 张敏铧 容文礼

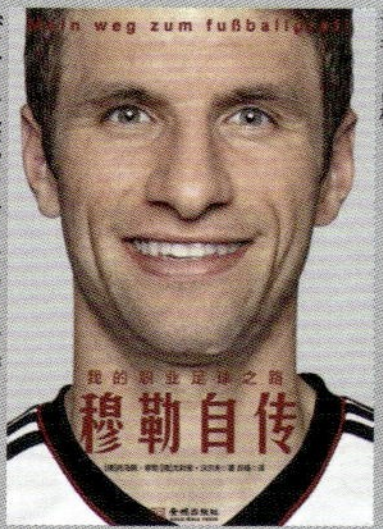


《我的职业足球之路：穆勒自传》
作者：[德]托马斯·穆勒 [德]尤利安·沃尔夫
译者：吕楠

《艺术大师：伊涅斯塔自传》
作者：[西]安德烈斯·伊涅斯塔 译者：葛云 贾永华

《舍甫琴科自传：从基辅到圣西罗》
作者：[乌克兰]安德烈·舍甫琴科 [意]亚历山德罗·阿尔恰托
译者：小五 沈天浩

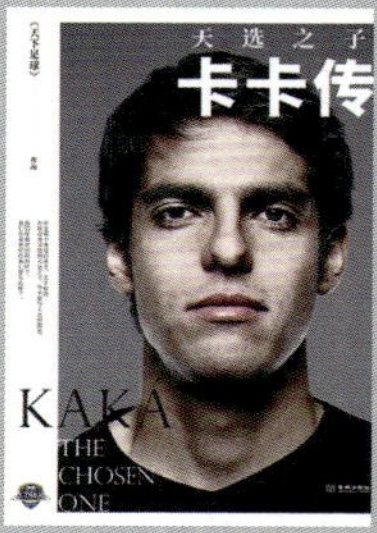


《天选之子：卡卡传》
作者：《天下足球》

《杰拉德自传：永不独行，我的利物浦岁月》
作者：[英]史蒂文·杰拉德 译者：陈文江

《我，就是足球：伊布自传》
作者：[瑞典]兹拉坦·伊布拉西莫维奇 译者：《天下足球》

## 篮球系列
## BASKETBALL

《曼巴精神：科比自传》
作者：[美]科比·布莱恩特 译者：黄祎

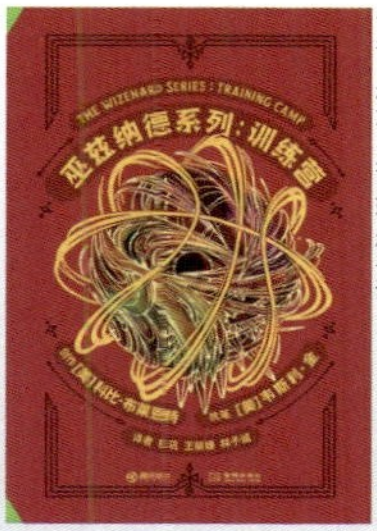


《巫兹纳德系列：训练营》
作者：[美]科比·布莱恩特 [美]韦斯利·金
译者：杜巩 王丽媛 林子诚

《漫长的告别：科比全传》
作者：张佳玮

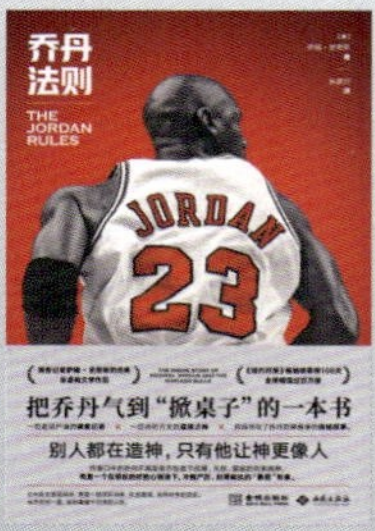


《乔丹法则》
作者：[美]萨姆·史密斯 译者：孙彦川

《加内特自传：铁血信条》
作者：[美]凯文·加内特 [美]大卫·瑞兹 译者：三猎

《一生热爱：韦德自传》
作者：[美]德维恩·韦德 译者：三猎

《永不妥协：罗斯自传》
作者：[美]德里克·罗斯 [美]萨姆·史密斯
译者：余溆琳

《波什自传》
作者：[美]克里斯·波什 译者：戴高乐

《硬核第六人：伊戈达拉自传》
作者：[美]安德烈·伊戈达拉 译者：林子诚

《剑道：雷·阿伦自传》
作者：[美]雷·阿伦 译者：虎扑篮球 三猎

《侠道：韦德传》
作者：张佳玮

《永不退场：蒂姆·邓肯传（告别版）》
作者：张佳玮

《那个被叫做『皇帝』的男人：勒布朗·詹姆斯传》
作者：张佳玮

《THE ANSWER：阿伦·艾弗森传》
作者：张佳玮

《11枚戒指：『禅师』菲尔·杰克逊自传》
作者：[美]菲尔·杰克逊 [美]休·迪里汉提 译者：郑奇峰

## 金城出版社 · 西苑出版社
## 燃体育书系

最催泪的青春记忆，最燃的球星故事。
巨星自述，体育名家说球，俱乐部官方授权作品。
做书，我们做最好的那部分。

第二天，我们召开了球队会议来讨论这件事。讨论的焦点，就是贝拉米的无动于衷，球员们一致认为，他没有尽到自己的职责。当瑞德问贝拉米，他为什么没有在场上支持队友时，贝拉米回答说："我认为在篮球比赛中，打架是不该做的事。"其实，我们许多人在理论上可能也同意他的观点，但在NBA，打架就是每天都会发生的现实，而听到队内的大个子不支持自己，这让大家都感到不好受。

几周后，尼克斯队将贝拉米和科密维斯交易到活塞队，换来了戴夫·德布斯切尔。这笔交易巩固了球队的首发阵容，也为日后我们赢得两次总冠军提供了阵容灵活性和板凳深度。里德接过首发中锋的位置，确立了自己球队领袖的地位，也成了瑞德的球场代言人。德布斯切尔作风强硬，作为身高6英尺6英寸、体重220磅的球员，他拥有出色的场上意识和流畅的外线投篮技巧，接任首发大前锋的位置再合适不过。沃尔特·弗雷泽取代科密维斯担任首发控球后卫，与擅长一对一的巴内特搭档。比尔·布拉德利和卡兹·拉塞尔共同竞争最后一个位置——小前锋，因为我们原先的首发球员迪克·范·阿斯代尔在那年的扩军选秀中被菲尼克斯太阳选走了。但在德布斯切尔交易两个月后，拉塞尔脚踝骨折，这让布拉德利在首发的争夺上占据了上风。

当拉塞尔在第二年伤愈复出后，他和布拉德利对首发小前锋的争夺就变得很有看头。二人大学时期都是明星球员，在选秀中也热门人选。布拉德利是1965年尼克斯的地域选秀[1]，而拉塞尔则是1966年的状元秀。因为那份4年50万美元的惊人合同（在当时算是高薪），布拉德利获得了"美元比尔"的绰号，他在普林斯顿连续三年场均得分都超过30分，并带领老虎队打进NCAA四强，因而荣获赛事最有价值球员的奖项。1965年被尼克斯选中后，他决定以罗德学者身份在牛津大学学

1 地域选秀是1949年开始使用的特殊选秀方式，使用地域选秀的球队可以通过放弃首轮选秀权，换取从距离主场50英里（1英里为1.61千米）之内的大学中挑选任意球员的权利。1966年，NBA取消了地域选秀。——译者注

习两年，然后才加入球队。关于布拉德利的光环太多了，队友巴内特都开始挖苦他是"轻轻一跃就能跳过高楼的人"。

拉塞尔也经常遭到调侃。他同样签下了一份大合同，价值两年 20 万美元。作为密歇根大学的活跃得分手，他学校的球馆甚至得到了"卡兹建的球馆"的绰号。没人会质疑拉塞尔的技术：这名出色的射手曾带领密歇根狼獾队连续三次赢得十大联盟冠军。但让队友们感到好笑的是，他对健康食品和另类疗法的痴迷。非常难得，我有了一个绰号比我还多的队友。他的绰号包括"奇迹男孩""肌肉拉塞尔""肌肉贝壳"，以及我最喜欢的"蜜丝佛陀"[1]，因为他喜欢在训练后往身上涂抹按摩油。此外，拉塞尔的房间里堆满了各种维生素和补品，他的室友巴内特开玩笑说，如果想要进去参观，你得先拿到医生签字的处方才行。

让我印象深刻的是，尽管布拉德利和拉塞尔之间的竞争如此激烈，但二人却从不会把竞争上升到个人层面。起初，因为脚步速度和弹跳能力的不足，布拉德利对职业比赛表现出有点不适应，但通过学习快速的无球跑动以及用机智的跑位摆脱防守球员之后，他弥补了这些缺陷。在训练中防守他是一件让人头疼的事情，这恰好就是我要经常做的。当你以为已经把他逼到角落时，他就会迅速溜走，然后出现在场地另一侧，并获得一个空位投篮机会。

拉塞尔则有着不一样的困扰。他是一名出色的突破手，擅长强硬冲击篮筐，但当布拉德利在场时，首发阵容的表现更好。于是瑞德让拉塞尔担任第六人，作为替补上场打出一波改变比赛的得分高潮。随着时间的推移，拉塞尔适应了这个角色，并为成为第二阵容的领军人感到骄傲。在 1969/1970 赛季，这套阵容包括中锋内特·鲍曼、后卫迈克·里奥丹和前锋达夫·斯托沃茨（他曾因中风休养了一年半），以及替补球员约翰·沃伦、多尼·梅和比尔·霍斯基特。拉塞尔给这支小分队取了

1　蜜丝佛陀（Max Factor），1909 年成立的彩妆品牌，与体育赛事常用语"未知因素"（X Factor）谐音，因而被用作拉塞尔的绰号。——译者注

个绰号叫“民兵”。

不久前，在尼克斯的一次球员重聚活动中，拉塞尔的一番话让布拉德利大吃一惊。如今已成为牧师的拉塞尔告诉布拉德利，自己为当年在竞争同一个位置时所表现出的自私行为感到抱歉。布拉德利认为拉塞尔无须道歉，因为他知道无论拉塞尔对首发位置有多执着，他都从未让自己的雄心凌驾在球队之上。

不幸的是，在1969/1970赛季，我没能成为拉塞尔口中“民兵”的一员。1968年12月，我遭遇了一次严重的背部受伤，不得不接受脊柱融合手术，这让我远离赛场长达一年半。恢复过程非常痛苦，在长达6个月的时间内，我不得不穿着支撑背部的护具，医生告诉我，在此期间我需要限制一切体力活动。

其实我本可以在1969/1970赛季复出，不过球队在赛季初表现出色，管理层决定将我整年都放在伤病名单上，以防止我在扩军选秀中被其他球队选走。

我并不担心收入问题，因为在新秀赛季后，我就已经与球队签下了一份为期两年的续约合同。但我需要找点事情来打发时间。于是，我开始参与电视解说，和球队摄影师乔治·卡林斯基合作，撰写了一本关于尼克斯的名为《全力以赴》的书，同时作为瑞德的非正式助理教练随队出征。那时，大多数教练都没有助理教练。但瑞德知道，我有兴趣深入了解篮球战术，他也需要一个可以探讨新想法的伙伴。这个任务，让我有机会从教练的角度去观察比赛。

瑞德善于言辞，口头沟通能力很强，但他并不擅长形象化自己的表达，赛前讲话时很少在黑板上画出战术图。为了让球员们保持专注，他偶尔会要求球员们在听到“防守”这个词时点头，而这个词大约每四个词就会出现一次。尽管如此，还是会有球员在他讲话时走神，于是他要求我来分析球队对手的强项与弱点，并在黑板上画出对手关键战术的示意图。这迫使我开始从战略角度思考比赛，而非把它当作一个单纯的战术问题。作为年轻球员，你往往会把大部分注意力集中于如何在比赛中击败对位球员上。而现在，我开始把篮球看作在下一局国际象棋，所有的棋子都在各司其职。这种想法让我感到振奋。

我学到的另一点，是赛前仪式的重要性。那时还没有热身训练这个概念，因此大多数教练都试图在球员上场前的15–20分钟内，挤出时间进行赛前指导。但当球员的身体充满肾上腺素时，他能听进去的信息相当有限。这个时候，球员们并不适合进行深奥的左脑思维讨论，让球员们冷静下来，为即将开始的激烈比赛搭好精神上的联系，反而是更合适的。

瑞德非常重视替补球员，因为球队常常受到伤病的困扰，这时候这些板凳奇兵就会起到至关重要的作用。在他看来，让替补球员积极投入比赛，与调动好首发球员一样重要。为了确保替补球员在心理上做好准备，他通常会在换他们上场前几分钟就做好提醒。他还经常让替补队员注意场上的24秒计时器，这样他们上场时就能立刻找准比赛节奏。无论一名球员每场比赛上场4分钟还是40分钟，瑞德都会让他感觉自己在球队中扮演着重要的角色，他的做法帮助尼克斯成了一支运转流畅、团结一致的球队。

1969/1970赛季季后赛到来时，尼克斯队看起来势不可当。我们以60胜22负的联盟最佳战绩结束常规赛，然后在季后赛前两轮淘汰巴尔的摩和密尔沃基，顺利晋级。幸运的是，我们不用再担心凯尔特人，因为比尔·拉塞尔已经退役，波士顿正处于重建阶段。

我们的总决赛对手是湖人，这支明星云集的球队由威尔特·张伯伦、埃尔金·贝勒和杰里·韦斯特领衔。过去8年在总决赛中6次不敌波士顿，让湖人对赢得冠军戒指的渴望近乎疯狂。但和我们相比，他们速度不够快，也不够灵活，而他们最厉害的武器——张伯伦，这个赛季大部分时间都因为膝盖手术而远离赛场。

总决赛战至2比2平，第五场比赛在纽约进行，里德在本场比赛因大腿肌肉撕裂而伤退，我们不得不在余下的比赛中使用没有中锋的小个阵容。这意味着身高分别只有6英尺6英寸和6英尺7英寸的德布斯切尔和斯托沃茨，必须用尽各种隐蔽的小伎俩，来对付身高7英尺1英寸、体重275磅的张伯伦，后者可是篮球历史上最具统治力的中锋之一。

在那个时代，离开自己的对位球员超过两步去进行双人包夹是一种犯规行为，因此我们不得不采取区域防守，这其实也是犯规，但在狂热的尼克斯主场观众面前，裁判不太可能吹哨。在进攻端，德布斯切尔凭借他精准的15英尺投篮，将张伯伦引出了篮下，其他球员得以解放，可以更自由地进攻内线。最终，我们以107比100赢得了这场天王山之战。

回到主场的湖人队拿下了第六场比赛，扳平了总比分，让NBA历史上最戏剧性的一幕得以诞生。人们最关注的问题，就是里德能否在麦迪逊广场花园的第七场比赛中复出。医生直到最后一刻才告诉我们答案。由于肌肉撕裂，里德的腿无法弯曲，跳跃就更不可能，但他还是穿上比赛服，进行了一些热身投篮，然后回到训练室接受更多治疗。我拿着相机跟随他回训练室，用镜头记录下他往臀部注射大剂量甲哌酰卡因的瞬间。但瑞德不允许我公开这张照片，因为他说这样对那些被禁止进入训练室的新闻摄影师不公平。

比赛即将开始时，里德一瘸一拐地从中场通道走到球场上，这让观众发出了疯狂欢呼。日后成为解说员的史蒂夫·阿尔伯特，当时还是比赛的荣誉球童，他回忆说，当里德在场上出现时，自己刚好在盯着湖人队："他们所有人都转过身，停止投篮，望向里德。他们惊得下巴都掉了。那场比赛在还没开始前，就已经宣告了结束。"

比赛开始，弗雷泽带球推进，把球传给了篮下的里德，后者命中了一个近距离跳投。接下来，他在下一波进攻再次得分，突然之间，尼克斯就取得了7比2领先。这种程度的领先在NBA通常意义不大，但看着在决胜场火线复出的里德连续得分，这个开局领先就显得意义非凡。里德在比赛初期展现出的强大气场打乱了湖人的节奏，他们再也没能找回比赛状态。

当然，这也得归功于拿下 36 分、19 次助攻、7 个篮板的弗雷泽，他的表现堪称季后赛历史上最伟大的无名英雄之一。虽然难掩被里德盖过风头的失望，但他也对队长的表现脱帽致敬。“现在很多人对我说：‘哇，我没想到你曾经有过那样的表现。’”弗雷泽日后这样说道，“但我知道，如果没有里德的贡献，我也不会打出那么精彩的比赛。仅仅靠走上球场，他就让球迷们融入比赛，给了队友们无比的信心。”

尼克斯最终以 113 比 99 获胜，一夜之间，我们都成了名人。然而，这对我来说是一次苦乐参半的胜利。我很感激队友们认可我的价值，让我也能获得完整的季后赛奖金和自己的第一枚冠军戒指，但在庆祝结束之后，我还是感到内疚，因为我没能为球队争夺总冠军做出更多贡献。我无比渴望重返比赛。

第四章

# 英雄之旅

人生中最大的真谛，就是活出真实的自己。

——约瑟夫·坎贝尔

1972 年夏天，我和哥哥乔驾驶摩托车穿越了美国西部，这趟旅程改变了我的人生轨迹。

两年前，我重返球场，但在球场上仍显得不够自信，始终找不到自己的节奏。而且，我与大学女友玛克辛的婚姻也在走向破裂。6 个月的手术康复期没能帮我解决这些问题，在那年的早些时候，我和玛克辛已经进入了非正式的分居状态。在纽约州立大学布法罗分校担任心理学教授的乔，也与妻子分居了。对我俩而言，这似乎是一起上路旅行的好时机。

我买了一辆二手宝马 750 摩托车，在蒙大拿州的大瀑布城与乔会合，那儿离我父母的牧师宿舍不远。我们从那里出发，穿越落基山脉前往不列颠哥伦比亚省，旅程为期大约一个月。乔和我一路悠然前行，每天早上骑行五六个小时，下午则扎营休息。晚上，我们围坐在篝火旁，喝几瓶啤酒，聊聊彼此的生活。

乔直言不讳地说道：“看你打球时，我感觉你很害怕。你似乎害怕再次受伤，不再像以前那样对比赛全力以赴。你觉得自己完全康复了吗？”

“康复了，但跟以前还是有些不同，”我回答道，“我无法达到以前的水准了。我还算有点速度，但腿上的力量不如以前了。”

“好吧，那你得把以前的自己找回来。”乔说道。

至于婚姻生活，我告诉乔，我和玛克辛已经渐行渐远了。她对我所处的篮球世界毫无兴趣，而我也没做好安稳下来的准备，去做一个在郊区定居的居家男人。除此之外，她也准备向前看，开始自己作为律师的职业生涯。

乔依旧直言不讳。他说，过去两年，无论是对婚姻，对事业，还是其他事情，我都没有全心全意地对待。“因为你太害怕了，害怕自己全力付出也不能成功。”他继续补充，“你连过去一直热爱的篮球都要失去了。你得对自己的生活更积极主动些了。”

这是我需要听到的话。回到纽约后，我发誓重新将精力集中到事业上。接下来的三个赛季，我打出了个人职业生涯中最好的篮球。玛克辛和我正式分居，并提交了离婚申请。我搬到了曼哈顿切尔西区一家汽车修理厂楼上的阁楼，而玛克辛和我们 4 岁的女儿伊丽莎白则搬到上西区的一套公寓里。

对我来说，那是一段大开眼界的时光。蓄起长发，穿着牛仔裤，我过着 20 世纪 60 年代嬉皮士的生活，沉迷于探索世界的新角度。我热爱由反文化浪潮所带来的自由与理想主义，更别说当时风靡纽约和全美国的伟大音乐了。我买了一辆自行车，在城里四处骑行，试图了解真正的纽约市。但无论我在中央公园待多久，对我来说，住在城市里的感觉都无异于足不出户。我需要找到一个地方，能让我与这片大地建立起强烈的联系。

我也渴望重新找到被我忽视已久的精神内核。大学期间，我研究过其他宗教，世界各地丰富多样的宗教传统让我感到好奇不已。但那时候我接触这些内容主要是为了学习知识，而非在精神上探索意义。现在，我感到自己有必要进行更深入的研究。

这趟自我发现之旅充斥着不确定性，但也不乏希望。虽然我知道父母那种严格的精神修行方式并不适合我，但我对挖掘人类精神力量的想法，仍然深感兴趣。

孩提时代，我有过几次奇怪的健康问题。大约两岁时，我喉咙上长了一个大肿块，这让医生感到困惑，也让父母非常担忧。他们用青霉素治疗，肿块最终消失了，但我从小就觉得自己似乎有些不太正常。后来，上小学一年级时，我被诊断出有心脏杂音，医生告诉我要避免一整年的剧烈运动。对于非常好动的我来说，这简直就是折磨。

大约十一二岁的一个晚上，我生病了，高烧不退，睡也睡不好。突然间，我听到一阵轰鸣声，像是火车的声音，越来越大，我甚至以为火车要冲进我的卧室了。这种感觉完全压倒了一切，但不知为何，我并不害怕。随着声音越来越大，我感到一股强大的能量在身体中涌动，这比我以前经历的任何感觉都更强烈、更彻底。

我不知道这种力量来自何处，但第二天醒来时，我感到身体强壮、自信满满，充满了活力。高烧退了，从那以后，我的健康状况显著改善，很少再感冒或者得流感。

然而，这段偶然经历对我影响最大的，并非在身体上，而是在心理上。那个晚上之后，我对自己有了更强的信念，并默默相信一切都会朝着最好的方向发展。此外，我似乎还能触摸到一种此前从未感受过的内在能量。从那时起，我变得足够自信，可以全身心地投入自己热爱的事物，这也正是我在体育运动中成功的一大秘诀。

我一直在想，这种力量究竟来自何处，我是否能学会怎样掌控它，把它运用到生活的其他方面，而不仅仅只在篮球场上。

寻找掌控这种力量的方法，也是我踏上自我发现之旅时的一个目标。我不知道自己会走向何方，也不知道途中会遇到怎样的陷阱。但 Grateful Dead 乐队的《涟漪》中有几句歌词，给了我勇气：

有这么一条路，它并非捷径，
在黎明与黑夜之间，
也许没有人会随你一同前往，
因为那条路只为你一人而设。

说实话，我已经有过不少经历了。由于父母都是牧师，我和兄弟姐妹们必须倍加完美。我们每周日要去教堂两次，早上听父亲布道，晚上听母亲布道。周中，我们还要参加另一个教会活动，然后在妈妈讲学的主日学校里，我们还得当模范学生。每天早餐前我们都要做祷告，晚上还经常得背诵《圣经》中的章节。

我的父母是在温尼伯的一所圣经学院学习神学时相识的。他们的成长经历完全不同。父亲查尔斯高大英俊，拥有一头卷发和一双深邃的眼睛，举止温文，为人低调。我们属于托利党的祖先在美国独立战争中站错了队，战后不得不搬到加拿大安大略省。在那里，他们获得了乔治三世国王赠予的土地，后来那里成了杰克逊家族农场。父亲一直认为自己会去上大学，但由于健康原因，他未能通过八年级的升学考试，于是辍学并开始在农场工作。在此期间，他还曾在哈德逊湾做过一段时间的伐木工。

母亲伊丽莎白，是一位魅力十足的女性，她的双眼如水晶般湛蓝，一头金发之下是一副典型的日耳曼特征的面孔。她在蒙大拿州的沃尔夫波因特长大，为了逃避第一次世界大战后加拿大强烈的反德情绪，外祖父芬克带着家人搬来了这个地方。母亲的所有兄弟姐妹在高中时都是发表毕业致辞的优秀毕业生代表，但因为请了六周假去参与秋收，她以0.2分之差错失这个机会。后来，她在一所只有一个教室的学校教书，任职期间她参加了一次五旬节教派的布道会，便深受打动。30岁出头，母亲已经成了蒙大拿州东部小镇的一位巡回传教士。

当我的父母开始约会时，父亲还是个鳏夫。他的第一任妻子在几年前怀着两人的第二个孩子时离世（他们的第一个孩子是我同父异母的姐姐乔安）。让我父母彼此吸引的，并非什么浪漫爱情，更多的是精神上的深厚联系。

我的父母还严格遵循圣保罗的教义：要将自己和物质世界分离，既要在这个世界存在，又不能让自己属于这个世界。我们不能看电视和电影，不能看漫画书或者参加舞会，甚至和同学去当地的餐馆吃饭都是不行的。他们不让乔安穿短裤和泳装，我和其他兄弟除了运动服，也只能穿白衬衫。最近我曾经问乔，小时候什么事情最让他害怕，他的回答是，最怕在学校犯错被嘲笑。其他孩子会无情地嘲笑我们，叫我们做“圣滚者”，取笑那些他们眼中古怪而过时的生活方式。

快到11岁时，母亲告诉我，是时候“寻求心中的圣灵”了。我的哥哥姐姐们已经接受了圣灵的“洗礼”，能说方言了。这在五旬节信仰中是一个重要环节。多年来，我看到许多人经历了这一仪式，但那并不是我想亲身体验的事。然而，父母非常希望我也能做到这件事。每周日晚仪式后，他们都会和我一起祈祷，我也会积极寻找说方言的能力。

经过几年的虔诚祈祷后，我认定这不是我想要的东西。我开始拼命参加学校里的各种活动，好让自己能脱离几乎24小时不间断的教会生活。我参加戏剧表演，在合唱团唱歌，参与班级活动，还在学校的广播节目中做体育解说。高四那年，哥哥乔趁着父母外出参加会议，偷偷带我去看了人生中的第一部电影——《七对佳偶》。

但我真正的救星是篮球。高三那年，我长高了4英寸，达到了6英尺5英寸，体重达到160磅，球技也开始大有长进。我的身高和长臂给了我巨大的优势，那一年我场均得分21.3分，帮助我的球队威利斯顿高中打进了北达科他州锦标赛的决赛。但我们的决赛对手拉格比队，曾经在常规赛阶段两次击败过我们。我在那两场比赛中都深受犯规困扰，所以鲍勃·彼得森教练在决赛中采用了区域防守。我们成功限制住了我高中时的对头保罗·普雷斯图斯，但拉格比队的投篮表现更佳，最终他们以12分之差获胜。

篮球让我喜欢的点，在于它的一切都是相互关联的。篮球比赛就像是一支由移动和反应组成的复杂舞蹈，这比我以往参加过的任何运动都更具活力。此外，篮球要求高层次的协同合作能力。要取得成功，仅靠自己是不行的，你需要依靠场上每一个队友。这赋予了篮球运动一种超然的美感，让我从中得到极大的满足。

篮球也把我从周末必须去教堂的苦事中解救了出来。我们最近的一个对手也距离我们有125英里，因此周末我们经常要在夜间长途旅行，到州内各个遥远的地方参加比赛。这意味着我会经常缺席周五晚上和周日早上的活动。

到了高四那年，我在州里已变得小有名气。我场均能得23分，尽管球队战绩没有前一年那么优秀，我们仍然打进了州决赛。对阵大福克斯红河的决赛得到了电视转播的机会，在上半场进行到一半时，我抢断得手，带球长驱直入，完成了一次扣篮。这让我某程度上成了州里的英雄，因为大多数观众以前从未见过扣篮。帮助球队赢得了冠军，自己也被评选为最有价值球员。

比赛后，我遇到了比尔·菲奇，他刚刚被聘为北达科他大学的篮球教练。他向我承诺，如果我有兴趣，他会为我在球队中留个位置。几周后，他来到威利斯顿，在球队年度颁奖典礼上发表主题演讲。演讲最后，他把我和我的一位队友叫上台，将我们两个人铐在一起。“等演讲结束，我就要把这两个孩子带回北达科他大学。”他开玩笑地说道。

终于，从未观看过我任何一场高中比赛的母亲，还是问到了我在精神生活上的进展。我不得不告诉她，我对自己的信仰感到非常挣扎。对她来说，这是一个心碎的时刻，因为在此之前她早已经见证过自己的其他儿子脱离教会。在我小的时候，父母曾向他们的会众做出承诺，说我会像哥哥查尔斯和乔一样被培养成上帝的仆人。结果我们没有一个人达到父母的期望，想必这一定会让他们非常痛苦。我想，他们至今仍未放弃那个念想，认为我们中总会有人回归自己真正的使命，成为牧师。

上大学时，我经历了另一次强烈的心灵觉醒。我是严格按照《圣经》的指引被抚养长大的。因此，在生物课上学习到达尔文的进化论，得知根据最佳估算，人类在地球上已经直立行走了超过四百万年时，我受到了极大的冲击。这一发现，让我开始对自己从小学的许多东西产生了怀疑，也激发了我试图去解决——至少是为我自己——宗教规条与科学探索之间固有的矛盾。

我决定将自己的专业从政治学转到心理学、宗教学和哲学的综合学科，这让我有机会探索东西方的多种精神信仰。我特别喜欢尼科斯·卡赞扎基斯在《基督的最后诱惑》中对耶稣展开的人文主义视角，书中的许多内容和我在佛学中了解到的知识都互相呼应。我还被威廉·詹姆斯的《宗教经验种种》深深打动，这本书不仅帮助我用宏观的视角看待儿时的经历，还让我了解到自己对更真实的新式精神认同的追寻，与美国文化的广阔天地是多么契合。

刚进入NBA的最初几年，我搁置了对精神世界的追寻。但搬到切尔西区后，我结识了哈基姆，一位心理学研究生，也是虔诚的穆斯林，他重新点燃了我对精神世界的兴趣，并鼓励我对冥想进行探索。

一年夏天，在蒙大拿，我请了一位名叫罗恩·费特维特的邻居，来帮我修理漏水的屋顶。罗恩是虔诚的基督徒，在一起修理屋顶瓦片的时候，我们对信仰问题进行了一次长谈。

从那一刻起，我开始默默寻找可能适合自己的精神信仰。乔尔·S.

戈德史密斯是我早期的发现之一，他是一位富有创造力的作家、神秘主义者，以及基督教科学会的治疗师，他曾经创立了自己的思想运动，名为“无限之路”。他的作品最吸引我的一点，是他对组织、仪式和教条的全盘否定。在他看来，灵性修行是个人的旅程，仅此而已。他还设计演讲的方式，以便能够从各种不同的视角解读。我特别喜欢他关于冥想的观点，他将冥想视为一种体验内在宁静，连通直觉智慧的方式。我一直认为冥想是一种平静心灵、感受平衡的治疗技巧。但戈德史密斯让我明白，冥想也可以替代祷告，打开通向神圣的大门。

随着时间的推移，我接触了其他的实践方法，但“无限之路”对我来说是一次启蒙。它是一块进身之阶，让我能够脱离从小时候接受的精神枷锁，迈向更广阔的心灵修行。小时候，母亲每天都会向我灌输《圣经》的经文，因为她相信，空闲的大脑是魔鬼的游乐场。但我认为恰恰相反。我认为自己的大脑不需要那么多杂音。我想让自己的心灵得到休息，允许自己仅仅做自己。

大约就在这个阶段，我在经常去的纽约皮纳克尔牌局上遇到我未来的妻子琼。她是个热情的人，喜欢玩乐，以社会工作学位从康涅狄格大学毕业。通过在美国西北部进行的夏季摩托车旅行，我俩的爱情开花结果，并在 1974 年结婚。第二年，我们的第一个孩子切尔西出生了，随后女儿布鲁克以及双胞胎儿子查理和本也很快相继来到这个世界。

切尔西出生后不久的那个夏天，琼和我一起去新墨西哥州陶斯的一个社区拜访我的哥哥乔。乔和他的新伴侣，也就是琼的姐姐黛博拉，住在那里。这几年乔都在研习苏非主义，最近他辞去了在布法罗的教学工作，搬到了拉玛基金会生活，这是致力于融合不同传统的心灵修行的社区。

苏非主义是伊斯兰教神秘主义的一种形式，强调将意识从个人层面转向神圣层面。

为了与神灵取得联系，拉玛基金会的苏非主义教徒每天的大部分时间都在冥想、祷告，以及进行一种名为“赞美咒”的仪式，由狂热的颂唱和跪拜组成。这种肉体修行意在依靠不断重复舞蹈般的动作，来达成人在精神上的升华，乔为之着迷。

然而，参与了这些仪式几周之后，我认定苏非主义并不适合自己。我要寻找的那种修行，能帮助我控制自己那过于活跃的思维。

几年后，我雇用了乔，来帮我在蒙大拿弗拉特黑德湖建一座新房子。完成了房子框架的搭建后，我们请来了一位建筑工人帮我们完成剩下的工作。这个人一直在加利福尼亚北部的沙斯塔山禅院学习禅修，举止冷静专注，做事心无杂念。自从读过铃木俊隆的经典著作《禅者的初心》之后，我便对禅宗产生了浓厚的兴趣。在将禅宗介绍给西方社会的过程中，铃木俊隆大师扮演了重要角色。他曾说，要学会以一种充满好奇、不带判断的心态面对每一个瞬间。他在书中写道：“如果你的心空空如也，它便随时准备好接纳一切，开放于万象。在初学者的心中，有无数的可能性；而在老手的心中，可能性却寥寥无几。”

那年夏天，乔和我加入了朋友的团体，开始每周一次和大家一起坐禅冥想。禅修吸引我的地方在于其固有的简约，和我尝试过的其他修行不同，禅修不需要诵经念道，也无须想象复杂的画面。禅修是实用主义，它接近生活，而且乐于探索。它不要求你信奉某一套原则或盲目相信什么。事实上，禅宗鼓励修行者质疑一切。禅宗导师史蒂夫·哈根曾写道：“佛教关乎洞察。它关乎认知，而非单纯的相信、期望或许愿，它还关乎不畏惧审视万事万物，包括自己的个人意图。”

铃木俊隆的冥想指导很简单：

1. 端坐时，挺直脊柱，放松肩膀，下巴微收，“就像用头支撑着天空。”

2. 让你的思绪随着呼吸的一进一出，正如摆动的门一样。

3. 不要试图阻止你的思维。如果一个念头出现，让它自由地来，自由地走，然后回到专注呼吸的状态。

冥想不是为了控制思维，而是让思维自然地不断出现、消失。经过数次练习，思绪会像过眼云烟，它们主宰意识的力量也会逐渐减弱。

据铃木俊隆所说，冥想能帮助你"免受偏见和外界影响"，以"非常简单、清晰的心态"做事。大多数人在做事情时，脑中会有两三种想法并行，这些想法会留下"痕迹"，给人造成困惑，而人们很难把其驱赶出脑海。对此，他写道："为了不留下任何痕迹，做事时应当全身心投入，全神贯注，全力以赴，就像燃烧的篝火那般。"

我花了多年时间来平静忙乱的心灵，但在这个过程中，我发现自己越是注意内心的变化，就越能与外界建立联系。我变得对他人更有耐心，在压力下更为冷静，在我成为教练后，这些品质对我帮助巨大。

作为领导者，禅宗对我在这三个方面至关重要：

## 1. 放下控制

铃木俊隆写道："如果你想在坐禅时获得完美的平静，你就不要被自己脑海中出现的各种影像所困扰。让它们自由来去。这样它们才会受你控制。"

他补充道，控制人的最佳方法是给他们足够的空间，鼓励他们去调皮捣蛋，然后观察他们。他写道："最糟糕的做法是忽视他们。其次是试图控制他们。最好的方法是观察他们，仅仅是观察他们，不要试图控制他们。"

日后我与丹尼斯·罗德曼共事时，这条建议派上了用场。

## 2. 信任当下

大多数人会把大量时间都花在回忆过去或幻想未来中 —— 如果你的工作是在篮球比赛中取得胜利，这会很危险。篮球比赛节奏之快，让人很容易犯错，无论是为刚才发生的事情懊悔，还是为即将发生的事情担忧，都会让你分心，从而忽略了唯一真正重要的事情 —— 当下这个瞬间。

禅宗不仅让我更加敏锐地意识到当下发生的事情，还让我放慢了对时间的感知，因为它减少了我急于走向未来，或是迷失于过去的倾向。越南的一行禅师提倡"幸福地生活在当下"，因为你需要的一切，都只能在当下找到。他写道："只有在当下才能找到生活。过去的不再，未来的未来，如果不能回归当下的自己，我们便无法感知生活。"

## 3. 慈悲为怀

教导人慈悲为怀，是佛教尤其吸引我的一点。佛陀被称为"慈悲之人"，根据宗教学者的研究，佛陀的道德教义与耶稣的教义非常相似，耶稣在最后的晚餐上对门徒说："你们要彼此相爱，像我爱你们一样，这是我的命令。人为朋友舍命，人的爱心没有比这个大的。"佛陀也说过："就像母亲会冒着生命危险保护自己唯一的孩子一样，这是我的命令，培养对一切众生的无限慈悲。让你那无边的爱充满整个世界。"

在佛教的观点中，培养慈悲的最佳方式是全身心活在当下。佛陀说："冥想，就是以一颗包容的心去倾听。"佛学大师佩玛·丘卓在她的著作《始于足下》里写道：冥想练习能让自我与他人之间的传统界限变得模糊。她写道："你为自己做的每一件事 —— 任何善意的举动，任何温柔的举动，任何对自己诚实和清晰的举动 —— 都会影响你如何体验这个世界。你为自己做的，就是为他人做的；你为他人做的，就是为自己做的。"

这个观点，在我日后的教练工作中成为关键的组成部分。

与此同时，我仍然是一名职业篮球员。

在 1971/1972 赛季，当时兼任球队总经理和主教练的瑞德·霍尔兹曼做出了关键调整，彻底改变了尼克斯队。首先，他把卡兹·拉塞尔交易到旧金山勇士，换来了杰里·卢卡斯。卢卡斯是一位强壮、灵活的大个子，拥有精准的跳投，并且能够应付像戴夫·考恩斯和贾巴尔这样的强力中锋。接着，瑞德将迈克·里奥丹和达夫－斯托沃茨送到巴尔的摩，换来当时联盟最具创造力的控球后卫——"黑珍珠"厄尔·门罗。瑞德还选中了"梦想"迪恩·梅明格，这位来自马奎特大学的快速后卫不仅身形修长，在防守中还相当凶悍。

随着新人的加入，我们变成了一支比以往更为多元化的球队。相比起 1969/1970 赛季的那支尼克斯，我们现在拥有了身高优势和板凳深度，也有更多的得分点，在个人技巧和团队意识上也达到了完美的平衡。有人曾担心门罗会在后场抢了弗雷泽的风头，但事实上他很好地适应了搭档的打法，并为我们的进攻增添了新的花样。再加上"传球魔术师"卢卡斯坐镇中锋，我们从一支强力型球队转变成全能的外线型球队，15 英尺跳投和突破上篮都是球队的重要得分手段。瑞德让我担任戴夫·德布斯切尔和比尔·布拉德利的主要替补，我也在这个新角色中充满干劲。这就是最纯粹、最高级的篮球，而我完美融入其中。

在 1972/1973 赛季，我们唯一担心的对手是凯尔特人队，他们以 68 胜 14 负的战绩统治了东部联盟。在比尔·拉塞尔离开后的 4 年里，总经理瑞德·奥尔巴赫按照凯尔特人传统重建了球队，拥有一名强壮灵活的中锋戴夫·考恩斯、一位狡猾的外线投手乔·乔·怀特，以及称得上历史最全能球员的约翰·哈夫利切克。

霍尔兹曼并不怎么喜欢奥尔巴赫，因为后者总是用尽各种手段为自己的球队创造优势。在搞小动作上，奥尔巴赫称得上是大师级人物。奥尔巴赫最具标志性的动作，就是当他认为凯尔特人已经拿下比赛胜利时，他会点燃一支雪茄，这个动作很能激怒对手，尤其是在比分还很接近的时候。

但在1972/1973赛季季后赛中，奥尔巴赫的手段更加过分，最终适得其反。在季后赛首轮以4比1击败巴尔的摩后，我们在东部决赛中遇到了凯尔特人队。凯尔特人在系列赛中占据主场优势，奥尔巴赫也充分利用了这一点。只要我们在波士顿打比赛，奥尔巴赫就会让我们过得苦不堪言：他会把我们安置在那些钥匙坏了的更衣室，里面连毛巾也没有，室内温度被设定在超过38℃，而我们却连窗户都打不开。在这个系列赛，他每场比赛都给我们安排不同的更衣室，到最后一场比赛，也就是第7场，我们被安排到球馆看门人的小房间，里面没有储物柜，天花板低得让我们许多人得弯腰才能穿衣服。奥尔巴赫本以为这能让我们气馁，没想到这些更衣室的把戏反而惹怒了我们，激发出我们更强的斗志。

在此之前，从未有球队能在波士顿主场举行的抢七大战中战胜凯尔特人，但我们仍然充满信心，因为在系列赛前几场比赛，我们凭借全场紧逼打得凯尔特人毫无还手之力。大战前一天晚上，我们在看第6场比赛的录像，注意到我们对乔·乔·怀特在高位挡拆后的进攻束手无策。负责防守怀特的梅明格为自己辩解，霍尔兹曼立刻打断道："我不管他们怎么挡拆。"他说，"想办法破解他们的挡拆，阻止这个家伙得分。别抱怨他们挡拆，完成任务就是了。"

第二天，梅明格像发了疯一样，一开场就扑向怀特，成功遏制了他，彻底打乱了凯尔特人的进攻部署。不仅如此，梅明格在进攻端也活了过来，他突破了凯尔特人的紧逼防守，在下半场带领球队打出一波37比22的决定性进攻高潮。在那之后，凯尔特人回天乏术。最终尼克斯以94比78战胜凯尔特人。

那一晚，在波士顿球馆看门人小屋，瑞德·霍尔兹曼高兴的模样，是我从来都没有见过的。能在对方的主场战胜他的死对头奥尔巴赫，对瑞德的意义相当重大。他满面笑容地走过来，对我露出一丝讽刺的笑容说："你知道的菲尔，生活有时候是个谜，你很难分清好与坏的界限。但今天很清楚，是好人战胜了坏人。"

对阵湖人的总决赛与东部决赛相比就有些平淡。除了在第一场比赛让我们吃了一惊，他们的快攻没能再给我们带来麻烦，最终我们用了五场比赛就赢下了总决赛。在洛杉矶的赛后庆祝活动也相当无趣，只有几名记者在进行采访。但我并不在意，因为我终于有了一枚靠自己打拼回来的冠军戒指。

接下来的1973/1974赛季是我职业生涯中表现最出色的赛季之一。我逐渐适应了第六人角色，场均得到11.1分、5.8个篮板。但球队当时进行的变革引起了我的担忧。

获得总冠军的尼克斯以球员之间非凡的默契，以及我们无私的团队合作而闻名。这种默契在我们1970年首次夺冠的过程中尤为突出。厄尔·门罗、杰里·卢卡斯和迪恩·梅明格1971年加入球队后，球队的化学反应发生了变化，但也形成了一条新的纽带，这条纽带更多体现在球场上，但依旧有效。我们场外并不常见面，在场上却能完美配合。如今，球队正在经历另一次巨变，但这一次，变革带来的影响似乎更具破坏力。

由于里德、卢卡斯和德布斯切尔都饱受伤病困扰，尼克斯在1973/1974赛季举步维艰。在经历了7场恶战之后，我们艰难淘汰子弹队，最终与凯尔特人会师东部决赛。这次系列赛在第4场比赛就出现了危急时刻，当时在麦迪逊广场花园凯尔特人正以2比1的优势领先，而我和年轻的替补中锋约翰·贾内利还在努力弥补尼克斯大个子的缺失。但这一次，再也没有威利斯·里德的奇迹归来了。波士顿的戴夫·考恩斯和约翰·哈夫利切克知道如何利用我们缺少前场领袖的弱点，在下半场的每个关键时刻都巧妙地压制我们。最终，波士顿以98比91获胜。

三天后，凯尔特人在波士顿彻底击败了我们，并在战胜密尔沃基雄鹿后再次夺得总冠军。我还记得，在那场失利之后，我和队友们坐在洛根机场，感觉曾经辉煌的王朝已经走到了尽头。卢卡斯和德布斯切尔已经宣布了退役计划。之后的赛季开始前，里德和巴内特也选择退役，而梅明格则在扩张选秀中被新奥尔良选走，随后被交易到了亚特兰大。

在那之后，一切都不再一样了。第二年，我顶替德布斯切尔成为首发，表现还不错，但除了我以外，球队此前的核心阵容中只剩下沃尔特·弗雷泽、比尔·布拉德利和厄尔·门罗三人，我们很难再重新建立之前那种强大的团结。时代变了，涌入 NBA 的新生代球员对展示自己炫酷的球技更感兴趣，享受 NBA 的奢华生活，为了球队团结而付出努力并非他们的选择。

在接下来的两年，我们阵容中增加了一些有天赋的球员，包括全明星球员斯宾塞·海伍德和三届 NBA 得分王鲍勃·麦卡杜，但他们都对融入尼克斯强悍防守和无私配合的传统毫无兴趣。

不同时代球员之间的代沟日益明显。那些新生代球员在大学时期习惯了养尊处优，不管是没有人帮他们洗衣服，还是训练师的包扎工作做得不够好，都足以引发他们的抱怨。因为当时还没有装备经理，老尼克斯球员早已习惯自己洗衣服，尽管听起来有些奇怪，但自己洗球衣其实在团结球队中确实起到了作用。如果新来的球员连自己的装备都不愿意洗，我们怀疑他们是否能承担起自己在场上应尽的责任。

很快我们就发现了答案。在非常短的时间内，尼克斯变成了一支两极化的球队，我们能够一度建立起 15 分的领先优势，却又会因为无法组织起有效进攻，在比赛的最后时刻崩盘。我们召开了几次队内会议来讨论这个问题，但始终无法统一两代球员的想法。瑞德所做的一切努力，都没能激发出球队的团结合作。

1976 年，尼克斯 9 年来首次未能跻身季后赛。第二年，布拉德利宣布退役，弗雷泽被交易到了克利夫兰骑士。随后，瑞德辞去主教练职务，威利斯·里德接过了他的教鞭。

我本以为1977/1978赛季会是我职业生涯的最后一个赛季，但在休赛期，尼克斯和新泽西篮网达成了一笔交易，把我送到了那里。起初我有些犹豫，但篮网主教练凯文·洛克里来电说服了我加入，他需要我帮助他应对年轻球员。他说：“我知道你快要结束职业生涯了，但加盟新泽西，也许能为你从球员转型为教练提供不错的帮助。”

我对成为教练并不太感兴趣，但洛克里独特的领导风格却引起了我的兴趣。季前训练营结束后，洛克里说他打算把我调到助理教练的位置，但我还没正式转岗，球队前锋鲍勃·埃利奥特就受伤了，我只能暂时做回球员。不过，那一年我还是获得了机会，以兼职助理教练的身份与球队的内线大个子们一起工作，当洛克里被裁判驱逐出场时，我还会顶替他担任临时主教练，这种情况在那个赛季可是发生了14次之多。

洛克里曾两次赢得ABA总冠军，他对比赛有着极为深刻的理解，并且擅长利用错位防守获取优势。但从他身上，我学到的是如何突破极限，并且全身而退。洛克里是我认识的第一个让球员在对方半场发球时就实行双人包夹的主教练，这是一种高风险的战术，但往往能取得不错的效果。他还采纳了胡比·布朗的策略，对持球球员进行双人包夹，尽管严格来说这是犯规行为，但洛克里还是将其当成防守战术的常规一环。而他最大的创新，则是为我们最好的射手设计出多个破联防的单打战术。这些战术与霍尔兹曼的五人进攻模式并不完全契合，但这很适合篮网队拥有众多优秀投手的阵容，并且为未来几年战术创新的蓬勃发展开辟了道路。

我们的明星球员是伯纳德·金，他是爆发力极强的小前锋，投篮出手速度极快，并且在前一赛季作为新秀场均得到24.2分、9.5个篮板。不幸的是，他有滥用药物的问题。在那个赛季的一个晚上，金被发现昏睡在停车标志旁的汽车里，并因醉酒驾驶和持有可卡因被逮捕（这些指控后来都被撤销）。这次事件让洛克里忍无可忍。尽管一向以善于管理自大的球星而闻名，洛克里还是认为他没法继续和金沟通，并且自己正逐渐失去对球队的控制。于是，他威胁球队自己将要辞职。总经理查理·西奥卡斯让洛克里推荐接替者，他给出了我的名字。听到这个消息时我有些震惊，但得知像洛克里这样的人物认为我能够胜任这份工作，心里还是挺高兴的。最终，洛克里退了一步，选择留任。而篮网队则在几个月后把金交易到了犹他爵士，在那个赛季余下的大部分时间里，他都在进行康复治疗。

1979/1980 赛季开始前，洛克里告诉我，他打算将我从球队大名单中剔除，但会给我提供一份全职助理教练的工作，薪水也会大幅削减。这是我一直害怕面对的时刻。我还记得开车前往篮网队位于新泽西皮斯卡塔韦的训练中心时自己的想法，我觉得自己再也感受不到比赛的激动了。我对自己说，未来我当然还可能会有一些高光时刻，但除非出现类似生死攸关的危机，否则我可能再也不会体验到像在 NBA 球员时代那样的经历了。

当教练是另一回事，或者说，至少当时我是这么认为的。无论胜败，我始终离比赛的核心有了一步之遥。

在皮斯卡塔韦的郊外，我和几个月前去世的父亲进行了一场幻想中的对话。

“爸爸，我该怎么办？我就要像这样在自己一成不变的余生中走过场了吗？”我问道。

无人应答。

“还有什么能像打篮球那样对我有意义呢？我该从哪里找到人生的新目标？”

过了好几年，我才找到了答案。

第五章

# 与公牛共舞

不要吹奏萨克斯，让它演绎你。

——查理·帕克

这不是杰里·克劳斯第一次打电话给我，邀请我加入公牛队了。三年前，当斯坦·阿尔贝克还是主教练时，杰里就曾邀请我面试助理教练的职位。当时我正在波多黎各执教，抵达芝加哥时，我留着胡子，穿着一身热带风情的服装，头上还戴着一顶厄瓜多尔草帽，帽子上插着一根蓝色的鹦鹉羽毛——这种装扮在岛上非常时髦（也很实用）。阿尔贝克看了我一眼，直接行使了他的否决权。杰里之前拒绝了阿尔贝克的第一助理教练人选，所以阿尔贝克的否决可能是一种报复。无论如何，我最终没能得到这份工作。

第二次面试时，克劳斯建议我剃掉胡子，穿上一件运动夹克，打上领带。新任主教练是道格·柯林斯，我曾在球员时期与他交手，那时他是费城76人的明星得分后卫。他是一位聪明且充满活力的教练，克劳斯在1986年聘请他接替了阿尔贝克的职位。克劳斯当时正在寻找一位能够激励公牛队年轻球员的教练，将他们打造成一支有冠军竞争力的球队，而道格做到了这一点。约翰尼·巴赫曾在1972年奥运会代表队期间与柯林斯共事，他说柯林斯让他想起了教练阿道夫·鲁普的那句名言：世界上只有两种教练，一种能带领球队走向胜利，另一种则激励球队前进。道格显然属于后者。尽管他的执教经验并不算深厚，但他精力充沛，总能在关键比赛前激发球员的斗志。

道格和我一拍即合。在与杰里共进晚餐后，道格开车送我回酒店，路上他提到，他正在寻找一位有冠军背景的人来激励球员。两天后，杰里向我提供了助理教练的职位，并给了我一条额外的着装建议。他说："下次你回来芝加哥时，记得带上你的冠军戒指。"

公牛队是一支即将崛起的球队，但他们的阵容中还存在短板：中锋戴夫·科尔津不够敏捷，篮板技术也稍显不足；而身高6英尺11英寸的前锋布拉德·塞勒斯则饱受伤病困扰。不过，他们拥有强力大前锋查尔斯·奥克利，稳定的外线射手约翰·帕克森，以及前途无量的新秀前锋——斯科蒂·皮蓬和霍勒斯·格兰特。巴赫称他们为"杜宾犬"，因为他们速度快、侵略性强，足以打出令人窒息的压迫式防守。

当然，球队的明星是迈克尔·乔丹，他在前一年已经成长为联盟中最具统治力的球员。他不仅以场均37.1分赢得了得分王，还不断挑战人类生理极限，在空中完成令人惊叹的动作。在我认识的球员中，唯一能在弹跳力上与乔丹相提并论的是"J博士"朱利叶斯·欧文，但"J博士"并没有乔丹那种惊人的能量。乔丹可以在一晚打出精彩绝伦的比赛，第二天又奉献一场更加令人瞠目结舌的表现，而过两天后，他还能再次做到同样的事情。

公牛队的主要对手是底特律活塞，这是一支作风粗犷、身体对抗极强的球队，他们自豪地称自己为"坏孩子军团"。在控球后卫伊赛亚·托马斯的带领下，活塞队总是充满斗志、无惧对抗，他们队中聚集了一群硬汉，包括比尔·兰比尔、里克·马洪、丹尼斯·罗德曼和约翰·塞利。在我加盟公牛队的第一个赛季初，马洪和公牛队的查尔斯·奥克利之间爆发了冲突，随后演变成了混战。道格·柯林斯冲进球场试图平息事态，却被推翻在记分台上。约翰尼·巴赫在充当和事佬时也扭伤了手腕。事后，托马斯得意地宣称，活塞队是“最后的角斗士战队”。

活塞队是一支经验丰富、精明老练的球队，擅长利用对手的弱点。对于公牛队，他们的策略是通过身体对抗和小动作来激怒那些年轻且经验不足的球员，让其情绪失控。然而，这种战术对乔丹并不奏效，因为他从不轻易被吓倒。为了限制乔丹，活塞队主教练查克·戴利设计了一套名为“乔丹法则”的战术，旨在通过多人包夹消耗乔丹的体力——只要他一拿球，就会遭到多名球员的猛烈夹击。乔丹是一名极其顽强的球员，即使有两三名球员挂在他身上，他依然能完成投篮。活塞队的策略在一开始确实有效，因为公牛队在进攻端并没有太多其他选择。

我的任务是前往各个客场，考察公牛队接下来几周将面对的对手。这让我有机会亲眼看见“魔术师”约翰逊领衔的湖人与拉里·伯德率领的凯尔特人之间的激烈竞争如何深刻地改变了 NBA。仅仅几年前，联盟还深陷毒品滥用和球员自我膨胀的泥潭，处境岌岌可危。但现在，随着一批充满魅力的年轻球星崛起，以及联盟中两支最具传奇色彩的球队打出了令人兴奋的团队篮球新风格，NBA 再次焕发了生机，比赛也变得赏心悦目。

更重要的是，这份工作让我有机会在篮球领域深造，而我的导师正是两位篮球界的顶尖智者——约翰尼·巴赫和泰克斯·温特。过去五年，我一直在奥尔巴尼地主队担任主教练，尝试了各种让比赛更加公平和协作的理念，甚至有一年我给所有球员支付了相同的薪水。在我执教的首个赛季，我们赢得了联盟冠军，我发现自己有一种天赋，能够在比赛中及时调整战术，并最大限度地发挥阵容中球员的潜力。但过了一段时间，我意识到自己作为教练最大的弱点在于缺乏系统的培训。我没有参加过任何篮球学院或夏季教练培训班，那里是教练们分享行业秘诀的地方。与约翰尼·巴赫和泰克斯·温特共事，正是我弥补这一不足的机会。在这个过程中我意识到，一些早已被遗忘的古老战术是可以被重新激活的，并在现代比赛中焕发新生。

巴赫是美国东岸篮球风格的大师，这种风格充满侵略性，强调身体对抗，盛行于密西西比河以东的地区。他在布鲁克林长大，曾在福特汉姆大学和布朗大学打篮球和棒球，后来加入海军，在二战期间服役于太平洋战区。在短暂效力于波士顿凯尔特人和纽约洋基后，他于1950年成为福特汉姆大学主教练，成为当时大学篮球界最年轻的主教练之一。之后，他在宾夕法尼亚州立大学执教10年，取得了不俗的成绩。随后，他转战NBA，担任助理教练，并短暂执教过金州勇士队。1972年，巴赫担任美国奥运男篮助理教练，在此期间，与道格·柯林斯建立了深厚的友谊。柯林斯在那场充满争议的金牌战中扮演了关键角色，如果国际奥委会官员没有在终场哨响后莫名其妙地将时间回调了三秒，他在比赛结束前命中的两记罚球，本可以为美国队锁定胜局。

与泰克斯·温特不同，巴赫并不拘泥于特定的战术体系。他就像一本行走的篮球战术百科全书，凭借敏锐的头脑和过目不忘的记忆力，设计出各种富有创意的方式来赢得比赛。当我在办公室时，巴赫经常会拿着一些被翻得破旧的书籍来到我的桌前，这些书的作者是一些我从未听说的天才教练，他还有一些录像带，里面记录着当前的NBA球队是如何运用那些多年前就被发明的战术。

有一次，我正坐在录像机前，对密尔沃基雄鹿队的进攻战术百思不得其解，于是叫巴赫过来一起看录像带。他只看了一眼就说："哦，这是加兰·平霍尔斯特的'风车战术'。"接着，他开始解释，平霍尔斯特是二十世纪五六十年代美国最具创新精神的教练之一。他曾在佐治亚州的小型学院奥格尔索普大学担任教练，凭借自己发明的连续移动进攻战术，他率队取得了180胜68负的战绩。在对篮球失去兴趣后，他转而投身商业和佐治亚州政界。

专注于防守的巴赫，喜欢通过使用军队影像和播放老战争电影的片段，来激励球员为战斗做好准备。他最喜欢的符号之一是黑桃A，他说二战时期海军陆战队会用它来纪念阵亡的战友。如果巴赫在战术板上把黑桃A画在对方球员的名字旁边，那就意味着只要这名球员持球，公牛队防守球员就得“干掉”他。

我并不像巴赫那样对战争题材情有独钟，于是，我开始在讲话时使用音乐视频（后来还加入了电影片段）。最初，我用的是吉米·亨德里克斯演奏的《星条旗永不落》，接着换成了大卫·伯恩的歌曲，也用佛莱迪·摩克瑞的《我们是冠军》。最终，我学会了通过这些影像传递一些只可意会的信息。有一年季后赛，我用Talking Heads乐队的《一生只一次》作为配乐剪辑了一个视频，这首歌讲述的正是虚度当下的危害。

我一直觉得音乐和篮球之间有着紧密的联系。篮球本质上有内在的节奏感，你在最好的爵士乐队中能找到的那种无须言语的无私交流，篮球也同样需要。有一次，约翰·科尔特兰在迈尔斯·戴维斯的乐队里演出，他有一段冗长得让人无法忍受的独奏让迈尔斯勃然大怒。“你在搞什么鬼？”迈尔斯怒吼道。

“兄弟，我的乐器就是停不下来啊。”科尔特兰回答道，“它就是要不停演奏。”

“既然这样，你就把那破玩意儿放下。”

曾和塞隆尼斯·蒙克合作过的史蒂夫·雷西总结出了蒙克提给乐队成员的建议。以下是部分节选：

- 即使你不是鼓手，也得掌握好节奏。

·别再弹出那些怪异的音符（那些垃圾），弹出旋律！

·让鼓手的声音听起来更好。

·不要演奏钢琴的部分，那是我要演奏的。

·别什么都演奏（或每次都演奏），留点空白……你不演奏的部分，可能比你演奏的部分更重要。

·如果你演奏来劲了，就让自己更有劲点。

·无论你认为什么是做不到的，总会有人能做到。天才就是最能展示自我的人。

·你得去感受它才能真正理解它，明白吗？

蒙克的这些建议，我喜欢的是他传达的一个基本信息：团队意识、团队协作和明确分工的重要性，这些原则不仅适用于爵士乐，也同样适用于篮球。我很早就发现，让球员协调行动的最佳方式是让他们以四四拍的节奏打球。最基本的规则是，持球球员必须在第三拍之前做出动作：要么传球，要么投篮，要么开始运球。当每个人都在遵循节奏时，就更容易一拍一拍地与他人协调一致。

最理解这一点的人是泰克斯·温特，他是公牛队教练组中另一位篮球大师。泰克斯是美国西岸篮球流畅打法的专家，最为人所知的是他对三角进攻战术的贡献。这套战术是他在南加州大学为山姆·巴里教练效力时学到的。尽管三角进攻并非由他发明，但泰克斯的关键性创新让这套战术得到发展，包括他设计的一系列传球路线，使球员之间的跑动更加协调。泰克斯还是一位天赋异禀的教练，他设计出自己的训练方法，让球员熟练掌握篮球基本功。

泰克斯29岁就担任马奎特大学的三教练，成为NCAA一级联盟历史上最年轻的主教练。两年后，他接手了堪萨斯州立大学野猫队主教练，并在这支球队中推行三角进攻，将野猫队打造成了一支NCAA锦标赛的常客。在此期间，当时还是球探的杰里·克劳斯与泰克斯建立了友谊，并花了很多时间在堪萨斯州的曼哈顿向他学习篮球战术。有一次，杰里告诉泰克斯，如果有一天他成为NBA球队的总经理，泰克斯将是他的第一人选。泰克斯当时并没有把这句话放在心上。然而，多年后，当他在路易斯安那州立大学执教时，他在ESPN上看到了一则关于克劳斯被任命为公牛队总经理的新闻。他对妻子南希说，他的下一个电话将是杰里打来的。他说对了。

自从在大陆篮球协会开始执教以来，我一直在寻找一种类似于当年尼克斯夺冠时使用的无私进攻体系。我尝试过“伸缩进攻体系”，一种在阿根廷和欧洲流行的快速移动、高速转换的进攻战术，但其仍有局限性。我不喜欢这套体系要求球员之间必须保持固定的间距，而且即使比赛形势所迫，你也很难打乱这套体系并采取其他策略。相比之下，三角进攻不仅要求高度的无私精神，还是一套灵活变通的体系，允许球员发挥大量的个人创造力。这完全符合我的理念。

三角进攻得名于体系中一个关键特征——由球场“强侧”的三名球员在边线形成的三角形。但我更愿意将三角进攻称为“五人太极”，因为它要求所有球员根据防守站位一起移动。其核心理念不是与防守正面硬碰硬，而是阅读防守的动向并做出相应的调整。例如，如果防守方在球场一侧对迈克尔·乔丹进行包夹，那么其他四名球员就会获得一系列机会。但他们都需要敏锐地意识到场上的动态，并足够协调地同步移动，以利用防守方留下的空当。这就是打篮球跟演奏音乐相似的地方。

当所有人都步调一致时，三角进攻几乎是不可阻挡的。最终，科比·布莱恩特成为三角进攻最忠实的拥趸，他喜欢这套体系的难以预测。“我们的球队很难对付，”科比说，“因为对手不知道我们会做什么。为什么？因为我们自己也不知道接下来会做什么。每个人都在阅读比赛并相互配合，就像一支伟大的管弦乐队。”

人们对三角进攻存在着各种各样的误解。一些批评者认为，你需要拥有像乔丹和科比这样级别的球员才能让它发挥作用。事实却正好与之相反。三角进攻并不是为超级巨星设计的，球星们不管在什么体系里都能找到得分的方式，球队里其他无法自己创造投篮机会的球员，才是三角进攻的受益者。无论球员最终是否投篮，它能让每个人在进攻中扮演重要角色。

对三角进攻的另一个误解是，它过于复杂，大多数球员难以掌握。事实上，一旦你掌握了基本要领，比当今流行的各种复杂进攻体系，学习三角进攻要容易得多。你需要掌握的主要是如何传球和准确阅读防守。曾几何时，大多数球员在高中或大学时就学会了这些技能，但对于现在进入 NBA 的许多年轻球员来说，情况并非如此。因此，我们不得不花大量时间从最基本的技能开始教他们如何打球，从控球运球，到脚步动作，再到传球。

泰克斯在这方面堪称大师。他开发了一整套训练方法，用来教球员如何熟练掌握基本功。他会训练球员在场上如何保持适当的空间，并教会球员根据基本规则来协同行动。对泰克斯来说，天才就在细节中，无论你是迈克尔·乔丹，还是队里地位最低的新秀，泰克斯都会一直纠正你，直到你做对为止。

热爱励志名言的泰克斯，每年都会向球队背诵他最喜欢的谚语，来强调细节的重要性：

> 因为少了一颗钉子，结果丢了一块马蹄铁；
> 丢了一块马蹄铁，结果失去了一匹战马；
> 失去了一匹战马，结果牺牲了一位骑兵；
> 牺牲了一位骑兵，结果遗失了一份情报；
> 遗失了一份情报，结果输掉了一场战役；
> 输掉了一场战役，结果覆灭了一个王国，
> 而这一切的一切，都只因为少了一颗钉子。

从领导力的角度来看，我喜欢泰克斯体系的一点，是它让批评变得不再针对个人。它让我能够批评球员的表现，而不会让他们觉得我在针对他们个人。职业篮球运动员对批评非常敏感，因为他们所做的一切几乎都会受到评判，评判他们的人除了教练、媒体，还包括任何一个拥有电视机的人。体系的美妙之处——这适用于所有类型的体系，而不仅仅是三角进攻——在于它将团队变成了一个共同学习的组织。从乔丹到替补球员，每个人都有需要学习的地方，无论他多么有天赋或缺乏天赋。因此，当我在训练中对某位球员严厉批评时，他会明白我只是在试图让他理解如何掌握三角进攻。正如我之前所说，通往自由的道路是一套美妙的体系。

我喜欢这个体系的另一个方面是可靠性；当球员处于压力下，体系能给予他们依靠。球员们不必像乔丹一样打球，不必使出高难度的招数。他们只需要在体系中扮演好自己的角色，就自然能给球队创造好的得分机会。

这个体系还为球员们提供了明确的团队目标，并为每个人设立了更高的标准。更重要的是，当球员开始互相教导如何掌握这套体系时，它还能帮助球员们转变成领袖。当这种情况出现时，无论个人荣誉多么激动人心，也远远无法比拟团队产生的凝聚力。

道格·柯林斯并不像我那样钟情三角进攻。1986年当他接管公牛队时，也曾试图实施这套体系，但很快就放弃了，因为三角进攻与他想要执行的防守体系不太契合。柯林斯坚信汉克·艾巴教练的基本法则：当对方抢下篮板或发球时，后卫应该朝半场方向跑，以便进行防守。而三角进攻与它矛盾的地方在于，它常常要求后卫移动到场地的一边底角，与其他两名球员形成三角形。这使得后卫们更难在快攻中迅速回防。

因此，道格放弃了三角进攻，但并没有用其他体系来替代它。相反，他让球员们学习了四五十个进攻战术，这些战术会根据比赛的进展不断变化。然后，他会根据场上发生的情况从场边指挥他们使用哪些战术。这种执教风格在NBA并不罕见，也非常适合道格。他拥有出色的场上视野，积极参与比赛里也能激发他的活力。问题在于，这使得球员们过于依赖他的临场指挥。这也使得除了迈克尔·乔丹之外的所有球员都成了配角，因为许多战术都是为了发挥乔丹的得分天赋而设计的。公牛队的进攻常常是四名球员为乔丹创造空间，然后期望他施展魔法。媒体已经开始讽刺地称公牛队为“乔丹和他的小兄弟”。

在第一个赛季的训练营期间，我告诉道格，我认为乔丹过于单打独斗，他需要效仿“魔术师”约翰逊和伯德与队友合作的方式，并将他们凝聚成一个团队。我还补充说，瑞德·霍尔兹曼曾经说过：“能让队友变得更好，才是球星真正的标志。”

“菲尔，你说得很棒。”道格回答道，“你得去告诉迈克尔。为什么不现在就去告诉他呢？”

我犹豫了。“道格，我才来公牛一个月。我不确定自己和迈克尔是否熟到能把瑞德教我的这些话告诉他的地步。”但道格坚持要我去向迈克尔解释什么是“球星真正的标志”。

于是，我走到媒体室，把正在那里接受记者采访的乔丹拉到一旁。这是我与乔丹的第一次真正意义上的对话，我有些紧张。我告诉他，道格认为他应该听听霍尔兹曼关于球星的观点，然后我重复了瑞德的那句名言。乔丹盯着我看了几秒钟，然后说：“好的，谢谢。”接着便走开了。

我不确定乔丹当时对我的这番话做何感想，但后来我了解到，他比其他球星更容易接受指导，因为他非常尊重他的大学教练迪恩·史密斯。此外，他对赢得自己的第一个NBA总冠军充满了强烈的兴趣，愿意为此付出一切努力。

担任助理教练期间，我和乔丹仅有的另一次私人交流，是在芝加哥的季票持有者午餐会上。我还在上小学的儿子本，是乔丹的忠实球迷。他的房间里贴满了乔丹的照片，他还曾告诉一位老师，自己的人生梦想就是见到偶像。前一年，当我们还住在伍德斯托克时，我曾带本去波士顿看公牛队对阵凯尔特人队的比赛。赛后，他等了很长时间，只为了得到乔丹的签名。但当乔丹终于从更衣室走出来时，他径直走过，没有停下。所以，既然我现在在公牛队工作，我决定带本去参加季票持有者午餐会，并亲自把他介绍给乔丹。在午餐会上，我向乔丹提起了本在波士顿花园球馆的漫长等待。乔丹笑了笑，对本非常友善，但我还是觉得有点尴尬，毕竟这让他有些为难。

从那以后，我刻意避免向乔丹提出任何特殊请求。我希望我们的关系保持纯粹，我不想成为他的工具。后来，当我接任主教练时，我制定了一项政策，给乔丹足够的空间。我特意为他创造了一个受保护的环境，让他能够与队友自由交流，做自己，而不必担心外界的干扰。即使在那些早期日子里，球迷们对迈克尔·乔丹的狂热程度也令人难以置信。他去餐厅吃饭时总会被围追堵截，大多数酒店的工作人员也会排在他的房间外等待签名。有一次在温哥华比赛后的晚上，我们不得不从球队大巴上"拽下"几十位乔丹的崇拜者，才能驶出停车场。

担任助理教练期间，另一位与我密切合作的球员是斯科蒂·皮蓬。我们同年加入球队，我花了很多时间帮助他学习如何急停跳投和运球投篮。皮蓬学得很快，并投入大量时间理解三角进攻。他在大学时曾是控球后卫，后来转型小前锋，因此他对如何让球场上的队友各司其职有着天生的直觉。加上他的一双长臂和出色的球场视野，皮蓬成了我们破解防守的完美人选。

然而，皮蓬最让我印象深刻的是他作为领袖的成长——他没有模仿乔丹，而是教导队友如何在体系中打球，并在他们遇到困难时给予同情和支持。这一点至关重要，因为乔丹并不是个容易接近的人，许多球员都因为他的存在而感到压力。皮蓬则是他们可以倾诉的对象，也是在球场上时刻关注他们的人。正如史蒂夫·科尔所说："皮蓬安抚队友，乔丹痛击对手。"

1987/1988赛季，也就是我加入公牛队的第一个赛季，球队开始崭露头角。我们赢得了50场比赛，在竞争激烈的中部赛区并列第二。乔丹继续高歌猛进，赢得了他的第二个得分王头衔和第一个最有价值球员奖。球队的最佳表现是在季后赛首轮以3比2战胜了克利夫兰骑士。但在东部决赛中，活塞五场比赛击败了公牛，并一路杀入总决赛，对阵洛杉矶湖人。

在休赛期，杰里·克劳斯将查尔斯·奥克利交易到尼克斯，换来了比尔·卡特莱特。这一举动激怒了乔丹，因为他认为奥克利是他在球场上的保护者。乔丹嘲笑卡特莱特的“黄油手”，并给他起了个绰号叫“伤兵比尔”，因为他一直饱受脚伤困扰。然而，尽管比尔肩膀窄小、身材瘦削，但他是一名聪明且坚韧的防守球员，能够限制帕特里克·尤因和其他内线球员。有一次训练中，我们的训练项目最终演变成了一场意志的比拼——6英尺6英寸的乔丹对阵7英尺1英寸的卡特莱特。乔丹决心要在卡特莱特头上扣篮，但卡特莱特同样决心不让他得逞。于是，他们在空中相撞，随后卡特莱特缓缓地将乔丹撞到地板上，这让所有人都看得屏住了呼吸。从那以后，乔丹对卡特莱特的态度就发生了转变。

球队要进一步发展，并不仅需要卡特莱特这一件武器。柯林斯一直向克劳斯施压，让他寻找强力的组织型控球后卫，能够像底特律的伊赛亚·托马斯那样。但球队已经尝试了几名控球后卫，包括塞戴尔·特莱特、史蒂夫·柯尔特和罗伊·斯帕罗，试图找到符合乔丹期望的人选。最新的候选人是萨姆·文森特，他通过交易从西雅图来投，但也没能坚持太久。于是，道格决定让乔丹担任控球后卫，这一安排效果不错，但却减少了乔丹的得分选择，也让他在常规赛中消耗过多体力。

有一次，道格和泰克斯就控球后卫的问题发生了激烈争执。泰克斯建议，如果道格能够建立一套进攻体系——不一定是三角进攻，任何体系都可以——他就不必如此依赖控球后卫来组织进攻。此时，道格已经厌倦了泰克斯不断地批评，于是决定将他束之高阁，并削弱他的教练权力。

当克劳斯得知这一举动后，他开始对道格的判断力失去信心。谁会愿意把泰克斯·温特这样的教练“流放到西伯利亚”呢？球员们似乎也对道格失去了信心。他频繁改变战术，经常在比赛中进行调整，以至于队员们开始戏称球队的进攻为“一天一战术”。

圣诞节前在密尔沃基进行的一场比赛中，这次事件迎来了关键时刻。道格在上半场临近结束时与裁判发生争执，被驱逐出场。他将球队指挥权交给我，并递给我战术板。当时公牛队落后较多，我决定实施全场紧逼防守，并让球员在进攻端自由发挥，而不是使用道格的战术套路。球队迅速扭转了局势，最终轻松取胜。

直到后来我才发现，比赛临近结束时，芝加哥电视转播画面显示，我的妻子琼在看台上，和克劳斯及他的妻子赛尔玛并肩而坐。在接下来几个月里，这件事让我和道格的关系一直处于紧张状态。

几周后，我在迈阿密准备考察一场比赛时，接到了克劳斯的电话。他告诉我，他希望我以后不要再离开球队。后来我得知，道格和乔丹之间发生了争执，而克劳斯希望我能随时待命，在球队内部出现摩擦时及时介入。不久之后，我开始获得了克劳斯的信任。

最终，柯林斯和乔丹的矛盾逐渐平息，公牛队磕磕绊绊地完成了余下的赛季，以比上一赛季少赢三场的成绩排在东部第五。然而，卡特莱特的加入以及皮蓬和格兰特的崛起让球队比以前更具竞争力，有望在季后赛中取得突破。

首轮对阵骑士的系列赛打满了五场，乔丹在决胜局前登上前往克利夫兰的球队大巴时，信心满满地点燃了一支雪茄，说：“别担心，伙计们，我们会赢的。”但克利夫兰的克雷格·伊洛差点让他食言，伊洛在比赛最后几秒投中一球，使骑士领先一分。但乔丹以一记优雅的拉杆跳投完成绝杀，伊洛几乎贴在他身上也无济于事，公牛队以 101 比 100 获胜。赛后，泰克斯对我说："我想他们短期内不会换教练了。"我只能笑了笑。我不在意这些事，因为我们已经踏上了东部决赛的征程。相比我加入前一个赛季的40胜42负，公牛已经取得了巨大的进步。

接下来，我们面对活塞队，比赛如预期般充满火药味。公牛在银顶体育馆赢下首战，但随后活塞凭借令人胆寒的防守掌控了局面，以4比2赢得系列赛。克劳斯后来告诉我，在系列赛中途，他对球队老板杰里·莱因斯多夫说，球队需要换掉道格，寻找一位能够带领球队夺冠的教练。

季后赛结束后，我参加了在芝加哥举办的NBA选秀展示会，这是联盟为参加选秀球员举办的活动，好让他们能向教练和球探展示自己的技术。在那里，我在尼克斯时的第一任教练迪克·迈克奎尔问我，是否有兴趣接替里克·皮蒂诺成为尼克斯主教练，因为皮蒂诺将离开球队执教肯塔基大学。我表示有兴趣，于是突然之间，命运之轮开始转动。

没过多久，莱因斯多夫邀请我在奥黑尔机场与他会面。我一直很欣赏杰里，因为他在布鲁克林长大，是尼克斯无私篮球风格的拥趸。他听说我有兴趣执教尼克斯，问我如果可以选择，我更愿意执教公牛还是尼克斯。我回答说，我对纽约有深厚的感情，因为我曾在那里效力，但我也认为，公牛有实力赢得多个总冠军，而对尼克斯来说，能赢一个也算是走运了。简而言之，我告诉他，我更愿意留在公牛队。

几周之后，我在蒙大拿接到克劳斯的电话，他让我找个安全的地方打电话，于是我骑着摩托车进城，从一个投币电话亭给他回了电话。他告诉我，他和莱因斯多夫已经决定更换主教练，而他把这个工作机会交给我。

我感到非常兴奋，但芝加哥的球迷们就没那么高兴了。道格·柯林斯是当地备受欢迎的人物，在过去三年里，他带领球队到达了前所未有的高度。当记者问莱因斯多夫为何做出如此冒险的决定时，他回答道："道格让我们从原来的状态取得了很大的进步，你不能说他没有成效。但现在我们找到了一个人，一个能带领我们夺得总冠军的人。"

压力骤然而至。

第六章

# 勇士精神

轻自我，重世人。

——宫本武藏

那个夏天，我坐在蒙大拿州的弗拉特黑德湖畔，为即将到来的新赛季沉思，我突然意识到，这对公牛队来说将是一个关键的时刻。过去六年，我们一直在努力围绕迈克尔·乔丹打造球队。如今，我们拥有了赢得总冠军的实力，但还缺少一个重要的部分。简而言之，公牛队需要成为一个“部落”。

要想成功，我们必须跨过底特律活塞这道坎，但除非公牛彻底改变阵容，否则我不认为我们能在身体对抗上胜过他们。正如约翰尼·巴赫所说，活塞队太擅长在“鳄鱼摔跤池”中战斗了。如果我们试图以他们的方式比赛，我们的球员最终只会感到沮丧和愤怒，而这正是活塞队希望看到的。

然而，我们可以做到的是比活塞队跑得更快，并且在防守上也胜过他们。活塞队中除了丹尼斯·罗德曼，没有人能在快攻中跟得上乔丹、皮蓬和格兰特的速度。而比尔·卡特莱特在篮下强大的存在感，也让我们具备成为联盟顶级防守球队的潜力。乔丹对上个赛季赢得年度最佳防守球员奖感到非常自豪，而皮蓬和格兰特也迅速成长为顶级的防守球员。但为了充分利用这些优势，我们需要作为一个团队更加紧密地联系在一起，不再简单地指望把球交给乔丹就能解决所有问题，而是通过团队协作来达到赢球的愿景。

在我担任助理教练期间，我用《神秘勇士》的片段为球员们剪辑了一段视频。这是一部关于印第安文化的电视迷你剧，改编自露丝·比贝·希尔的畅销小说《汉塔·悠》。从小我就对印第安文化着迷，我祖父曾在蒙大拿州印第安人保留地附近开过一家家庭旅馆，有些印第安人还曾在里面住过。我在尼克斯效力期间，一位来自印第安部落的大学校友“多马”迈克曾邀请我到南达科他州的松树岭印第安人保留地，举办一系列篮球训练营。1973 年，美国印第安运动活动人士曾在伤膝河大屠杀遗址与警察发生对峙，举办训练营的目的就是为了弥合这次冲突在社区中造成的族群分歧。在与队友比尔·布拉德利和威利斯·里德一起在训练营传授篮球技巧的过程中，我发现印第安人对篮球相当热衷，他们打球时有一种强烈的团结精神，这种精神正是他们部落传统的重要组成部分。

印第安文化有一点让我相当着迷，那就是他们对自我的看法。与白人士兵相比，印第安战士拥有更高的自由度，但他们的自由伴随着高度的责任感。正如印第安人学者乔治·W. 林登指出，印第安战士是“部落的一分子，作为部落的一分子，除非事出有因，否则他们绝不会与部落作对，更不会背叛部落。”林登补充道，对印第安人来说，自由不是不作为，而是有所作为。其内涵为“自由是有目的的，自由的目的是为了让更伟大的人类关系得以实现”。

我给球员们播放《神秘勇士》的片段，是为了向他们传达一个观点，即人与人之间如果能形成超越个人目标的联系，那是可以成为强大力量的源泉。这部影片的主角灵感来源印第安部落首领"疯马"，他在经历了强大力量的洗礼后，投身到保卫部落的战斗之中。我和球员们在看完影片后进行了一番讨论，球员们似乎都对"如部落般团结"的理念产生了共鸣。有了这个基础，我觉得自己能在新赛季让球队变得更加团结。

正如我在第一章提到的，管理学专家戴夫·洛根、约翰·金和海丽·费·莱特在《部落的力量》中描述过部落发展的五个阶段。在我担任主教练的第一年，我的目标是将公牛从各自为战、专注于个人成功的第三阶段，提升到对团队奉献超过自身关注的第四阶段，并把他们的想法从"我很棒，而他人不行"变为"我们都很棒，而对手不行"。

但要完成这一转变，仅仅依靠激发球员的热情是不够的。我希望能在公牛打造出一种无私奉献和互相关心的文化。为了达此目标，只依赖一两种新鲜的激励手段是不够的，我需要设计一个多层面的体系，它既能容纳三角进攻，又能融入我多年来学到的经验，从而凝聚团队，激发出球员的精神力量。

我要做的第一步，就是说服乔丹。

我知道乔丹并不喜欢三角进攻，他曾将其讽刺为"机会均等主义进攻体系"，他认为这套战术只适用于那些不具备他这种一对一单打能力的球员。但与此同时，我也清楚，乔丹渴望融入一支更整体、更全面的球队，而不是当时那支单打独斗的公牛。

这不是一场轻松的对话。乔丹在上个赛季以场均32.5分连续第三次赢得得分王，而我却打算让他减少出手次数，因为这样做球队的其他成员才能更多地参与进攻。我知道他不会轻易答应这个要求：因为他可是继1971年的贾巴尔之后，第二位在同一赛季赢得得分王和最有价值球员的球员。

我告诉乔丹，我打算推行三角进攻体系，而这意味着他可能无法再夺得得分王称号。“你得让队友们也站到聚光灯下。”我说，“否则他们就不会成长。”

乔丹的反应出乎意料地务实。他最大的担忧是自己对队友没有多少信心，尤其是卡特莱特，因为他连接球都不稳。还有格兰特，他在场上没有足够的应变能力。

“关键在于让每个人都能触球。”我回答道，“这样他们才不会觉得自己只是旁观者。你无法凭一己之力击败一支擅长防守的强队，必须依靠团队的力量。”

“好吧，那我每场拿个 32 分吧。”他答道，“平均每节 8 分，其他人是做不到的。”

“好，既然你这么说，也许你还能继续拿得分王。”我笑着说，“不过，如果你能把更多分数留到比赛末段再拿就好了。”

乔丹同意尝试我的计划。我后来才得知，在我们谈话后不久，他告诉记者萨姆·史密斯：“我只会给这个计划两场比赛的机会。”但发现我不打算让步之后，乔丹还是开始全身心投入对三角进攻的学习，并想办法利用这套体系为自己创造优势，这正是我希望他去做的事。

看泰克斯·温特和乔丹因为三角进攻而争论是件很有趣的事情。温特欣赏乔丹的球技，但他对三角进攻也有着纯粹主义的坚持，当乔丹不按战术打球时，他会毫不客气地表达自己的批评。而面对被温特视为完美的三角进攻，乔丹也总能发挥自己的创造力，搞出一些新花样。乔丹认为三角进攻最多只能在前三节的比赛中起作用。在那之后，球队需要即兴发挥，利用“思考能力”来赢得比赛。

这是一场理念的冲突。温特认为，无论一个球员多么有天赋，球队也不能过于依赖他。乔丹则认为，他的创造力能为比赛带来更多令人兴奋的全新可能性。

“‘团队’这个词里可没有‘我’这个字。”温特常常这样说。

乔丹则会笑着反驳："但'胜利'这个词里就有。"

在我看来，他俩在某程度上说得都有道理。我不认为三角进攻是解决公牛队所有问题的答案。我正试图在温特的纯粹主义和乔丹的创造力之间找到平衡。这需要时间，一旦球员们掌握了三角进攻的基础，我们就可以在体系中加入变化，这样球队在面对日益强大的防守压力时才能游刃有余。当我能找到这条道路，公牛就能得到真正的蜕变。

为了让公牛减少对乔丹的依赖，我引入的另一个变化是调整球队的等级秩序。乔丹在球场上有着强大的存在感，但他的领导风格不同于拉里 · 伯德或"魔术师"约翰逊，这两位前辈可以用自己的人格魅力激励球队。正如《洛杉矶时报》专栏作家马克 · 海斯勒所说，乔丹不是"天生的领袖，而是天生的实干家"。他用纯粹的意志力推动球队前进。就好像他在说："兄弟们，我要上场去把对手打趴了，你们要跟我一起来吗？"

乔丹也要求队友们达到他对自己设定的高标准。"迈克尔是一个要求严格的队友。"约翰 · 帕克森说，"如果你在场上，你就必须以正确的方式做好自己的工作。他无法接受其他人不像他那样重视比赛。"

为了平衡乔丹的完美主义，我认为球队需要有另一位领袖，因此我任命比尔 · 卡特莱特为联合队长。尽管比尔说话温和，但在有需要时，他可以出人意料地强硬，而且他也不怕和乔丹对抗，这让他赢得了乔丹的尊重。"比尔是一个非常安静的领袖。"乔丹表示，"他话不多，但当他说话时，每个人都会听他的。当他觉得我做得不对时，便会站出来挑战我。这是没问题的，我们有那种关系，我们可以互相挑战对方。"

球员们称卡特莱特为"教授"，因为如果其他球队的大个子试图在内线突破他的防守，他就会给对手好好上一课。"比尔是我们球队的坚实支柱，"帕克森说，"他不会对任何人退缩——要知道那时候的比赛更加注重身体对抗。他就像一个大哥哥，如果有人敢欺负你，他会让你知道，他永远会在旁边为你撑腰。"

32 岁的卡特莱特是球队中最年长的球员。他对我们试图在球队推行的体系有着本能上的理解，而且他还有一种天赋，能够比我更好地向球员们解释这套体系。我有个缺点是有时候说话过于笼统，卡特莱特能用平实易懂的语言说出我的想法。

篮球是个巨大的奥秘。你可以把所有事都安排妥当，你可以拥有最完美的阵容并让他们在比赛中执行最正确的进攻战术，你可以设计一个万无一失的防守策略，让球员们为可能出现的每种情况都做好准备。但如果球员们之间不认同团队的同一性，上述的努力就不会获得回报。而将球队维系在一起的纽带，有时候会非常脆弱，难以捉摸。

同一性不是你随意就能得到的东西。你需要创造合适的成长环境，然后每天仔细培育。我认定，公牛需要一个庇护所，这个庇护所能够让球员们成为一个团队，能够让他们免受外界的干扰。除非特殊情况，否则我禁止球员把家人和朋友带到训练馆。我还对媒体观看训练做出了限制。我希望球员们在训练中可以毫无顾虑地行动，不必担心自己在训练中做的事或说的话会出现在第二天的报纸上。

随着赛季的推进，我慢慢开始向球队介绍一些印第安部落传统，有些仪式非常讲究。在每次训练开始时，我们会让球队的核心人员——球员、教练和训练师——在球场中央围成一圈，讨论当天的目标，然后在训练结束时再来一次。

印第安战士在集结时总是会围成一个圆形，因为圆形象征着宇宙的基本和谐。正如著名的印第安智者“黑鹿”所解释的那样：

> 宇宙之力所做的一切都是以圆形进行的。天空是圆的，我听说地球也像球一样圆，星星也是如此……太阳升起又落下，形成一个圆圈。月亮也是如此，两者的轨迹都是圆形。甚至季节的变化也形成一个巨大的圆圈，它们总是会回到原来的地方。一个人的生命是一个从童年到童年的圆，万事万物都是如此。

对印第安人来说，一切都是神圣的，甚至包括敌人，因为他们相信所有生灵之间都存在着内部联系。这就是为什么印第安战士从不寻求征服其他部落。他们更热衷于展现自己的勇气，比如突袭敌人（一种用棍子触碰敌人但不伤害他们的传统）、结伙偷马，或是营救被俘的战友。对印第安人来说，上战场是一种快乐的体验，就像玩游戏一样，尽管风险显然要高得多。

当我想让球员们在“部落房间”集合开会时，我会采用另一个印第安传统仪式，那就是敲鼓。部落房间其实就是录像放映室，里面装饰着我多年来收集的印第安图腾：一个象征力量和智慧的熊爪项链、一根象征平衡与和谐的猫头鹰羽毛、一幅描绘“疯马”传奇的油画，以及几张白色水牛幼崽出生时的照片，这是繁荣和好运的象征。有时，在球队经历了一场大败之后，我会按照印第安传统点燃一支鼠尾草熏香棒，开玩笑地拿着它在空中挥舞，来去除更衣室的晦气。第一次这样做时，球员们调侃我：“菲尔，你抽的什么烟呢？”

在提高球员团队意识方面，教练组也发挥了至关重要的作用。做助理教练期间，泰克斯·温特、约翰尼·巴赫和我经常坐在一起，花几个小时讨论篮球的历史和正确的打球方式。虽然我们并非在所有事情上都能达成一致，但这些交流确实让我们培养出高度的信任，并承诺要齐心协力地培养出我们心目中球员能拥戴的那种团队合作精神。

无须多说，教练行业吸引了许多控制欲极强的人，他们无时无刻不在提醒别人，自己才是团队里的主导者。我也曾这样做过。但多年来我学到的是，最有效的方法是尽可能下放权力，并培养其他人的领导力。当我能够做到这一点时，不仅建立起了团队的团结，促进了其他人的成长，而且讽刺的是，还加强了我的领导身份。

有些教练会限制球队其他人的发言权，因为他们想成为更衣室里的主导声音。但无论是教练还是球员，我都会鼓励每个人参与讨论，这不仅能激发他们的创造力，又能营造一种包容的氛围。这种参与感对于那些上场时间不多的球员尤为重要。关于包容的力量，我最喜欢的诗歌是埃德温·马卡姆的《以智取胜》：

> 他画了一个圈，把我排除在外——
> 将我视作异端、叛徒，遭人轻蔑的对象。
> 但爱和我以智取胜：
> 我们画了一个圈，把他圈了进来！

在聘请助理教练时，我的策略是尽量找到最坚强、最博学的人，然后给他们足够的空间来表达自己的想法。在接任主教练后不久，我就聘请了我在尼克斯时的前队友吉姆·克莱蒙斯来充实教练组。克莱蒙斯打球时是技术最娴熟的后卫之一，我知道他能帮助我们培养队里的年轻球员。但克莱蒙斯最让我看重的一点，是他曾在俄亥俄州立大学接受过弗雷德·泰勒教练的指导，泰勒是篮球历史上最注重体系的教练之一。泰克斯·温特和约翰尼·巴赫都迫不及待地想向克莱蒙斯请教。

每位助理教练都有明确的职责。泰克斯负责向球员讲解进攻技术以及三角进攻体系的基本原理。巴赫负责防守，并为球员分析每一个新对手。克莱蒙斯的任务则是和那些需要更多指导的球员进行一对一训练。每天早上，我都会和教练组一起吃早餐，讨论训练计划的细节以及最新的球探报告。这些方式除了让我们能够彼此分享信息，还能确保我们在球队的日常工作上保持一致的想法。虽然每位教练都有高度的自主权，但在与球员交流时，我们的说法都会保持一致。

我在公牛执教的第一年开局不顺。大多数球员对三角进攻都不太放心。“这很令人沮丧，”皮蓬说，“我们彼此之间还没有很好的默契。在比赛末段，我们经常会弃用三角进攻，因为我们对这套体系没有信心。”而赛季后半段，球队开始变得更加适应，我们打出了一波 27 胜 8 负的战绩。由于无球跑动的增加，大多数对手都不知道该如何防守乔丹。他们无法像他以往持球时那样对他进行双人甚至三人包夹。但不管乔丹跑到哪里，对手也不敢对他掉以轻心，这为其他球员创造了许多意想不到的空位机会。

我们以 55 胜 27 负的战绩排名分区第二，并在季后赛前两轮轻松淘汰密尔沃基雄鹿和费城 76 人。但我们的下一个对手底特律活塞就没那么好对付了。尽管我们在常规赛中击败过他们，但过去几年在季后赛被活塞碾压的记忆，仍然在困扰着一些球员，尤其是皮蓬。上赛季与活塞的第六场比赛，由于被对手中锋比尔·兰比尔从背后冲撞，皮蓬出现了脑震荡，不得不中途离场。而且他近来还在处理着严重的私人问题，为了出席父亲的葬礼，他缺席了球队与费城 76 人系列赛的大部分比赛。除此之外，不得不在公众面前展露自己的悲伤，这样的压力也让他难以承受。

和底特律活塞的系列赛是一场残酷的战役，最终两队鏖战至第七场，抢七大战将在活塞位于密歇根州奥本山的新球馆进行。我们陷入了困境。帕克森在前一场比赛中扭伤了脚踝，而皮蓬则因严重的偏头痛导致视力模糊，甚至连球衣的颜色都无法分辨。尽管如此，两人还是试图坚持比赛，但球队在第二节崩盘，表现之差令人汗颜。此后，公牛无力回天，以 19 分的差距输掉了比赛，但感觉上我们更像是输了 100 分。

赛后，杰里·克劳斯罕见地出现在更衣室，对球队进行了一番长篇演说。而乔丹则怒不可遏，甚至在球队大巴的后排哭了起来。“我当时就下定决心，不会再让这种事情发生。”他日后回忆道。

我的反应则相对克制。是的，这是一场难以接受的失利，也是我执教生涯中最糟糕的比赛之一。当喧嚣渐息，我注意到，这场耻辱性失败所带来的痛苦，在以一种前所未有的方式激励着球队。这支公牛，正开始向我心目中的“部落”逐渐转变。

第七章

# 倾听未知的声音

最重要的是，要用闪闪发光的眼睛去观察整个世界，因为最伟大的秘密往往藏在最意想不到的地方。那些不相信魔法的人，永远也不会找到它。

——罗尔德·达尔

在我位于南加州家中的门厅里，挂着一幅高大的图腾式画作，画上描绘了赢得公牛队第一个三连冠的核心球员。画作由一系列垂直排列的肖像构成，从顶部的迈克尔·乔丹开始，接着是首发球员，然后是替补球员。这幅画以优雅的红色边框、柔和的色调和对每位球员的庄重描绘，更像是一件神圣的物品，而不是一组图像。除了出现的顺序，艺术家蒂姆·安德森在绘画时没有区分球星和角色球员，我喜欢这一点。每位球员的画像大小相同，都展现出同样安静的姿态。对我来说，这幅画是对团队概念的致敬。

在季后赛痛苦输给底特律之后，我们距离实现以上理想还有很长的路要走。但我们无疑正朝着正确的方向前进。球员们开始接受三角进攻体系，种种迹象表明，他们正在成为更无私的第四阶段团队。

整个夏天我都在思考，我们需要做些什么，才能加速球队转变的进程。首先，我们需要在漫长的 82 场常规赛中像跑马拉松一样调整节奏，而不是像短跑般一直冲刺。为了推翻活塞队的统治，我们必须尽早确保季后赛的主场优势，并让身体和心理都在正确的时间达到巅峰状态。其次，我们需要更有效地利用我们的高压防守，尤其是在季后赛中，防守往往是成败的关键。第三，确保每场比赛都对凝聚团队精神起到作用，这一点也非常重要。我经常提醒球员专注过程而非结果，如果你把所有的注意力都放在未来，就会忽略现在。

最重要的是让球员们培育出强大的集体智慧，这样他们才能更和谐地一起协作。在鲁德亚德·吉卜林的《丛林之书》第二册中有一段话，总结了我希望球员能创造出的团队动力。在 1990/1991 赛季，这成了球队的座右铭：

> 这就是丛林法则，如天空般古老而真实；
> 遵守法则的狼将繁荣，而违背法则的狼必灭亡。
> 就像缠绕树干的藤蔓，法则无处不在，
> 狼群的力量在于狼，而狼的力量在于狼群。

刚开始在尼克斯打球时，我曾花了几个夏天，在北达科他大学攻读心理学研究生。在那段时间里，我研究了心理学家卡尔·罗杰斯的著作，他关于自我赋权的开创性思想对我的领导方式产生了深远的影响。罗杰斯是人本主义心理学的创始人之一，也是一位富有创新意识的临床医生。为了让人们能培养出他所称的"真实自我"，而不是一般人认为自己应该成为的理想化自我，他花费了多年进行实验，总结出了几种有效的方法。他认为，这其中的关键，是让治疗师把注意力从解决具体问题，转移到与客户建立一种能培养他个人成长的关系之中。

罗杰斯说，为了实现这一点，治疗师必须尽可能诚实和真实，而且无论客户的状况如何，都要无条件将对方看作一个有价值的人。在其开创性著作《个人形成论》中，罗杰斯写下了一个悖论："在复杂的生活中，我越是愿意做我自己，越是愿意理解和接受真实的自己和他人，我似乎就能激起越多的变化。"

在罗杰斯看来，除非一个人彻底接受自己原本的样子，否则他几乎不可能改变。如果他不能发现自己经历的意义，那么他也不能与他人建立良好的关系。他解释说："在非常现实的意义上，每个人都是一座孤岛，只有在他首先愿意成为真实的自己，并被允许成为真实的自己的情况下，他才能与其他孤岛架起桥梁。"

我不会假装自己是治疗师。但罗杰斯描述的过程与我作为教练所尝试做的并无不同。我的目标不是将每个人塞进预定的角色，而是创造一个环境，让球员可以在团队中作为个体成长并进行创造性自我表达。我无意成为球员们最好的朋友，事实上，我认为和他们保持一定的距离很重要。但我试图与每位球员建立一种真诚和关怀的关系，而这样的基础就是相互尊重、有同理心和信任。

要做到这一点，透明度是关键。球员最无法忍受的事情，就是教练不能用诚实直率的态度对待他们。在我执教公牛队的第一年，B.J. 阿姆斯特朗试图说服我，由他来取代约翰·帕克森担任球队首发控球后卫。阿姆斯特朗认为他比帕克森更擅长组织进攻，运球能力也更好。而他对三角进攻的接受度不高，因为他认为这会妨碍他展示自己华丽的单打能力。我告诉他，我欣赏他的热情，但我希望他与帕克森分享上场时间，因为帕克森与首发球员的配合更好，而我们需要阿姆斯特朗激发第二阵容的活力。此外，当帕克森上场时，球队的配合更加流畅。对于我的决定，阿姆斯特朗并不喜欢，但他明白了我的意思。几年后，等他证明了自己能够运用三角进攻并打出团队篮球，我们才让他成为首发控卫。

教练工作中最困难的一部分，就是防止角色球员破坏球队的化学反应。纽约洋基总经理凯西·斯坦格尔曾经说过："管理的秘诀，就是把讨厌你的人和那些摇摆不定的人区分开。"在篮球运动，讨厌你的人通常是那些认为自己应该得到更多上场时间的人。我自己也曾是替补球员，我知道在关键比赛中坐冷板凳多么令人沮丧。

对此，我的策略是让替补球员尽可能地融入比赛的节奏中。如果三角进攻运作得当，温特曾说，球队应该像"一个手掌的五根手指"一样一起打球。因此，当替补球员上场时，他们需要能够与场上的球员无缝融合。执教早年，我使用的是十人轮换，由五名首发和五名替补组成，这样能确保替补球员有足够的上场时间来与球队其他成员保持一致。在赛季后期，我会将轮换阵容减少到七八名球员，但只要条件允许，我都会尽可能让其他替补球员上场。有时，角色球员可以产生惊人的影响。以克里夫·莱温斯顿为例，这位替补大前锋在1990/1991赛季上场时间有限，但由于他能很好地对付底特律的内线球员，因而在季后赛中大放异彩。

我不是一个喜欢拥抱的人，也从不轻易赞美他人。事实上，有些人还觉得我冷漠而神秘。我喜欢用一些小动作来表达自己的赞赏，比如用点头表示认可，或者拍一拍球员的手臂。这是我从迪克·迈克奎尔那里学来的，他是我在尼克斯的第一任教练。他经常在比赛后来到我的更衣柜旁，悄悄地向我保证他关注我的表现，并会尽量在下一场比赛中给我更多时间。作为教练，我试图向每位球员传达一个信息，我不是只把他们当成篮球场上的工具人，而是把他们当成一个个活生生的人来关心。

父亲教会我一件重要的本领，那就是在赢得别人的尊重同时，保持住自己的慈悲之心。父亲身材高大，举止优雅，笑容温暖，他柔和的眼神让他看起来是个关心他人的人，值得信赖之余还有点神秘。他长得很像一幅我曾经见过的乔治·华盛顿的肖像，华盛顿也是位说话温和、谦逊但能完全掌控局面的人。小时候，我经常站在父亲旁边，向结束礼拜离开教堂的教友们表达问候。有人说，我挺身直立的庄重站姿很像父亲。毫无疑问，作为教练，高大的身材和深沉洪亮的声音让我受益不少。当我和球员交谈时，我不必抬头看他们，我们可以平视交流。

父亲是个真正的牧师。他是我见过的少数最虔诚的基督徒之一。他遵循《圣经》规定的简单规则生活，避免卷入诉讼，也不愿和任何人积怨，因为这些事有悖于他的基督教理念。我母亲在布道中经常会谈论炼狱之苦，而父亲则把重点放在行善和保持慷慨的心。他深深关心他的教友，会在早餐后在书房里为他们每个人祈祷。在他身边，教友们深感安全和宽慰，这种感觉把整个社区团结在一起。我从未忘记父亲的教诲。

职业篮球界有一条不成文的规则，球员不会轻易袒露内心深处的渴望。他们更喜欢通过语言之外的方式进行交流，宁可开玩笑也不愿暴露自己的脆弱，如果跟他们交流的人是教练，那就更是如此。因此，挖掘每个球员的内在动力绝非易事。我一直在寻找新的方法来了解球员的想法。刚开始执教公牛时，我问了球员一系列的问题，诸如“你最大的愿望是什么”“谁对你影响最大”“你最不为人知的一件事是什么”，由此建立了一个我称为的“个人保护盾”的简单档案。后来，我让他们填写了一份更正式的问卷，在赛季中期的一对一面谈中，我会利用这些答案与他们进行更深入的探讨。

我最喜欢的精神分析方法，我妻子琼称之为“社交靶心”，它能描绘出人们如何看待自己在团队中的定位。在赛季中某次连续客场之旅期间，我会给球员一张纸，上面有一个三环靶心，象征着球队的人际结构。然后，我会让他们根据自己的感受，在纸上画出自己的位置。不出所料，首发球员通常将自己定位在靶心附近，而替补球员则分散在第二和第三环。有一年，替补前锋斯泰西·金，把自己画在第三环之外很远的地方。金是一个说话语速快、穿着时尚，能把每位队友都逗乐的人。

我问他为什么这样画，金回答说：“教练，我没有得到任何上场时间。”这不是事实，但这就是他的真实感受。表面上，金看起来自信且合群，但内心深处他却觉得自己是球队的局外人，正在为得到认可而苦苦挣扎。然而，我至今都没有找到方法能让金的心伤愈合。

我的本意是给予球员更多的自由，让他们找到融入体系的方式，而不是高高在上地告诉他们，我想让他们做什么。有些球员会感到不适应，因为他们以前从未获得过这种自由度。但另一些球员则感到了彻底的解放。

1990/1991 赛季开始时，我决定让乔丹自己调整。我知道他需要时间，才能找到自己认可的方式，来融入三角进攻体系。在休赛期，乔丹认定自己需要变得更加强壮，才能抵御活塞队和其他球队凶悍的身体对抗。为此，他聘请了体能训练专家蒂姆·格罗弗来协助训练。格罗弗制订了一系列艰苦的训练，帮助乔丹增加耐力，同时增强他的上下肢力量。一如既往，乔丹对训练非常自律，等训练营开始，他看起来更大更壮了，肩膀和手臂尤其如此。

乔丹喜欢挑战。所以我向他提出了挑战，让他想出一种新的方式与队友互动。他希望队友们能达到他的水平，尽管联盟中只有少数球员能达到这个标准。我鼓励他重新审视自己在球队中的角色，鼓励他试着成为让所有队友团结一致的催化剂。我没有告诉他我想要什么，只是推动他以不同的方式思考问题。大多时候，我只是问他一些简单的问题，比如不同的策略可能对球队产生什么影响。我会这么问：“如果你这样做，你认为皮蓬或霍勒斯会有什么感觉？”我把他当作合作伙伴对待，慢慢地，他开始改变自己的思维方式。当我让他自己解决问题时，他开始更相信自己能找到解决方法，并且不会在未来重蹈覆辙。

现在回头再看，乔丹说他喜欢这种方法，因为“这让我成长为我需要成为的人”。有时我会告诉他，他需要积极进取，为球队定下基调。其他时候我会说：“为什么你不试试让皮蓬发挥，这样防守球员会去关照他，然后你就可以进攻了。”总之，我试图给乔丹空间，让他找到将个人抱负与球队目标结合起来的最佳途径。“菲尔知道赢得得分王头衔对我来说很重要。”如今乔丹会说，“但我想通过一种不会影响球队表现的方式来做到这一点。”

偶尔，乔丹和我会有争执，通常都是因为我批评了他的某些自大行径。但我们的小矛盾从未升级成激烈的争吵。“我花了一些时间冷静下来。”乔丹说，“也许我得反思一下，试着理解菲尔到底在说什么。我想他也做了同样的事情。每次我们发生这样的冲突，我们对彼此的尊重都会增加。”我同意乔丹的说法。

同样在那个赛季取得显著进步的球员还有斯科蒂·皮蓬。当然，他已经习惯了大幅度的进步。他在阿肯色州的汉堡长大，在家里12个孩子中排行最小。由于父亲在造纸厂工作时中风致残，皮蓬家境并不宽裕。即便如此，皮蓬依旧是家里的“金童”。虽然没能得到任何奖学金，他还是入读了中阿肯色大学，凭借做零工和担任校队经理的方式赚取学费完成了学业。作为默默无闻的新人，皮蓬在大学新生队的首次亮相并不引人注目：他场均得到4.3分、2.9个篮板。但接下来的一年，他长高了4英寸，达到了6英尺5英寸。经过整个夏天的刻苦训练，他回到学校时已经是队里最厉害的球员了。“我一直是个不错的控球手，”皮蓬说，“这在我长高后成了一个巨大的优势，因为现在只有中锋才能防得住我。而当时联盟里能打中锋的高个子并不多。”

到毕业时，皮蓬已经长到了6英尺7英寸，场均26.3分、10个篮板，大四那年毫无争议地入选全美最佳阵容。杰里·克劳斯早早就注意到他，他通过几笔巧妙的交易，让公牛在1987年以第五顺位选中了皮蓬。但当时皮蓬被球队定位为传统的小前锋，这让他难以适应，因为他并非优秀的外线射手。然而，他却拥有一项稀有的才能，能在抢下篮板后，穿越防守一路冲击到对方篮筐。与乔丹在训练中对位，也使得皮蓬的防守能力大有长进。但刚开始与皮蓬共事的时候，让我最为印象深刻的是，他能够迅速阅读场上的局势，并做出调整。他在高中时曾打过控球后卫，至今依旧保持着那种"分享球"的心态。乔丹总是专注于得分，而皮蓬更关心的则是确保球队进攻体系流畅运行。在这方面，他对自己的定位更像是"魔术师"约翰逊，而不是乔丹。

在我担任主教练的第二个赛季，我为皮蓬创造了新的位置——"控球前锋"，让他与后卫共同承担持球推进的责任。这个实验的效果远超我的预期。角色的转变激发了皮蓬不为人知的一面，他迅速成长为天赋异禀的全能球员，能够在比赛中瞬间改变局势。正如他所说，这次调整"让我成了自己理想中的那种球员"。

1990/1991 赛季，皮蓬场均得 17.8 分、7.3 个篮板和 2.35 次抢断，均位居队内第二，随后一个赛季，他还入选了 NBA 最佳防守阵容第一阵容。这个转变对球队的影响非常深远。将皮蓬转移到控卫位置，让他获得跟乔丹一样多的控球时间，这使得乔丹可以转移到侧翼，在进攻中扮演更多不同的角色，包括在攻防转换时主导球队的快攻。这个变化还为其他球员创造了更多的可能性，比起乔丹，皮蓬在处理球时会给所有队友均等的机会。突然之间，一种更加协作的全新团队氛围开始逐步形成。

当年，大多数教练都遵循克努特·罗克尼的方法，来锻炼球员的精神意志。他们试图通过像"为吉佩赢一场"那样的激励演说，激发出球员的斗志。如果你打的是美式橄榄球，这种方法可能会有效，但我在为尼克斯打球时发现，过度兴奋反而会影响我在压力下保持专注的能力。所以我采取了相反的做法。我不会给球员过度鼓劲，我更希望帮助他们平静思绪、建立认知，这样他们才能以冷静的状态走进比赛，更好地掌控自己。为此我寻找了不少办法。

我给公牛队做的第一件事就是教他们简化版的正念冥想，这个版本建立在我多年禅修的基础上。我没有把这件事弄得非常正式，通常只是在录像课前的训练中静坐 10 分钟左右。有些球员觉得这很奇怪，其他人则用这段时间小憩下。但他们都没有反对，因为他们知道冥想是我生活中的一个重要部分。从我的角度来看，让球员安静地坐在一起 10 分钟是个不错的开始。而且一些球员，尤其是 B.J. 阿姆斯特朗，对冥想产生了浓厚的兴趣，并在私下里进一步实践。

我并不是想把公牛球员变成一群和尚。我关心的是让他们把正念的思考方式带到比赛以及和队友关系之中。正念的核心在于尽可能活在当下，而不是被过去或未来的思绪所困扰。根据铃木俊隆的说法，当我们以“一颗简单清澈的心”去做事时，“我们的行动便会变得更有力和直接。但当我们带着杂念做事，比如想着其他人、事物或社会万象，我们的行动就会变得非常繁杂。”

正如作家约翰·麦克菲曾指出的那样，想在篮球场上取得成功，你需要对自己所在的位置以及周围发生的事情有一种高度敏锐的感觉。有些球员天生就具备这种能力，例如乔丹、皮蓬和比尔·布拉德利，但大多数球员需要通过学习来培养这种技能。我在多年的冥想实践中发现，当你完全沉浸在当下时，你会开始对眼前发生的一切有更深的觉察。而这种觉察最终会引导你达到更高的统一性——这正是团队合作的精髓。

约翰·帕克森曾给我发过一篇《哈佛商业评论》的文章，他说那篇文章让他想到了我。那是由金伟灿和勒妮·莫博涅合著的《领导力寓言》，两位作者通过几个古老的寓言故事，探讨了作者所称的“领导学中没被看见的区域”。里面的一个故事引起了帕克森的注意，故事讲述一位年轻王子被父亲指派，向一位伟大的中国大师学习如何成为优秀的统治者。

大师给王子的第一个任务，是让他独自在森林中待上一年。当王子回来后，大师让他描述自己听到了什么，他回答道：“我能听到杜鹃的歌声、树叶的沙沙声、蜂鸟的哼叫声、蟋蟀的叫声、草的飒飒声、蜜蜂的嗡嗡声以及风的低语和呼啸。”

等王子说完，大师让他回到森林里，继续听听还能听到什么。于是，王子回到森林，独坐了几天几夜，为大师说的话所苦思冥想。然后有一天早晨，他开始听到一些以前从未听过的微弱声音。

王子回来后对大师说："当我专心聆听时，我能听到那些未曾被听过的声音——花朵绽放的声音、阳光温暖大地的声音、草地吸收晨露的声音。"

师父点了点头说："倾听未知的声音，是成为优秀统治者所必需的修炼。只有当统治者学会仔细倾听人民的心声，听到他们未曾言说的感受、未曾表达的痛苦，以及未曾诉说的不满时，他才有希望赢得人民的信任，理解何时出现问题，并满足人民的真正需求。"

倾听未知的声音。这不仅仅是领导者需要掌握的技能，球队中每个人都需要学会。在篮球比赛中，统计员会统计球员的助攻，即那些直接导致得分的传球。但我一直希望让球员更多关注那些助攻前的传球。这样的意识需要时间来培养，但一旦你掌握了它，那些原本你看不见的东西便会变得清晰，比赛仿佛在你眼前展开成一篇故事。

为了增强球员的意识，我喜欢让他们猜测接下来会发生什么。在某次训练中，因为球员们太过懒散，我决定关掉所有灯，让他们在黑暗中训练——在漆黑一片的环境里接住乔丹的快速传球，可不是一件容易的事。还有一次，在一场难堪的败仗之后，我让他们整场训练都不准说话。其他教练觉得我疯了。对我来说，重要的是让球员醒悟过来，哪怕只有片刻，去看到那些未曾被见过的，倾听未知的声音。

为 NBA 季后赛做准备，跟准备去看牙医前的感觉差不多。你知道这次看牙不会那么糟糕，但你还是忍不住担心。你全身心都会被这件事所占据。我经常会在半夜焦虑得睡不着觉，只能躺在床上反复思考我们下一场比赛的策略。在夜深人静的时候，我有时会借助冥想的力量，解放自己的大脑，从自我怀疑中解脱出来。但我发现，处理焦虑最有效的方法，还得是确保自己已经为即将到来的一切做好万全准备。我哥哥乔常说，能帮助你应对恐惧的东西有两样——信念和爱。乔说，不管最终结果如何，你都要有信心，相信自己已经尽力做好了一切，确保事情朝着正确的方向发展。

有一个关于拿破仑·波拿巴挑选将军的故事，我特别喜欢和别人分享。据说，在他最好的将领去世后，拿破仑派遣了参谋去寻找接替的人选。几周后参谋回来，他给拿破仑描述了一位他心目中的完美人选，那人精通军事战术，也善于管理。等他说完，拿破仑看着他问："这些都很好，但他运气好吗？"

温特把我称为"世界上最幸运的教练"。但我认为运气跟我的成就关系不大。当然，运气可能会影响球员的伤病或者球队发生其他坏事。但是我相信，如果你已经处理好了所有细节，那么决定最终结果的往往是你所做的一切带来的前因后果，而非运气。当然，在一场篮球比赛中有许多事情是无法控制的。这就是为什么我们把大部分时间都集中在能控制的方面：正确的步法、合理的站位、正确的处理球。当你以正确的方式打球时，球员能够理解你的指挥，赢得比赛的可能性就会更高。

但是，还有另一种更为重要的信念——那就是坚信我们在某种超越理解的层面上，球队内部彼此相连。为了培养这种信念，我才时常让球员们静坐在一起。在没有任何干扰的情况下，安静地坐在一起，能够让人们产生更深刻的共鸣。正如弗里德里希·尼采所说："看不见的细线才是最强的纽带。"在我的职业生涯中，我曾多次见证这些纽带的形成。当球员齐心协力时，那种深深的联系感是一股巨大的力量，它能够消除对失败的恐惧。那正是公牛队即将学到的一课。

在1990/1991赛季的中期，公牛开始走上正轨。随着球员们对三角进攻的逐步熟悉，温特开始把球员训练的重点转到更为关键的战术上，我们称之为"自动进攻"。如果对手在球场的一侧投入了过多的防守球员，我们就可以启动这个战术。战术的关键节点被温特称为"真理时刻"，那就是球员带球到前场，迎接对手防守的一刻。如果对手在此时向持球队友施加了很大压力，那么持球球员就可以启动"自动进攻"

战术，将球转移到场地另一侧，创造新的得分机会。球队最喜欢的一种“自动进攻”，就是我们口中的“盲猪战术”，要打出这个战术，需要内线球员上前挡人，帮忙减轻控球后卫的压力，而弱侧的前锋（也就是“猪”）则借机摆脱防守，接到传球，借此打乱对手防守。“盲猪战术”不仅对公牛来说是一个关键战术，日后也是湖人队的撒手锏。原因在于，这个战术能让投手利用双重掩护来到弱侧，同时让球队最强的两名球员来到理想的得分位置。

球员们热情高涨，“盲猪战术”和其他“自动进攻”战术让他们能够协调应对对手的防守动作，而不必依赖我的临场指挥。“这成了我们的头号武器。”皮蓬回忆道，“我们非常自信地带球推进，直接开始进攻。我们开始有了自己的特定站位，因为在那些位置我们如鱼得水。每个人都很高兴。迈克尔的投篮机会越来越多。我们在防守快攻时的回防也更平衡了，我们的防守也有了提升，这套战术对我们来说就更加得心应手。”

“自动进攻”还教会了球员如何利用对手的防守漏洞，他们不再直接攻击对手的防守，而是学会避开对手的防守压力。面对那些更强壮、更重视身体对抗的球队，比如活塞队，这一点尤其重要。要击败底特律活塞，我们需要保持韧性，不畏惧对抗。如果我们每次带球推进都要和他们陷入缠斗，那我们永远也无法战胜他们。

全明星前，公牛队打出了一波 18 胜 1 负的战绩，其中在奥本山以 95 比 93 击败活塞的胜仗让我们士气大振。尽管伊赛亚·托马斯因手腕受伤缺席比赛，但这场比赛仍然让球员对自己的球队有了全新的认识。那场比赛之后，活塞队的“坏孩子”看上去也没那么“坏”了。

我们以全联盟最好的 61 胜 21 负战绩结束了常规赛，这使我们在整个季后赛都能拥有主场优势。我们以 3 比 0 横扫了尼克斯，接下来第二轮对阵费城 76 人，我们轻松地赢下了系列赛的前两场，但在第三场比赛，我们遇到了麻烦。乔丹的膝盖出现了肌腱炎（可能是在比赛间隙打高尔夫时受的伤），而76人的大前锋阿尔蒙·吉列姆、查尔斯·巴克利和里克·马洪对霍勒斯·格兰特轮番施压，让后者无法发挥出应有的水准。

格兰特是身高6英尺10英寸的大前锋，拥有出色的脚步速度和不俗的篮板预判。约翰尼·巴赫称他为“无畏者”，因为他能防住对手灵活的组织者，让自己的高压防守起到作用。格兰特在佐治亚州的乡村长大，很早就与皮蓬建立了深厚的友谊，他告诉记者，皮蓬就像“我的双胞胎兄弟”。然而，在1990/1991赛季，由于皮蓬与乔丹走得更近，他们开始逐渐疏远。同时，为了挽救自己的婚姻，格兰特开始转向宗教寻求安慰。

之前一年，巴赫曾建议我将格兰特当成“出气筒”来激励球队。这在职业球队中是相当常见的做法。事实上，我在尼克斯时也曾短暂地担任过球队的“出气筒”。这个做法的核心是指定一名球员，让他承受大部分批评，以此激励其他球员团结起来。我不是很认同这种老派的教练方式，但我愿意尝试。我知道球员们喜欢格兰特，如果我做得过火，他们会团结在他身边。而且，巴赫与格兰特关系很好，他向我保证，格兰特足够坚强，能够承受这些压力。

我们向格兰特解释了这个想法，他一开始是同意的。从小他的梦想就一直是成为海军陆战队员，因此他会被这种纪律性强的做法所吸引。但随着时间的推移，他开始对过多的批评产生反感。这些反感在与76人系列赛第三场的第三节时积累到了爆发点。

整场比赛，吉列姆一直都不停在背后撞击格兰特，推搡他离开自己的站位，而裁判对此视而不见。当格兰特最终忍无可忍愤怒还击时，裁判却吹罚了他的犯规。

我愤怒至极，立刻把格兰特换下场，开始对他大声训斥，责怪他任由76人的球员欺负自己。格兰特大声反驳：“我受够当你的出气筒了。”然后，他开始对我破口大骂，这是他从未有过的反应。

无须多说，我们输掉了那场比赛。我承认那时候我做得并不光彩。但我从中学到了一个重要的教训：无论我自己承受了多大的压力，我都要尊重每一位球员，用尊重和同理心与他们建立关系，这一点非常重要。等心情平复之后，我和格兰特见了面，我告诉他，我们需要从头开始。我说，从那时起，我只会给他提出建设性的批评意见，而我希望他也能给我反馈，把任何困扰他的事情都告诉我。

在下一场比赛前，我和球队一起吃了早餐，讨论了之前发生的事情。我说，我们打破了球队的部落圆环，现在我们必须重新把它拼凑起来。

那天的比赛，格兰特的表现简直如有神助。他一上场就冲劲十足，在比赛初段抢下了几个关键的篮板，最终得到 22 分，帮助我们以 101 比 85 大胜对手。更重要的是，格兰特在面对吉列姆和其他大个子时毫不动摇，顶住了压力。这是个好兆头。76 人看起来疲惫不堪，溃不成军，两天后，我们在第五场比赛击败了他们，成功晋级。下一站，底特律。

在 1989/1990 赛季季后赛期间，我曾给球员放了一段包含几个《绿野仙踪》片段的录像。我的目的是让他们明白过去在面对活塞队的凶狠打法时，自己有多么露怯。录像里有一幕是 B.J. 阿姆斯特朗突破上篮，结果却遭到底特律的内线球员痛击，随后画面切换到电影里桃乐茜说话的片段：“托托，这里已经不是堪萨斯了。”接下来的一段，是乔·杜马斯运球突破乔丹的画面，配上了铁皮人哀叹自己没有心脏。还有一段是伊赛亚·托马斯以舞蹈般的步伐接连过掉了帕克森、格兰特和卡特莱特，这段我配上了胆小的狮子抱怨自己没有勇气的段落。刚开始，球员还会被录像逗笑，但当他们明白我的用意时，笑声渐渐变成了沉默。

这次我不需要再放电影片段了。相反，我为 NBA 官方准备了一些比赛片段，里面收录了活塞队在对阵公牛时最恶劣的犯规镜头。我不确定这段视频能对裁判的判罚产生多大影响，但至少表明了，我们不会轻易退缩。

这可能并没有太大影响。在失去了强力大前锋里克·马洪之后，1990/1991 赛季活塞的阵容已经不像以前那样具有威慑力。而我们的球队比一年前更加自信和冷静。我给球员的建议是先发制人，不要让活塞占得先机，而且不要中了他们的垃圾话陷阱。我很高兴看到皮蓬在第一场比赛中的表现。当“坏孩子”的新成员马克·阿奎尔威胁要揍皮蓬一顿时，他只是一笑置之。

乔丹那天状态不佳，但替补阵容挺身而出，在第四节建立了 9 分的领先优势，这最终决定了比赛的胜负。比赛结束后，出乎所有人的意料，乔丹感谢了队友们的支持，称他们替自己扛起了重担。我能感觉到，之前我们为改变球队心态而付出的努力开始见到成效。几天后，皮蓬告诉《芝加哥论坛报》记者萨姆·史密斯，他注意到乔丹的改变。皮蓬说：“你可以看得出来，乔丹对队友都更有信心了。我得说，这种变化在这次季后赛中才开始发生。乔丹开始打团队篮球，这也是第一次，我可以说他不再单纯为了自己得分而打球了。他似乎意识到，我们大家都意识到，如果我们团结一致，每个人都能贡献力量。”

在第二场比赛，我们让皮蓬负责运球推进，并将帕克森移到边翼位置。这个调整制造了对位优势，让活塞队始终无法解决。我们还在防守上做了有效的小调整，将皮蓬安排去防守他们的中锋兰比尔，让卡特莱特去防守他们的小前锋阿奎尔。我们的防守体系运作得无懈可击，活塞队无论如何都无法找到破解的方法。到第四场比赛时，他们已经面临在主场被横扫的局面，由于无法改变失利的结局，他们开始让比赛变得丑陋。兰比尔背袭帕克森，罗德曼把皮蓬撞进了看台，这记暴力冲撞差点终结了他的职业生涯。然而，最糟糕的还得等到比赛结束，活塞队在伊赛亚·托马斯的带领下径直离场，根本没有和我们握手——这不仅是对公牛队的侮辱，也是对比赛本身的侮辱，至今让我深感不悦。

我们的下一个对手是洛杉矶湖人。湖人队是一支历史悠久的球队，在过去的十年主宰了NBA，如今在“魔术师”约翰逊的领导下，拥有詹姆斯·沃西、萨姆·帕金斯、拜伦·斯科特和弗拉德·迪瓦茨的湖人依然是一支强大的队伍。这轮系列赛将是乔丹的终极考验，他一直拿自己与约翰逊相比较。“魔术师”不仅拥有五枚总冠军戒指和三次MVP奖项，还具备令人印象深刻的领导才能。即使球队由贾巴尔在内的多名全明星球员主导，约翰逊还是在新秀赛季就成了球队的领袖，带领球队巧取当年的总冠军。而乔丹已经在NBA打了七年，却依然在苦苦寻觅自己的第一枚总冠军戒指。

我们开局慢热，在芝加哥输掉了第一场比赛。然而，在比赛过程中，我注意到一个在任何录像里都没有发现的弱点。只要“魔术师”离场，他的队友们就无法在面对我们的替补阵容时保持住势头。“魔术师”在与波特兰开拓者的西部决赛中经历了艰苦的战斗，现在看起来疲惫不堪，很显然，当他休息时，湖人队的表现远不如我们在乔丹下场时的表现。这是我们可以利用的机会。

我们的比赛计划是让皮蓬对位约翰逊。

在第二场比赛，乔丹早早陷入犯规麻烦，因此让皮蓬换防起到很好的效果，这一招让湖人的进攻乱了套，我们以107比86轻松获胜。赛后，我为乔丹制作了一段录像，向他说明“魔术师”的一个习惯——他经常为了帮助其他球员协防，而离开了自己本该防守的帕克森，他是在赌乔丹不会把球传出去。帕克森在关键时刻的得分能力非常可靠，一般而言，比起其他队友，乔丹在关键时刻也更信任他。然而，在洛杉矶的系列赛中，乔丹却出现了以前的老毛病，试图以一己之力赢得比赛。尽管我们在第二场获胜，但他的老毛病却在拖我们的后腿。

接下来三场比赛将转战洛杉矶。第三场比赛的常规时间还剩3.4秒结束时，乔丹带球突破到罚球线，用一记快速跳投扳平了比分。我们在加时赛重整旗鼓，最终以104比96获胜。两天后的第四场比赛，我们的防守完全压制了湖人，将他们的得分限制到了82分，这是他们自24秒进攻时限规则启用以来的队史最低分，我们在总决赛取得了3比1的领先。用“魔术师”的话说，我们给他们来了次“老派的教训”。

在第五场比赛中，我们大部分时间都保持领先，但第四节中段，湖人奋起反击并反超了比分。我对场上的情况不太满意，尽管我们已经和乔丹多次讨论，但他还是不给帕克森出手的机会。所以我叫了一个暂停，把全队聚集起来。

“乔丹，谁空了？”我盯着乔丹的眼睛问道。

他没有回答。于是我又问了一遍：“谁空了？”

“帕克森。”他终于回答。

“行，那就把球传给他。”

经过这次交流，比赛场面有了变化。乔丹和其他球员开始将球传给帕克森，而帕克森则连续命中了四个投篮。湖人队在比赛还剩一分多钟的时候将分差缩小到仅剩两分。当乔丹运球推进时，我注意到了一些不一样的东西。我本以为他会像往常一样向篮筐发起进攻。但这一次，他却在吸引防守之后为队友创造了投篮机会，没错，他把球传给了帕克森。这是一个美妙的结局。帕克森命中了那记中投，我们以108比101赢下比赛。

对我来说，这是一个意味深远的时刻。18年前，作为球员，我就是在这里——大西部论坛球馆，赢得了自己的第一枚总冠军戒指。而现在，我又在这里赢得了作为教练的第一枚总冠军戒指。更棒的是，我们用和当年那支尼克斯一样的方式赢得了总冠军。

一种正确的方式。

第八章

# 个性的追问

一事之行，即你一世之道。

——汤姆·威兹

你可能会以为，第二次夺冠会变得更容易，事实并非如此。欢呼声刚刚落下，球员的自负心态便开始蠢蠢欲动。前加州大学洛杉矶分校篮球队主教练约翰·伍登曾说过："赢冠军靠天赋，但要卫冕得靠个性。" 直到我们踏上第二次争冠之路，我才真正理解这句话的含义。突然之间，媒体的聚光灯全都对准了我们，除了乔丹所有与公牛队有关的人都开始争取更多的关注。正如乔丹所说："成功会让'我们'变回'我'。"

我第一次察觉到这一点，是因为霍勒斯·格兰特，他向媒体抨击了乔丹缺席了白宫冠军庆典。那次活动是自愿参加的，事前乔丹已经告诉格兰特自己不会去。当时格兰特似乎并没有异议，而当我们从华盛顿回来后，他却对记者表示自己很失望，认为乔丹应该出席。乔丹觉得自己遭到了格兰特的背叛，但并没有反驳队友。我本以为格兰特是被记者误导，才说出了这些话，所以没有对他进行罚款。但我还是警告他，以后在媒体面前要谨慎发言，避免影响球队的团结。

事实上，格兰特并非唯一嫉妒乔丹名气的球员，但他表现得最为明显。乔丹的明星效应已经超越了公牛，甚至超越了篮球这项运动，这件事并非我能掌控的，但格兰特在很长一段时间都无法理解。

白宫风波刚平息不久，另一起对公牛队影响更为深远的争议事件随即爆发。那是因为萨姆·史密斯出版了畅销书《乔丹法则》，这本书讲述了1990/1991赛季公牛队的冠军之路，不仅向球迷们提供一个内部视角来观察芝加哥公牛不为人知的秘密，还去除了乔丹身上的神秘色彩。史密斯是个聪明勤奋的记者，我很喜欢他，能写出这本书，他靠的也是自己长期为《芝加哥论坛报》对公牛的跟队报道。但书中关于乔丹和杰里·克劳斯的一些轶事，就写得不那么受人待见了。

乔丹对这本书并不满意，但也没那么在意，毫无疑问，他认为这本书不会对自己的公众形象造成严重影响。但克劳斯就没有那么冷静了。这本书出版后不久，在一次客场之旅的晚上，克劳斯把我叫到他的酒店房间，向我输出了一通他对史密斯的怒骂。他以自己那本标注得密密麻麻的书为证，说他在里面发现了整整“176个谎言”，然后甚至开始向我逐页指出每一个所谓的谎言时，我只得打断他说：“杰里，你真的得放下这件事了。”

但他做不到。1976年，刚进入公牛队管理层三个月的克劳斯就因为媒体风波被迫离开，自那以后，他一直对记者心怀芥蒂。当时他正在为球队物色新主帅，有媒体报道称他已经向德保罗大学的教练雷·梅耶抛出了橄榄枝。虽然克劳斯否认了这个消息，但流言始终无法平息。由于对克劳斯控制事态的能力感到失望，公牛队主席亚瑟·维尔茨解雇了他。

随着时间的推移，克劳斯对查出史密斯书中的那些主要消息来源愈发执着。显然，来源有很多个。史密斯几乎与公牛所有的相关人士都有经常性交流，连球队老板杰里·莱因斯多夫也不例外。我安排了克劳斯与史密斯见了一面，希望他们能解决这个问题，但那次谈话未能取得任何进展。最终克劳斯得出结论，他认为助理教练约翰尼·巴赫是主要的“罪魁祸首”。我觉得他的结论非常荒谬，但克劳斯的怀疑一直没有消散，这最终成了巴赫多年后被他解雇的原因之一。

这也是我与克劳斯之间的第一道裂痕，在那之前，我们的合作一直非常顺利。我很感激克劳斯对我的信任，给了我执教公牛队的机会。我也欣赏他组建球队的方式，尽管他做出的决策经常引起乔丹和其他人的不满，但他也招募不少合适的人才来辅助乔丹。我很享受与克劳斯一起创建公牛队首个冠军阵容的过程，后来乔丹从棒球界回归，我们又再次携手重建了新的公牛。我喜欢克劳斯的一点是，在做出关键决策之前，他总会广泛听取教练、球员和球探团队的意见。他对寻找个性出色的球员也非常重视，会不遗余力地挖掘潜在签约目标的成长背景，从而更深入地了解他们的内在品质。

在我刚担任主教练时，克劳斯会在训练营的第一天与球员问好，然后向他们讲一个相同的故事，这个故事基本就是他对我俩关系的大致看法。克劳斯是独生子，他说自己小时候曾试图离间父母的关系，在两人间来回传话，好让自己能得到想要的回答。有一天，他的父亲意识到他的伎俩，于是对他说：“杰里，别再挑拨我和你母亲了。我们还得一起睡觉的。”每次他讲这个故事时，我都会翻个白眼，然后说出类似“对不住了杰里，这我可办不到”之类的话，球员听完都会哈哈大笑。

显然，我对我们的合作方式有不同的想法。我愿意支持克劳斯，也花了很多时间调解他和球员的关系。但我不会为了他而破坏我与球队之间建立起的信任关系。

因为种种原因，大多数球员对克劳斯都心怀不满。乔丹就是其中之一。在公牛效力的第二个赛季，由于左脚骨折，乔丹在赛季的大部分时间都只能高挂免战牌。养伤了一段时间之后，乔丹坚称自己的左脚已经完全康复，但克劳斯表示，除非队医允许，否则他都会拒绝让他上场。乔丹提出反驳，克劳斯告诉他，这是管理层的决定，因为他是球队的财产。他的话惹怒了乔丹，二人的关系从那时开始就产生了裂痕。

其他球员也对克劳斯有意见。克劳斯喜欢吹嘘自己过去作为球探的成就，这种行为并不受球员待见。他对引进托尼·库科奇的痴迷，也让球员深感不满。尽管这位来自克罗地亚的前锋从未在NBA打过一场比赛，但克劳斯就是预言他将成为下一个“魔术师”约翰逊。虽然后来库科奇确实加盟了公牛，但皮蓬和乔丹都觉得克劳斯对库科奇的“热衷”简直是侮辱球队的现有成员。因此在1992年奥运会期间，二人特意在比赛中痛击了库科奇和克罗地亚国家队。

最让球员们反感的是，克劳斯总想融入球员的群体内部，成为他们的朋友。他那矮小、圆滚滚的身材也没能帮上什么忙。由于不太注重餐桌礼仪，乔丹给他起了个叫“面包屑”的绰号，如果他和队员们一同乘坐球队大巴，乔丹还会不时调侃他的体重和其他个人特征。

球队中的这种紧张关系总让我感到不安。我在小时候就不喜欢任何形式的争吵。我的两位哥哥年龄相差不到两岁，二人经常打架，而我则忙着劝架。爸爸会用皮带惩罚他们，我还记得，当听到他们被抽打的声音时，我会坐在地下室的楼梯上放声大哭。

在处理克劳斯的问题上，我的方法是大事化小。我知道，他对《乔丹法则》的过激反应，是因为在打造了这支夺得总冠军的伟大球队之后，自己没有得到应有的认可。我理解他。但我无法改变这一点，于是，我只能试图用幽默和同情转移他的注意力，尽量用专业的态度来保持我们之间的关系。随着球队声望的提升，我和克劳斯之间的分歧越来越大，但职业精神支撑着我们。尽管球队动荡不断，克劳斯和我依然能够集中精力，做好自己的工作。

与球员的相处则不尽相同。我告诉球员要屏蔽一切来自外界的干扰，无论这些干扰来自媒体、克劳斯，还是其他，他们需要把注意力集中在赢得第二个总冠军上。为此，我增强了过去的做法，将训练场变成一个远离外界纷扰的圣地。皮蓬说："我们球队非常受欢迎，所以我们得保护好彼此。不能让别人把朋友带到训练场，缠着球员要签名。因为如果你和队友在一起都没有自由生活的空间，那你还能从哪里找到自由呢？"

随着球员把注意力转移回球队内部，他们之间的纽带开始重新建立。用乔丹的话说，"我"逐渐转变为强大的"我们"，公牛重新成为那支我曾执教过最强大、最全面的球队之一。球队的进攻体系运转顺畅，防守不可阻挡。公牛打出了 15 胜 2 负的开局，以 67 胜结束常规赛，比任何一支球队的胜场数都至少多 10 场。我们最长的连败也只是两连败。有一次，莱因斯多夫打电话来说："我希望你不要逼着球队去打破纪录。"我告诉他，没有，球队现在的状态是水到渠成的。B.J. 阿姆斯特朗后来说，他觉得那个赛季的公牛称得上"顺应自然"，一切就像"四季更替"般自然运转。

接下来季后赛开始了。我们直落三场淘汰迈阿密热火，接着迎战由帕特·莱利执教的硬骨头纽约尼克斯。莱利做得很好，他将尼克斯打造成了加强版的底特律活塞。事实上，莱利确实找来了活塞队的前任防守教练迪克·哈特，请他将活塞的强悍球风带到尼克斯。过去五年，底特律的"坏孩子"肆虐了联盟，去年我们击败他们之后，整个 NBA 都松了一口气。肉搏战退出了球场，用策略取胜逐渐回归主流。然而，尼克斯仍拥有由帕特里克·尤因、查尔斯·奥克利和泽维尔·麦克丹尼尔组成的强大内线，替补席上还有安东尼·梅森。他们的策略是利用身体优势控制篮板，减缓比赛节奏，阻止对手快攻。然而，他们最有效的武器还是莱利操控媒体的能力。在洛杉矶的时候，莱利学会了如何利用媒体向裁判施加压力，系列赛尚未开打前，他就率先发起了进攻。莱利说，如果裁判没有被迈克尔·乔丹迷住，能公正地判罚比赛，尼克斯就有机会赢得胜利。我立刻反击说，尤因连杀人放火都能逃过裁判的法眼，他每次带球上篮都会走步。口水战就此打响。

我一直觉得和记者交谈很自在，因为在尼克斯效力期间，我经常和记者们一起聊天。我也从自己犯过的愚蠢错误中学到了不少。1974/1975 赛季是我成为尼克斯首发的第一年，球队起初势头不错，但板凳深度不足导致我们最后只能以 40 胜 42 负的失望成绩结束赛季。于是我告诉记者，即使还有机会能进季后赛，我们“依然是失败者。”第二天这句话就成了报纸头条：“杰克逊称尼克斯为失败者。”

我还说过一句更糟糕的话。在 1977 年湖人和火箭的一次冲突中，湖人球员科米特·华盛顿挥拳打向火箭的鲁迪·汤姆贾诺维奇，将后者的脸打得血肉模糊，几乎要了他的命。我告诉记者，我认为这是一个不幸的意外，而一周前，要不是我躲得够快，76 人的乔治·麦金尼斯可能也会把我打成这样，而这件事根本没有人在意。“看来只有成为明星球员，你才会得到联盟的关注。”我抱怨道。时至今日，我都希望自己能收回这句蠢话。

凭借强硬的身体对抗和裁判的宽容判罚，尼克斯在第一场比赛中轻松获胜。比赛开始不久，斯科蒂·皮蓬的脚踝严重扭伤，比赛也被拖慢到尼克斯最擅长的节奏。第二场比赛我们调整过来，B.J. 阿姆斯特朗的几次关键投篮帮助我们扳回一场。第三场比赛，乔丹突破了尼克斯的严防死守，带领我们重新夺回了主场优势。

第四场比赛，是格兰特口中媲美世界摔跤联盟的肉搏战，乔丹则认为，裁判的糟糕判罚让他觉得我们根本没有任何胜算。我也对裁判表达了不满，结果在下半场被罚离场，尼克斯最终以 93 比 86 拿下了比赛。

在赛后采访中我也爆发了“坏孩子”的一面。我说：“我觉得他们现在可能在第五大道上弹冠相庆，NBA 办公室正好就在那里。我觉得联盟很高兴看到我们把系列赛打成 2 比 2 平，但我不喜欢这种‘操控’

出来的赛果…… 可是裁判都是他们选派的。如果比赛打满七场，所有人都会很高兴。”

这段话正中莱利下怀，我给了他一个完美的借口。第二天，他告诉记者，我在侮辱他的球队。“我拿过 6 次总冠军，参加过 13 次总决赛。我知道什么是冠军气质。他抱怨裁判判罚就是在侮辱我们球员为胜利付出的努力和他们的求胜心…… 迎接所有挑战，不要怨天尤人，这才是冠军球队该有的样子。”

纽约媒体立马就买账了。第二天，报纸上写满了“‘牢骚大王’菲尔”的报道。在这之前，虽然我倒戈相向，但纽约球迷还是会把我视为尼克斯大家庭的一员。但在莱利那番虚情假意的言论之后，纽约街头开始有人向我冷嘲热讽。这种感觉很陌生，但我知道覆水难收，赢得比赛才是最好的复仇。

我们果然打满了七场比赛。在第七场比赛前，我的印第安朋友对我说，我应该向莱利“放下身段”，我听取了他的建议。当我经过尼克斯的替补席时，我停下脚步，伸出手对莱利说：“我们一起给球迷奉献一场精彩的比赛吧。”他点了点头，对我主动和他说话显得有些意外。事实证明，比赛确实相当精彩，成了迈克尔·乔丹的个人秀。比赛伊始，泽维尔·麦克丹尼尔就不断骚扰刚刚从脚踝扭伤中复出的皮蓬，于是乔丹挺身而出，与这位比他更高更壮的大前锋直接对峙，直到后者悻悻而退。乔丹维护队友的举动让我深受感动，后来我把这次对峙的照片摆在了自己的办公桌上。第三节，乔丹用我见过最美妙的一段攻防表演打爆了麦克丹尼尔。乔丹首先命中了一个跳投，随后抢下了尼克斯的底线发球，直冲篮下准备再得两分。但麦克丹尼尔把球从乔丹手中抢走，然后大步流星地发动快攻，眼看就要轻松上篮得分。不料乔丹穷追不舍，在麦克丹尼尔准备出手的瞬间从后完成封盖。这次攻防彻底摧毁了尼克斯的斗志，他们再也没能把比分拉近。赛后，莱利大度地总结了公牛队的表现：“他们打出了自己的水平。”

尽管如此，接下来的对手也不容小觑。在经过与克利夫兰的一番鏖战之后，我们在总决赛迎来了老练的波特兰开拓者。开拓者是一支快速且充满活力的球队，由克莱德·德雷克斯勒领衔，一些非芝加哥当地的评论员认为，德雷克斯勒的个人能力与乔丹不相上下。我们的计划是加强转换阶段的防守，迫使开拓者只能依靠外线投篮发动进攻。乔丹的计划则是向全世界证明，德雷克斯勒根本无法与自己相比。乔丹的决心如此坚定，让德雷克斯勒的队友丹尼·安吉后来在接受大卫·哈伯斯塔姆采访时也不得不说，这一场比赛的感觉就像"明知道有刺客要来杀你，但你只能眼睁睁看着他把你的心脏挖出来"。

我们开局强势，在芝加哥赢下了第一场比赛，随后却在第二场比赛的加时赛中与胜利失之交臂。为了让球员得到充分休息，我没有让球员们加练，也没有像开拓者那样在比赛结束当晚就乘夜班机飞往波特兰，而是等第二天再前往客场。这使得我们在第三场比赛中迎来爆发，在系列赛取得 2 比 1 的领先。接下来两场比赛，我们和对手各胜一场，把赛点带回了芝加哥，准备在主场赢下总冠军。

但开拓者在第六场比赛中势如破竹，第三节时曾一度领先 17 分。温特坚持让我把乔丹换下场，因为他有些失控，没有按照战术体系打球。通常我会在第三节结束前两分钟把乔丹换下，但这次我早早把他换下，并且给替补球员多留了一些时间，因为他们在场上打出了一波 14 比 2 的小高潮，其中乔丹的替补，鲍勃·汉森尤其出色，他投中了关键的三分球。第四节开始时，我没有将乔丹换回场上，对此他不太高兴。但替补球员的活力和激情让我非常满意，开拓者似乎也不知道该怎样防守他们。等乔丹和其他首发球员回到场上时，我们已经将分差缩小到 5 分，开拓者疲态毕露。乔丹在比赛最后阶段拿到了个人全场得分 33 分中的 12 分，皮蓬也命中了几次关键投篮，最终我们以 97 比 93 击败对手。

该开香槟庆祝了。这是我们首次在主场赢得总冠军，球迷们疯狂庆祝。在更衣室的疯狂庆祝结束后，我带领球员们回到场上，加入球迷的狂欢中。皮蓬、格兰特和汉森跳上记分台大秀舞技，乔丹紧随其后，在台上挥舞总冠军奖杯。庆典的欢乐尽在不言中。

过了一会儿，我回到办公室，回想刚刚发生的一切。稍后，在与球员单独会面时，我告诉他们，卫冕是伟大球队的标志。但更让我高兴的是，我们在这个过程中还克服了许多意料之外的波折和挫折。帕克森借用 Grateful Dead 乐队的名曲，把这个赛季称为“一段漫长而陌生的旅程”。他说得对，我们的第一次总冠军之旅，更像是甜蜜的蜜月期，而卫冕之路，则更像是一场史诗般的历程。

第九章

# 苦乐参半的胜利

人的诞生不只是在从母亲肚子里生出来那一天而已，生活会逼迫他们一次又一次地重生。

——加夫列尔·加西亚·马尔克斯

卫冕成功后的夏天，乔丹和皮蓬前往巴塞罗那，代表美国“梦之队”征战奥运会。杰里·克劳斯对此颇为不满，他认为两人应该放弃奥运会，好好休息，为新赛季养精蓄锐。但二人无视克劳斯的意见，而事实证明，我很高兴他们做出了自己的选择。因为在巴塞罗那，一场重要的转变悄然发生，而这对公牛队的未来产生了深远影响。

从奥运会归来后，乔丹对皮蓬的表现赞不绝口。在此之前，乔丹一直把皮蓬视为自己助手里最具天赋的一员。但在巴塞罗那，他亲眼看见皮蓬力压“魔术师”约翰逊、约翰·斯托克顿、克莱德·德雷克斯勒以及其他未来的名人堂球员，展现出了全面的实力。这让乔丹意识到，即使在“梦之队”这支堪称历史上最强篮球队中，皮蓬都称得上最全面的球员。他不得不承认，在好几场比赛中，皮蓬的表现甚至盖过了乔丹自己。

皮蓬带着焕然一新的自信回到了公牛，并承担起更重要的角色。根据NBA的规则，我们无法在乔丹和比尔·卡特莱特之外再任命第三位正式的队长，但实际上皮蓬还是球队队长之一。此外，由于约翰·帕克森的膝伤尚未痊愈，出场时间受到限制，我们决定让B.J.阿姆斯特朗出任首发。

在《领导之道》一书中，约翰·海德强调，领导者应尽量减少对他人的干预。他写道：“规则会降低自由度，减轻责任感。执行规则会使人感觉被胁迫和受控制，这不仅会削弱主动性，还会消耗团队的活力。规则的压力越大，团队的抵触情绪就会越强。”

海德的著作建基于老子的《道德经》，他建议领导者应该采取更加开放的手段。“明智的领导者会为团队服务，他们善于倾听、懂得让步、愿意听取他人的意见。他们会放手让团队成员产生自己的共鸣，然后跟随他们由此而成的决策行事。不用多久，团队成员的认知就会发生改观，他们之间的共鸣也会变得更坚定。”

这正是我想在公牛推行的事情。我的目标是让球员尽可能按本能行动，从而让他们能够从内部引领球队。我希望他们能够随势而动，就像大树在风中摇曳般顺应比赛的节奏。因此，我才会那么重视训练的严格秩序。我会在训练中果断发声，让球员对球队的目标以及实现目标的方式有清晰的认识。而一旦比赛开始，我就会退居幕后，让球员主导进攻。偶尔，我会主动对防守进行调整，或者在球队需要新鲜活力的时候进行换人调整，但大多数情况下，我会把主导权交给球员。

为了让这一策略奏效，我必须在球队中培养一批核心领袖，由他们将我的理念转化为现实。球队的组织结构至关重要。在我执教过的每一支成功球队中，大多数球员都清楚自己应该扮演什么角色。

如果球队的定位分明，球员的焦虑和压力就会减少。反之，如果球队没有明确的定位，核心球员就会不断争夺主导权，那么无论阵容多么天赋异禀，球队的凝聚力都会崩塌。

在公牛队，只要乔丹在，我们就不必担心谁是球队的领袖。一旦我与乔丹建立起牢固的联系，其他都自然而然地步入正轨。乔丹对我之前提到的“社交靶心”理念感同身受，因为他也将领导结构视为一系列同心圆。“菲尔是球队的核心，而我是这个核心的延伸。”他说，“他依靠我去联系队里的人，让球队的凝聚力更强。我俩关系紧密，而我做的每一件事，斯科蒂都会跟上，然后这种影响力再逐层传递下去。这让整个团队的纽带变得坚不可摧，任何外力无法渗透进来。”

皮蓬的领导风格则完全不同。他比乔丹更随和，总是耐心倾听队友的抱怨，然后试图帮他们解决问题。“我觉得队友更容易被斯科蒂吸引，因为他跟我们更像。”史蒂夫·科尔说，“迈克尔的存在感太强大，以至于有时候他看起来不像凡人。没有任何事能影响迈克尔。而斯科蒂更有人情味，更像我们这样会有弱点的普通人。”

1992/1993 赛季就像一个漫长而苦闷的冬天。卡特莱特和帕克森都在休赛期接受了膝盖手术，一直处于恢复阶段，而皮蓬和乔丹也因为比赛过多而疲劳。前一个赛季，我曾向球员承诺，如果我们成功卫冕，就不会在训练营安排高强度的“一天两练”。于是，这一年的训练营我们每天只安排一次长时间训练，还会在中途穿插几次休息，用来观看比赛录像。然而，这种安排效果不佳，因为球员们在休息时身体容易僵硬起来。

有些教练喜欢把训练时间拖得很长，尤其是在球队遭遇惨败之后。我的大学教练比尔·菲奇就是典型代表。有一次，由于我们在爱荷华的比赛中表现糟糕，他气得让我们在回到学校之后直接加练，即使抵达北达科他大学的时间已经过了晚上十点。我并不认同这种用训练来惩罚球员的手法。我喜欢让训练既富有刺激性，又充满乐趣，最重要的是高效。艾尔·麦圭尔教练曾告诉我，他的秘诀就是不浪费任何人的时间。“如果你没法用每天八小时来搞定一件事，它就不值得你去做。”从那以后，这也成了我的训练哲学。

对于这个问题上的思考，对我影响最大的是人本主义心理学奠基人之一的亚伯拉罕·马斯洛。他最著名的理论是“需求层次理论”，其中，他认为人类最高层次的需求是“自我实现”。马斯洛将“自我实现”定义为“充分发挥和利用个人的天赋、能力和潜能。”他在研究中发现，能“自我实现”的人都拥有以下的基本特征：能自发且自然地行事，对自己和他人有更高的接受度，具备较高的创造力，并且专注于解决问题，而不是一味追求自我满足。

要实现自我实现，马斯洛认为，首先需要满足一系列更基础的需求，每一层需求相互叠加，最终形成所谓的“马斯洛金字塔”结构。最底层是生理需求，如饥饿、睡眠、性欲；第二层是安全需求，包括稳定和秩序；再往上第三层是社交需求，即归属感；然后是第四层的自尊需求，包括自我尊重和他人的认可；最终才是自我实现。马斯洛指出，大多数人之所以无法达到自我实现，是因为他们在金字塔的某一较低层级被困住，无法向上突破。

在他的著作《人性能达到的境界》中，马斯洛描述了实现自我实现的关键步骤：

1. 以“充分、忘我、全神贯注和全情投入”的方式体验生活；
2. 在每个当下做出促进成长的选择，而非屈服于恐惧；
3. 更加敏锐地觉察自己的内在本质，按照真实的自我来行事；
4. 对自己诚实，为自己的言行负责，而不是游戏人生或伪装自己；
5. 识别自己的自我防御机制，并鼓起勇气放下这些防御；
6. 培养掌控自身命运的能力，勇敢地做一个不同寻常、敢于不随波逐流的人；

7. 建立一个持续发展的过程，不断挖掘自身潜能，并为实现愿景付诸行动；

8. 为体验巅峰时刻，即马斯洛所谓的“狂喜时刻”创造条件。在这些时刻，我们的思维、行为和情感更加清晰，对他人也更加包容和接纳。

我在研究生时期第一次接触马斯洛的理论时，感到极大的启发和解放。作为运动员，我对“巅峰体验”并不陌生，但我从未真正理解其背后的复杂心理机制。马斯洛的研究为我打开了一扇新的大门，让我能够用更开阔的视角思考人生。他关于如何摆脱自我束缚、表达真实自我的见解对我尤其吸引。后来，当我成为教练时，马斯洛平衡身体、心理和精神需求的方法，又帮助我创造出一套激励年轻球员的全新方法。

公牛在1992/1993赛季遇到最大的敌人，是无聊。NBA的生活可以很令人窒息、教人麻木，特别是那些漫长的连续客场旅行，球员每一天的每一分钟都被安排得满满的。我的目标是让球员突破篮球的局限，去探索生活中更深刻、更具精神性的方面。这里的“精神”并不指“宗教”，而是指当你走出惯常的世界观，去进行自我发现的那个过程。正如马斯洛所说：“真正的神秘主义者教了我们伟大的一课……神圣就在平凡中，它存在于日常生活中，存在于邻里、朋友和家人中，存在于自家后院里。”

为了让自己的工作变得有意义，你需要将它与自己的真实本性达成统一。正如活动家、教师及在俗僧侣韦恩·蒂斯戴尔在《世界中的僧侣》一书中所写：“当工作源自我们内心时，它是神圣的、崇高的、令人振奋的，它与我们不断展开的人生旅程息息相关。为了让工作变得神圣，它必须与我们的精神觉悟相连接。我们的工作必须代表自己的激情，代表我们对文化的贡献，特别是对他人发展的贡献。激情是指我们与他人分享的才能，这些才能塑造我们的命运，让我们能够为社区中的他人提供真正有意义的服务。"

要在工作和生活中体验神圣感，就必须从混乱中创造秩序。蒂斯戴尔引用了美洲原住民歌曲创作人詹姆斯·耶洛班克的话："人生的任务，就是让你的世界保持井然有序。"要保持井然有序，就需要纪律，在工作与娱乐之间找到平衡，以及在生活中找到头脑、身体和心灵的滋养。这些价值观深深扎根于我内心，也成为我执教所有球队的信条。

让球员探索内心绝非易事，并不是每个公牛队球员都对"精神"觉悟感兴趣。而我并没有强迫他们接受这一点，我用了更加巧妙的方法。公牛的主场球馆每年都会被占用几周时间，因此球队每逢 11 月都会进行一次漫长的西部客场之旅。出发前，我会根据我对球员的了解，为他们挑选一本书。典型的书单一般是这样：《所罗门之歌》（迈克尔·乔丹）、《这个世界土崩瓦解了》（比尔·卡特莱特）、《禅与摩托车维修艺术》（约翰·帕克森）、《白人之道》（斯科蒂·皮蓬）、《约书亚：致今天的寓言》（霍勒斯·格兰特）、《禅者的初心》（B.J. 阿姆斯特朗）、《深夜加油站遇见苏格拉底》（克莱格·霍奇斯）、《在路上》（维尔·佩尔多），以及《瘪四与大头蛋：这本书太烂》（斯泰西·金）。

有些球员读了我给他们的每本书，其他人则把书丢进垃圾桶。但我从来不期望每个人都能百分百参与。我想传达的信息是，我关心他们，愿意花时间为他们挑选一本可能对他们有特殊意义的书，或者至少能让他们笑一笑。

我推动球员探索内心的另一种方式，是请专业人士来教球员瑜伽、太极以及其他身心合一的运动。我还会邀请特别嘉宾来为球队演讲，这些嘉宾可能是营养师、卧底警探和典狱长，让他们来帮助球员在思考难题的时候找到新的思路。有时，当我们进行短途客场旅行，比如从休斯敦到圣安东尼奥的时候，我们会选择乘搭大巴，让他们有机会看到候机室之外的真实世界。有一次我们与尼克斯在季后赛交手，在输掉了一场艰难的比赛之后，我给了球队一个惊喜，带他们坐船游览了斯塔滕岛，让他们免受纽约媒体的骚扰。还有一次，我安排球队前往华盛顿特区，拜访我的前队友、参议员比尔·布拉德利。在他的办公室，布拉德利和球员讨论了篮球、政治等问题。布拉德利办公室有一面墙上挂着一张照片，记录了他在1971年东部决赛第七场中错失的一记跳投，那次失手终结了尼克斯卫冕的希望。布拉德利把它挂在那里，是为了时刻警醒自己。

这些活动不仅让球员个人得到成长，也让球队变成更强的整体。“我们的训练有一点最棒。”1993年加入公牛队的史蒂夫·科尔说道，“就是它让我们不再感觉单调乏味。在NBA，如果教练每天都说一样的话，进行一样的训练，那你很快感到厌倦。但我们的集体活动真的很重要。我在这里感受到之前效力球队时从未有过的凝聚力。”

对于帕克森来说，我们在篮球之外的活动超越了篮球本身。“我觉得我们正在参与某项真正重要的事业。”他说，“我们觉得自己是好人，因为我们努力以正确的方式打球。我们觉得自己在参与比篮球更重要的事业。赢得比赛之后，听到球迷们告诉你这对他们有多重要时，这种感觉会更加强烈。至今还会有人来跟我说，公牛赢得第一个总冠军的时候，他们身在何处，以及那个瞬间对他们来说是怎样的无价。我们在以正确的方式打球，而这满足了球迷们的期盼。”

但我不会用“超越”这个词来形容那年4月末，即将开始季后赛征程的公牛。整个赛季，我们一直在挣扎，阵中没有了卡特莱特等人，其他球员也都在忍受伤病的困扰。尽管我们最终赢得了分区冠军，但常规赛结束时只取得了57胜，比去年少了10场之多。更重要的是，我们无法像上赛季那样在季后赛保有主场优势。

不过，季后赛一开始，球员立即进入了另一个层次。至少，在前两轮横扫老鹰和骑士时看起来是这样的。但在纽约迎战尼克斯时，我们连输了两场比赛。这一次，想要击倒我们的人是约翰·斯塔克斯，这位灵活的后卫不仅突破能力强，还拥有一手致命的三分球，他在防守端给乔丹带来了无尽的麻烦。在第二场比赛结束前47秒，斯塔克斯飞越乔丹和格兰特，迎着他们来了一记暴扣，把尼克斯的领先优势扩大到5分。帕特·莱利把斯塔克斯的这次扣篮赞为“惊叹号”。

回到芝加哥后，我给球员播放了那次扣篮的录像，并告诉乔丹，我们需要阻止斯塔克斯突破防线，切断他传给尤因的传球线路。我的话引起了乔丹的重视。

但乔丹面临的挑战不仅来自球场。那周，《纽约时报》专栏作家戴夫·安德森爆料，说有人目击乔丹在第二场比赛当天曾在大西洋城赌博。安德森质疑，夜间外出是否影响了乔丹的比赛表现。突然，一大批记者蜂拥而至，围绕乔丹的赌博习惯提出了刁钻问题，这让乔丹感到非常不满。他开始拒绝接受媒体采访，队友也纷纷保持沉默。我认为这则报道荒谬至极。“我们不需要宵禁。”我告诉记者，“他们都是成年人。他们在生活中得有其他爱好，不然怎么缓解巨大的压力。”

不幸的是，这件事没有就此平息。没过多久，名叫理查德·埃斯基纳斯的商人出版了一本书，声称乔丹欠他125万美元的高尔夫赌债。乔丹否认自己有这么高额的赌债，后来有报道称乔丹已同意向埃斯基纳斯支付30万美元的和解款。新闻报道越来越多，都称乔丹被多名高尔夫赌徒骗走了大量金钱。事情越闹越大，乔丹的父亲詹姆斯·乔丹不得不站出来，为儿子辩护：“迈克尔没有赌博成瘾，他只是太好胜了。”

幸运的是，场外风波没有影响球队场上的表现。如果有，那也是帮助大家把注意力专注到手上的任务。第三场比赛，乔丹爆发了，成功限制住斯塔克斯，随后带领公牛队开启了四连胜。卡特莱特赛后总结：“这支球队的最大特点是，队里每个人对赢球都无比渴望，每个人都非常讨厌输球。我们带着这种态度走上球场。我们就是讨厌输球，当队友都是这样的人时，大家会不惜一切代价去赢得比赛。”

接下来对阵菲尼克斯太阳的总决赛，被媒体渲染成乔丹与查尔斯·巴克利的决战。赢得当年的常规赛 MVP 并带领太阳取得 62 胜 20 负的联盟最佳战绩，使巴克利跻身超级巨星的行列。但我并不太担心巴克利，因为他还在 76 人打球的时候，我们的球员对他的招数就已很熟悉。我认为更大的威胁来自控球后卫凯文·约翰逊，他是太阳队快速反击的核心，这也是他们能打出大比分进攻的关键。锋卫摇摆人丹·马尔利和他精准的三分球也让我忌惮。约翰尼·巴赫鼓励我继续使用全场紧逼来限制约翰逊，让 B.J. 阿姆斯特朗、帕克森和格兰特把他困在后场，这确实帮助我们在菲尼克斯赢下了前两场比赛。但当我们回到芝加哥，太阳找回状态，在我们的三个主场比赛中赢下了两场，其中包括第三场的三加时大战。但乔丹依然不慌不忙。在我们登上飞机准备前往客场进行第六战时，他说道："总冠军的各位成员，大家好。我们去菲尼克斯狠狠地教训他们吧。"

在这场激战之中，双方都拼尽全力。后来我仔细想想，最适合用来形容这次总决赛的词，应该是《铁金刚龙虎斗》，因为太阳队的防守让我们在第四节只得了 12 分。而我们的防守甚至更为有效，把太阳队最后一节的投篮命中率压制到可怜的 24%。

让比赛盖棺定论的那次攻势，能让泰克斯·温特都觉得称心满意。乔丹在比赛还剩 8 分钟时回到场上，并接管了比赛。公牛在这一节的前 9 分全都由他获得，包括比赛最后 38 秒的一次突破扣篮，将比分缩小至只落后 2 分。暂停时，我把球员们召集起来，面无表情地说："不要再给迈克尔传球了。"从他们的眼神，我能看出有些球员以为我疯了。不过很快他们就意识到我在开玩笑，紧张气氛顿时消散。

但完成最后一投的，确实另有其人。乔丹带球过半场，把球传给了皮蓬，皮蓬把球又传回给他。等吸引太阳队的防守之后，乔丹又把球回传给了皮蓬，皮蓬接球就开始向篮筐突破。在最后一刻，皮蓬将球传给了底线的格兰特，格兰特看到正在逼近准备对他犯规的丹尼·安吉，迅速将球传给了站在三分线顶端，完全无人看防的帕克森。帕克森三分球出手，命中。

你问我什么是巅峰体验？这就是。多年后，在接受作家罗兰·拉赞比的采访时，帕克森描述了那一刻的心情。“那真是梦想成真。”他说，“我从小在自己家的车道上投篮时，就在幻想自己能赢得总冠军。当梦想成真时，这也不过是一场篮球比赛中的一个投篮而已。但我认为，这一球能让很多人都产生共鸣，因为不论是孩子还是大人，许多人也能在自己的后院实现这样的幻想。这使得我们赢得的第三个冠军变得特别。用这样一记三分球来实现三连冠，真是一个非常美妙的方式。”

不过，最让我高兴的不是最后那一投，而是从乔丹开始，经由皮蓬，再到格兰特，最终让帕克森起手的这一连串传球。如果没有我们长年累月的训练和努力，从练习泰克斯·温特毕生钻研的三角进攻，到培养出让球队协同如一体的集体智慧，这一连串的传球是绝对不可能发生的。在那一个晚上，三角进攻堪称完美。

比赛结束后，体育评论员开始把公牛队与过去的王朝球队相提并论。凭借这场胜利，我们成为历史上第三支连续三次夺得 NBA 总冠军的球队，与明尼阿波利斯湖人和波士顿凯尔特人比肩。能够与这些传奇球队并列确实是一种荣誉，但他们忽略了最重要的事实：球员内心的成长过程。正是通过这段旅程，公牛队从“我很棒，而他人不行”的第三阶段团队，转变为“我们都很棒，而对手不行”的第四阶段团队。

我一直反对在重要比赛前提前打包行李，万一篮球之神眷顾了我们的对手，那我们就不得不在客场多待一天。所以，在赢得比赛后，我们回到酒店，打包行李，然后在返回芝加哥的飞机上庆祝。在风城，有一大群激动的球迷正在等着迎接我们。

这真是一个艰难的赛季。球队肩负着越来越多的压力，我们甚至都觉得自己可能永远无法卸下肩上的重担。但是，球员们相互扶持，给予彼此力量，然后在最后一刻，用篮球的纯粹诗意让这些丑陋不堪的痛苦和压力化为乌有。那天晚上，我在睡了几小时后突然醒来，内心被深深的满足感所充盈。然后我又渐渐入睡，沉浸在那份宁静中，继续睡了几小时。

但没过多久，胜利的喜悦就被悲伤驱散。8月，乔丹的父亲在北卡罗来纳州威尔明顿参加完葬礼，在回家路上被杀身亡。乔丹崩溃了。他和父亲关系非常亲密。作为儿子最坚定的支持者，老乔丹退休后的大部分时间都在芝加哥度过。父亲去世后，媒体的骚扰无处不在，名气带来曝光度让家人连哀悼至亲的隐私都无法享有，这更是放大了乔丹的痛苦。曾几何时，乔丹需要应对的只是几位早已认识的体育记者。而现在，他却被一大群不顾廉耻的记者围追堵截，他们毫不顾忌地侵犯乔丹的私人空间，哪怕乔丹根本无意向公众分享。

很久以来，我都怀疑乔丹可能想从篮球运动中抽身，远离这些年篮球为他带来的所有压力，把自己的人生投入别的事情。过去几个月，他一直在暗示自己可能转行去打职业棒球，甚至让训练师蒂姆·格罗弗为他设计了一套棒球训练计划。所以，当乔丹在夏天和杰里·莱因斯多夫会面，告诉他自己想离开公牛，转投莱因斯多夫的棒球队芝加哥白袜效力时，我并没有感到惊讶。莱因斯多夫告诉乔丹，自己需要先和我谈谈，然后才能给他答复。

我不打算劝说乔丹放弃追求自己的梦想，但我希望他从各个角度更仔细地考虑这一决定。我更多地以朋友的身份和他交流，而不是出于教练的身份，更从未在这件事上考虑过自身的利益。一开始，我劝他从更高的角度考虑。我告诉他，他拥有非凡的天赋，他能用它给成千上万的人带来快乐，我认为他不应该放弃这个天赋。但他早已有了自己的答案："不知为何，我感觉上帝让我向前看，所以我必须迈向下一步了。"他说，"人们都会明白，这世上没有什么能永远不变。"

我们还有尝试找出一种方法，让乔丹能在不打完整个常规赛的情况下参加季后赛。但他已经考虑过我提出的建议，并且拒绝了这些想法。最终我意识到，他已经下定决心离开这个他曾统治了那么长时间的篮球世界。他的决心让我非常动容。

乔丹回忆道：“当时我们坐在房间里，百感交集地讨论着我接下来要做的每件事。离开时我意识到，菲尔是珍贵的朋友。他让我考虑了各种的情况，让我不要仓促决定。但最终，他完全理解了我，也明白我需要休息。他也明白到了这个时候，我要面对的是内心的恶魔，而不是篮球。他明白，这个时候我最需要做的事情是抽身离开。”

不过，当乔丹走出那扇门时，冥冥之中我有一种感觉，这并不是故事的最终结局。

第十章

# 动荡的世界

如果在河里生活，你就得跟鳄鱼交朋友。

——印度旁遮普地区谚语

这个夜晚本应该是我们的庆典。迈克尔·乔丹与家人一同出席了1993年总冠军戒指颁发仪式暨芝加哥公牛的新赛季主场揭幕战。这是他自10月6日宣布退役以来的首次公开亮相，球迷们在急切地向他表达自己的感激之情。领取完属于他的第三枚戒指后，乔丹对观众说："在我内心深处，我将永远是芝加哥公牛的球迷，我会全力支持我的队友。"

然而，那个晚上我们需要的并不是球迷乔丹。我至今不能确定，到底是因为乔丹坐在观众席第一排，还是因为此前一直是公牛手下败将的迈阿密热火亟待复仇，导致我们那个晚上打出了公牛队史最糟糕的一场比赛。到底有多糟糕呢？我们创造了球队历史上的三个纪录，包括最低单节得分（6分）、最低半场得分（25分）和最低主场全场得分（71分）。情况坏到迈阿密的替补球员一整晚都在肆无忌惮地侮辱我们，而我们却无力反驳，球迷们更是在第三节中段就开始纷纷离场。

在71比95的大败之后，热火中锋罗尼·塞卡利表示，他曾担心乔丹会“脱下西装，像超人一样再次对我们出手”。其实，我很高兴乔丹没有这么做。我需要这样一场历史性的惨败来让球员意识到，他们再也不能指望乔丹来救场了，即使他就坐在观众席的第一排。

许多体育评论员都认为，在乔丹退役之后，现在的芝加哥公牛已经沉沦了。他们说，如果我们走运的话，也许能赢30场比赛。而根据拉斯维加斯开出的赔率，我们在这个赛季赢得第四个总冠军的赔率是1赔25。但我仍然保持谨慎的乐观态度。虽然乔丹不在了，但这支冠军之师的其他核心成员仍在，我相信我们多年来建立的团队精神足以帮助我们打进季后赛。49胜，这个目标我认为对本赛季的公牛队来说非常合理。但我还没有足够的信心与任何人分享这个目标。

我最大的担忧，是怎样找到一个人，来填补乔丹每场比赛贡献的30多分。由于乔丹很晚才宣布退役，杰里·克劳斯几乎没有什么选择。所以他只能签下自由身的皮特·梅耶斯，一名可靠的前公牛后卫，防守功底稳健，传球技术出色，而且很快就上手了三角进攻。但在NBA打了七年，他场均只能拿下3.8分，这项数据跟迈克尔·乔丹可谓相距甚远。我们的另一个乔丹接班人是托尼·库科奇，在克劳斯孜孜不倦的努力之下，终于说服他加盟公牛。库科奇是身高6英尺11英寸的前锋，被誉为“NBA之外全世界最好的球员”，他是一名天赋异禀的射手，在意大利职业联赛中场均能得19分，曾带领克罗地亚国家队赢得了1992年奥运会银牌。但库科奇还未在NBA接受过考验，我怀疑他是否有足够的韧劲来承受NBA的激烈对抗。球队还有另外两名新援，后卫史蒂夫·科尔和中锋比尔·温宁顿，他们都有潜力，但尚未交出及格的数据。显然，填补乔丹的空缺将是一项巨大的挑战。

在季前赛时，我邀请体育心理学家及冥想导师乔治·曼福德参加训练营，本来计划请他指导球员如何应对成功带来的压力。但在曼福德来授课的几天前，乔丹宣布了自己要退役的消息，这导致球队陷入了一场身份认同的危机。于是，曼福德改变了谈话的主题，他说每次危机都不外乎两个字：危和机。如果你用有正确的心态，就能转危为机。现在大家有机会将球队转变成一个比过去更强大的新集体。突然之间，球员都振作了起来。

曼福德有着一段有趣的人生经历。他曾在马萨诸塞大学打篮球，还曾经是 NBA 传奇人物朱利叶斯·欧文以及波士顿学院篮球教练艾尔·斯金纳的室友。但一次严重的伤病迫使他退出了球队。在康复过程中，他对冥想产生了兴趣，花了几年时间在剑桥领悟冥想中心学习。后来他开始探索将冥想、心理学和组织发展相结合的新方法。最初我认识他时，他正在和约翰·卡巴金合作，卡巴金是马萨诸塞大学医学院减压诊所的创始人，同时在利用正念进行疼痛管理和调整全身健康等方面也是研究先驱。

在为冥想揭开神秘面纱这方面，曼福德有一种特别的天赋，他可以用球员能够理解的语言来解释冥想。由于和“J 博士”欧文等顶级运动员保持着深厚的友谊，因此对球员会面对的种种困境，他也有很直接的理解。过去我已经向大多数球员介绍过正念冥想，他们明白自己能通过冥想提高阅读比赛能力，也能更快地想出应对方法。但曼福德想让他们更上一层楼。他相信，正念训练既能帮助球员个人保持专注，又能让球队整体变得更加无私。

“正念”这个词在近年来已经被过度使用，以至于它失去了许多原本的含义。它源自一个梵文词汇，意思是“记住”。禅宗大师一行禅师曾写道：“正念就是记得回到当下。”这是一个持续不断的过程，不仅仅局限于冥想本身。“静坐并观察自己的呼吸，是一种很不错的练习，但这还不够。”他补充道，“为了让自己蜕变，只坐在冥想垫时练习正念是不够的，我们必须全天候地练习。"为什么这很重要呢？因为我们大多数人，包括篮球运动员，都会花费大量时间在过去和未来的思绪中来回穿梭，以至于忽视了眼前正在发生的事情。这让我们无法真正体会到生命的深刻奥秘。正如卡巴金在《正念：此刻是一枝花》中写道："因为习惯期盼未来而忽视我们此时此刻的生活，将直接导致我们对自己所在的环境缺少普遍的认知。"

曼福德将正念作为一种生活方式，他称之为"垫子之外的冥想"。它的意思是，球员不仅在篮球场上要全神贯注，在日常生活中也要保持这种专注。他说，关键不仅是坐下让自己的心灵平静下来，而是要学会根据当前的实际情况，实时地做出有效的应对。

曼福德注意到的第一个问题是，球员往往会框死自己的思维方式，尤其是年轻球员，这使得他们很难接受新的现实。"许多球员在大学校队里都是主力球员。"他说，"但进入 NBA 之后，他们周围有很多速度更快、反应更灵敏、身体更强壮的球员。为了取得成功，他们必须找到一种新的方法与其他人竞争。帮助他们打进 NBA 的方法，已经无法再帮助他们提升到下一个层次。"

前菲尼克斯太阳前锋贾里德·杜德利是曼福德的一个合作案例。杜德利在波士顿学院以低位得分能力闻名，十足的侵略性为他赢得了"看门狗"的绰号。但进入职业联赛之后，他意识到自己需要承担不同的角色。在与曼福德的合作中，他学会了作为球员如何适应环境并不断成长。曼福德回忆道："贾里德环顾全队，然后说，好吧，他们需要防守悍将，我来吧；这次他们需要三分射手，我来吧。他一直都在思考：我应该怎么打球，以及我需要怎么改变。"这样做的结果是，杜德利在新角色中如鱼得水，2011/2012 赛季，他的场均得分在 12 分以上。

我们的目标是帮助公牛球员达成类似的转变。他们每个人都需要找到一个符合自身优势的角色。刚开始时，曼福德着重于让球员专心致志，为配合球队的目标而调整自己的行动。但经过一段时间的合作，曼福德意识到，他首先要帮助球员明白，他们在场上学到的东西也会促进个人成长。正如曼福德所说，球员需要明白："在成为'我们'的过程中，他们也能成为最好的'我'。"

这一切并不是一夜之间就能完成的。对于大多数人来说，要意识到自我与他人之间的联系，以及培养出洞察当下的智慧，需要长达多年的时间。但1993/1994赛季的公牛队拥有特别强的学习能力。他们想向全世界证明，他们不仅仅是乔丹的配角，他们可以靠自己赢得总冠军。那一年的公牛队可能不如我执教过的其他球队那样天赋异禀，但他们清楚明白，想要取得成功，他们就要把最大希望寄托于紧密团结的集体。

起初，那场主场揭幕战看起来似乎预示了公牛队的整个新赛季。几位球员被迫因伤缺阵，包括皮蓬、约翰·帕克森、斯科特·威廉姆斯和比尔·卡特莱特，到11月底，我们的战绩仅为6胜7负。但接连在最后时刻逆转战胜洛杉矶湖人和密尔沃基雄鹿之后，我开始看到球队逐渐凝聚的迹象。皮蓬伤愈复出之后，球队爆发出强劲的表现，14场比赛中赢下了13场。全明星赛过后，我们的战绩达到了34胜13负，正朝着赛季60胜的目标前进。

皮蓬是这支球队的理想领袖。赛季开始时，他占用了乔丹的超大号储物柜，宣告自己的领袖地位，但值得称赞的是，他并不想把自己变成另一个乔丹。"斯科蒂没有试图扮演另一个人。"帕克森当时这样说道，"他没有试图每场都拿30分。他只是按照斯科蒂·皮蓬的方式打球，而他的方式就是给队友分配球。这是一个古老的标准：伟大的球员会让其他球员变得更好。斯科蒂确实做到了这一点。"有几件事能为皮蓬佐证，格兰特和阿姆斯特朗都首次入选了全明星，库科奇在关键时刻毫不手软，而科尔和温宁顿也变成了可靠的得分手。

执教托尼·库科奇对我来说是个挑战。他习惯了欧洲那种自由奔放的篮球风格，而对三角进攻的限制感到沮丧。库科奇无法理解为什么我给了皮蓬如此多的自由，而每当他做出相同的动作时，却会遭到我的惩罚。我解释说，皮蓬看似在自由发挥，但他的每个动作都是为了让三角进攻更有效地运作。而一旦库科奇开始自行其是，大家就无法预料接下来会发生什么。

库科奇在防守端尤其难以信赖，这让皮蓬和其他球员感到头痛。为了提高他的正念意识，我开发了一种特殊的肢体语言，帮助库科奇和我在比赛中沟通。如果他偏离了战术体系，我会给他一个眼神示意，然后等待他给我一个回应的信号。这就是教练工作的本质：指出球员的错误，让他们通过某种方式表明知道自己犯了错。如果球员不承认自己的错误，那么比赛就输定了。

全明星赛过后，公牛队陷入了低谷，我们直到 3 月才走出困境。我们以 17 胜 5 负的成绩强势结束了赛季，最终，以 55 胜 27 负的常规赛战绩证明了球队的实力。而且，球队出色的状态一直延续到季后赛首轮，我们横扫克利夫兰骑士，3 比 0 晋级。然而，我们在面对纽约的比赛中再次遇到瓶颈，输掉了系列赛的前两场比赛。

第三场比赛的最后阶段，是我执教生涯中最离奇的一次经历。但那也成了球队的关键转折点。

帕特里克·尤因突破内线，用一记勾手成功将比分扳平至 102 比 102。我叫了一个暂停，制订了一个战术，让皮蓬发球给托尼·库科奇进行最后一投。皮蓬对这个战术并不满意，当暂停结束后，他走到板凳远端，脸上写满了不悦。

"你还打不打了？"我问他。

"我不打了。"皮蓬回答。

我被他的回答惊到了，但时间紧迫，我只好让皮特·梅耶斯发球给库科奇，库科奇跳投命中，帮助我们赢得了比赛。

走出球场回到更衣室时，我感到有些困惑，不知道该如何是好。皮蓬的行为并不寻常，过去他从未挑战过我的任何决定。事实上，我一直认为他是球队中最无私的球员。我推测他是因为前一回合没能终结比赛而压力倍增。如果这个时候还对他太过严厉，我担心皮蓬会陷入长达数天的低迷之中。

在浴室里取下隐形眼镜时，我听到比尔·卡特莱特在淋浴间喘着粗气，发泄着自己的不满。“比尔，你还好吗？”我问。

“我真不敢相信斯科蒂会这么做。”他说。

几分钟后，我把球员们召集到更衣室，让卡特莱特畅所欲言。“听着，斯科蒂，你刚才真是太乱来了。”他一边盯着他的队长，一边说出了自己的想法。“我们一起经历了那么多波折，现在终于迎来了属于自己的机会，在没有迈克尔的情况下证明自己，却因为你的自私差点搞砸了。我这辈子从没有这么失望过。”

卡特莱特站在那里，眼里含着泪水，所有人都沉默不语。

等卡特莱特说完，我带着球队一起完成了祷告，然后就离开更衣室去参加新闻发布会。球员们留了下来，继续讨论刚才发生的事情。皮蓬为自己的行为向大家道歉，他说自己是对比赛结束的方式感到沮丧。接着，其他球员也纷纷表达了自己的感受。“我真的觉得这件事净化了整支球队。”科尔后来回忆道，“我们把一些累积的压力释放了出来，重新认清了球队的目标。不可思议的是，这次事件反而帮助了我们。”

媒体对这件事的报道，现在回看还挺有意思的。他们把整件事上升到道德高度，认为我应该给皮蓬禁赛以外的任何惩罚。面对这种情况，大多数教练可能会给球员停赛或者更加严厉的惩罚，但我认为惩罚并不是解决问题的最佳方式。第二天，皮蓬向我保证，他已经把这件事抛诸脑后，事情就这样结束了。从他在训练中跑动来看，我也可以判断，这件事对他来说没有造成太大影响。

有些人称赞我的管理策略很聪明。但我并不是因为聪明才这样做。在比赛的关键时刻，我只想全情投入，根据实际做出正确的决定。与其让自己的自尊心激化问题，倒不如做好该做的事情，换一个人来发球，继续争取比赛的胜利。事情发生之后，与其自己强行解决问题，倒不如让球员们自己解决。我只是凭直觉行事，而且奏效了。

接下来的比赛，公牛重新焕发生机，皮蓬拿下了25分、8个篮板和6次助攻，带领球队以95比83取胜，将系列赛扳平为2比2。"突然之间，球员们和谐得就像是在打一场慈善比赛。"约翰尼·巴赫赛后说道，"只不过这场比赛在芝加哥举行，而不是在伍德斯托克。"

我也希望这个赛季能有个童话般的结局，但命运再次发生了怪异的转折。在第五场比赛的最后几秒，我们领先一分，这时裁判休·霍林斯做出了出人意料的决定。大多数裁判会尽量避免在最后时刻做出决定性的判罚，但这场比赛是在麦迪逊广场花园，而篮球场的老规则似乎在这里不再管用。

比赛还剩7.6秒时，约翰·斯塔克斯在边线遭到包夹，只能仓促地将球传给了位于三分线弧顶的胡比·戴维斯。皮蓬迅速扑向戴维斯，后者匆忙起跳，在失去平衡的情况下起手投篮，投出一个三不沾。或者说，至少慢镜头回放是这样显示的。然而，在霍林斯的平行宇宙里，情况并非如此。他吹罚皮蓬犯规，称他与戴维斯发生了身体接触，并干扰了投篮。（戴维斯起跳时踢出了双腿，皮蓬碰到的正是这两条腿，后来NBA把这种起跳时踢腿的动作认定为进攻犯规。）无须多言，戴维斯罚中两球，尼克斯以3比2领先系列赛。

我们在第六场比赛中轻松击败了尼克斯，但童话故事在第七场比赛迎来了结局。以77比87告负之后，我把球员召集到一起，向我们取得的成就表达了敬意。这是多年来第一次在赛季结束后，球队没有被摄像机围绕。我告诉球员，大家应该好好感受这一刻，因为失败与胜利一样，都是比赛的一部分，我真心这么认为。"今天他们打败了我们。"我说，"但我们并没有失败。"

那个夏天异常艰难。突然间，球队面临分崩离析。约翰·帕克森退役，成为球队电台的解说。比尔·卡特莱特也宣布了退役，但在收到西雅图超音速给出的丰厚合同后，他改变了主意。斯科特·威廉姆斯和费城 76 人签下了大合同。霍勒斯·格兰特成为自由球员，他原本接受了杰里·莱因斯多夫的续约报价，打算留守公牛，但最终还是选择转投奥兰多魔术。

同时，我还不得不让约翰尼·巴赫离开教练团队。杰里·克劳斯和巴赫关系紧张，随时可能爆发，这使得我们很难一起工作。克劳斯在媒体中的绰号是“警犬”，得名于他偷偷摸摸的行事风格，他一直视巴赫为给萨姆·史密斯泄密，让后者写出《乔丹法则》的罪魁祸首。现在，克劳斯又指控巴赫泄露了公牛的签约意向，导致球队有意签下 7 英尺 7 英寸的罗马尼亚中锋乔治·穆雷桑的机密信息人尽皆知。这个指控相当离谱。尽管我们确实一直派人到欧洲观察穆雷桑打球，还曾秘密地对他进行了试训，但其他几支球队也派出了球探，其中就包括最终选中了他的华盛顿奇才。

无论如何，我认为最好的做法是让巴赫离开，这对所有人都有好处，包括巴赫本人，后来他去了夏洛特黄蜂担任助理教练。巴赫的离队对我的教练团队和公牛球员都产生了消极影响，也让我与克劳斯的关系出现了裂痕。

公牛在 1993/1994 赛季的休赛期还有另一件麻烦事，皮蓬和克劳斯就一桩潜在的交易发生了分歧，交易内容是把皮蓬送到西雅图超音速，以换取前锋肖恩·坎普和摇摆人里基·皮尔斯。当皮蓬从记者那里听说这笔交易时，他大为震惊，克劳斯解释说他只是想看看其他球队有什么交易提案，交易对象换成任何球员他都会一样考虑的，但皮蓬对此并不买账。最终，在超音速球迷的压力下，西雅图的老板叫停了这笔交易。但覆水难收，球队的做法让皮蓬觉得自己受到了侮辱，他对克劳斯的看法从那时起就彻底改变了。

9 月底，公牛签下了自由身的得分后卫罗恩·哈珀，还正式宣布不会把皮蓬交易走，这让球队的士气开始有所提升。我警告皮蓬，不要上了媒体的当，向他们炮轰克劳斯。我跟他说：“我知道你们之间有矛盾，但激化矛盾对你没好处，对球队也没有好处。说实在的，那还会让你形象受损。斯科蒂，一切都会好起来的。你上赛季打得像MVP一样，为什么不能让事情就这样过去呢？"

"是的，我明白。"他耸了耸肩回答道，"也只能这样了。"说是这么说，但皮蓬和克劳斯之间的争执依然持续了一段时间，一直到1995年1月，皮蓬仍要求球队交易自己。

不管怎样，哈珀的签约对球队来说还是一件好事。他身高6英尺6英寸，突破能力很强，投篮手感也不错，在长达九年的职业生涯中他效力过骑士和快船，场均得分接近20分。1990年，哈珀的前十字韧带严重受伤，虽然已经康复，但与公牛在1988/1989赛季季后赛中对阵骑士时遇到的那个哈珀相比，不可同日而语。不过我们还是对他在球队的前景感到乐观，相信他起码能够做好乔丹此前做到的一部分工作。至于球队阵容的其他部分，我的信心就没那么足了。我们的最大弱点，是两位经验不足的新人大前锋——科里·布朗特和迪基·辛普金斯。

随着赛季的开始，我也逐渐发愁，因为球队缺乏争胜欲望。这是我们以前从未遇到过的问题。乔丹的好胜心极强，这种动力会传递给每一位队友。但现在，除了皮蓬、B.J.阿姆斯特朗和维尔·佩尔多之外，那支冠军之师的核心阵容已经所剩无几，球队的求胜欲也随之变得微弱。我们经常能在上半场建立起领先优势，而第四节，随着比赛变得更加激烈，我们就会在压力下崩盘。到全明星赛时，公牛勉强保持住了五成胜率，但却输掉了许多过去几年我们本该能赢下的客场比赛。

3月初的一个早晨，迈克尔·乔丹突然在我位于伯托中心的办公室里现身。美国职棒大联盟即将迎来停摆赛季，芝加哥白袜原本向乔丹提供了一份替补球员合同，但他拒绝了，并从球队春训中抽身回家。乔丹表示，他正在考虑重返篮球场，并问我第二天能不能来训练馆和公牛一起训练。"好吧，我想我们这里有件球衣也许正合你身。"我回答道。

没想到，接下来我会见证到有史以来最离谱的媒体闹剧。虽然，我已经为保护乔丹的隐私用尽全力，但飞人归来的消息很快就传了出去。不出数天，记者就蜂拥而至，成群结队地聚集在我们的训练场外，等着乔丹宣布重新穿起公牛球衣。过去一年多时间，媒体的关注焦点一直被辛普森杀妻案霸占，美国民众盼望他们的体坛超级英雄能带来一些好消息。而乔丹复出的神秘感，更是让这个故事增添了吸引力。当乔丹最终决定复出时，他的经纪人发出了一份可能是史上最简短的声明，内容只有一句话："我回来了。"

3 月 19 日，公牛客场对阵印第安纳步行者，是乔丹的复出首战。这场比赛吸引了全球媒体的关注，也打破了 NBA 常规赛的收视纪录。赛前，看着被电视摄像机挤满的更衣室，步行者教练拉里·布朗打趣地说道："披头士和猫王回来了。"而在热身时，科里·布朗特看着电视台的摄制组正在拍摄乔丹的耐克球鞋，他说："现在他们都要采访乔丹的鞋子了。"

乔丹的回归对球队产生了巨大的影响。大多数新球员都对他的篮球技巧相当崇拜，他们在训练中拼尽全力，想向他展示自己的能耐。然而，乔丹和队友之间存在着巨大的鸿沟，即使是他也感到难以跨越。想建立一支冠军之师，通常需要数年的艰苦努力来培养出深厚的信任。但公牛没有这样的奢侈时间。乔丹对很多队员都并不熟悉，而且赛季已经所剩无几，这一点无法在短时间内弥补。

起初，队友的问题似乎对乔丹没有太大影响。尽管他在印第安纳的首场比赛中未能找到手感，但在接下来对阵波士顿的比赛中，乔丹开始爆发，球队开局就打出一波 13 比 3 得分高潮。如果有人对乔丹复出后的表现还存有疑虑，那么他们会在六天后彻底信服，因为乔丹那天在麦迪逊广场花园对阵尼克斯时拿下 55 分，一举打破了当赛季的单场最高得分纪录。

然而，比赛结束后，乔丹来到我的办公室，表达了自己顾虑。"你得告诉其他球员，他们不能指望我每场比赛都能像在纽约那样得分。"

他说，"在下一场比赛中，我希望他们能站出来，打出团队篮球。"

这是一个全新的乔丹。过去，他可能会为自己在尼克斯比赛中的表现而自鸣得意，也很可能会在接下来的比赛中试着重复那样的表现。但在棒球联赛归来之后，他对篮球比赛有了不同的理解。单打独斗已经不再让他感到有趣，他渴望的是那种曾经让公牛成为冠军的和谐氛围。

但他得等一等。季后赛首轮 3 比 1 淘汰夏洛特黄蜂后，公牛将迎战奥兰多魔术。魔术队有一群充满天赋的年轻人，公牛队的弱点正好是他们的强项。他们拥有全联盟最具统治力的中锋沙奎尔·奥尼尔，还有能在大前锋位置上痛击我们的霍勒斯·格兰特。除了强大的内线，魔术队还有强力三分球三人组——安芬尼·哈达威、尼克·安德森和丹尼斯·斯科特。我们的策略是包夹奥尼尔，只给他罚球的机会。另外，我们决定让乔丹防守哈达威，还有在必要时，让看防格兰特的防守球员去协防奥尼尔或补防三分线外的射手。如果我们的进攻套路没有在这轮系列赛中失灵，那么这个防守策略说不定可以让我们晋级。

与魔术队的几场比赛有不少出人意料的时刻，其中一个发生在第一场比赛。在比赛的最后 10 秒，公牛还有一分的领先优势，但整晚表现都不甚理想的乔丹被安德森抢断，魔术队趁机反超比分。而在乔丹再一次传球失误之后，公牛队彻底丧失了赢得比赛的机会。赛后，我搂着乔丹，想要安慰他。我告诉他，我们会把这次失败的经历转化为积极的动力，帮助我们继续前行。"你是我们的核心，永远记住这一点。"我说。

乔丹在第二场比赛中状态回升，夺得 38 分带领球队赢得比赛。接下来在芝加哥的两场主场比赛，我们一胜一负，到了第五场比赛，得到太多空间的格兰特让公牛复出了代价。他 13 投 10 中拿下 24 分，帮助魔术队以 103 比 95 获胜。

不过，与公牛队在第六场比赛末段的崩盘相比，被格兰特打爆这件事算不上什么。当时，我们以 102 比 94 的比分领先，比赛只剩 3 分 24 秒，形势相当不错。可是整个球队像是失了魂一样，在之后的时间里一分未得。连续六投不中之余还送出两次失误，而魔术队则打出 14 比 0 的一波高潮，凭借奥尼尔的一记扣篮终结了比赛，也让公牛的赛季到此为止。

乔丹赛后显得异常平静。在接受记者采访的半小时里，他谈起了自己与新队友磨合的挑战。“我是带着赢得总冠军的梦想复出的。”他说，“我认为这是个现实的目标。但现在来看，也许也没有那么现实，因为我们输了。”如果不好好调整心态，这种痛失好局的比赛可能会让球员在多年以后仍心有不甘。“吞下这场败仗的苦果，好好消化。”我向球员们建议，“然后继续你们的生活。”不过，我也明白，想忘记这场比赛并不容易。

几天后，我还在复盘球队哪里出现了问题，突然之间我脑海中闪现了一个想法，一个能让芝加哥公牛再次成为冠军之师的想法。

我迫不及待地想要开始实践。

# 第十一章

# 篮球之诗

比起加入海军，当个海盗更有趣。

——史蒂夫·乔布斯

经常有人问我，1995/1996 赛季的公牛队有什么秘密，能被公认为有史以来最伟大的球队？为什么一支在 1995 年 5 月无所作为的球队，几个月后能摇身一变成为无敌球队？

如果你只想听一个简单的回答，那就是靠超级球星：迈克尔·乔丹、斯科蒂·皮蓬和丹尼斯·罗德曼。在篮球世界，只靠天赋是走不远的。实力远超公牛的球队有很多，但他们的成就无法与公牛相提并论。三角进攻的魔力也许会是另一个版本的答案。但即便是泰克斯·温特也会承认，三角进攻只是答案的一部分。

事实上，促使公牛队蜕变成一支新的冠军之师，来源球队在 1995 年秋天取得的多个突破。从《部落的力量》的角度来看，公牛队正在从第四阶段转向第五阶段。第一次三连冠让公牛队从“我很棒，而他人不行”的球队，变成了“我们很棒，而对手不行”的球队。但在第二次三连冠的征程中，球队内部的想法更多是“生活很美好”。到了赛季中段，我逐渐明白，这支球队的动力不再仅限于竞争，而是享受比赛本身的喜悦。公牛队正在独舞，我们需要战胜的只有自己。

球队的第一个转变是观念的变化。在1994/1995赛季季后赛输给奥兰多魔术后，我意识到球队需要对后场球员的使用重新构想。在20世纪90年代中期，大多数球队都有小个子后卫。那时，NBA论调是除非你能找到另一个“魔术师”约翰逊，否则用小个子后卫来跟防当时流行于全联盟的小快灵控卫，才是相对聪明的策略。然而，看过斯科蒂·皮蓬打控卫我就知道，如果你用身高6英尺7英寸的长臂展球员出任这个位置，将可以创造意外之喜。

我很好奇，如果球队在场上同时派出三位高大臂长的后卫，会起到什么效果呢？这不仅会给其他球队在如何对位上带来难题，而且能显著提升防守，因为即使不双人包夹，大个子后卫都可以直接换防内线球员。大个子后卫还能让我们减少对全场紧逼的依赖，队里不少老球员已经吃不消长时间的全场紧逼了。使用大个子后卫，我们就能在三分线以内更有效地向对手施加防守压力。

由于那个休赛期有扩展选秀，我们不得不在现任首发控卫B.J.阿姆斯特朗和曾经的首发得分后卫罗恩·哈珀之间，选出一人成为不受保护球员。我不愿放弃阿姆斯特朗，作为控球后卫他很稳定，防守可靠，还有一手不错的三分球。但他只有6英尺2英寸高、175磅重，既无法像哈珀那样换防比自己高大的球员，也不能对奥尼尔这种大个子中锋形成有效的夹击。虽然哈珀作为得分手表现未能达到预期，但他很好地适应了三角进攻，在团队防守中也有出色的表现。作为后卫，6英尺6英寸高、185磅重的哈珀有体形优势，有足够的力量和运动能力出任几乎所有位置。因此，杰里·克劳斯和我决定选择哈珀，而不是阿姆斯特朗。在赛季结束时的会议上，我告诉哈珀，在接下来的1995/1996赛季，他在我制订的计划中有很大的作用，但他需要保持更好的状态，并将自己定位从得分手转变为防守球员。采用大个子后卫战术，意味着公牛队的球队理念也要发生重大转变。如果成功，这个决策会让公牛变得更灵活，更具爆发力，也会让对手更难应对。

球队的第二个转变，是引进了新的首发大前锋丹尼斯·罗德曼。在休赛期，我们列出了多个人选，而罗德曼的名字排在了最后。我们之前讨论过罗德曼，但克劳斯总是泼冷水，认为罗德曼不是“适合公牛的人”。1993年被底特律交易到圣安东尼奥后，罗德曼一直难以适应马刺的文化，尽管他抢篮板的能力在联盟领先，但他不守规则，经常在训练中迟到，比赛时也常有出格的行为，爱穿戴华丽的衣服和珠宝。事实上，马刺管理层对他的叛逆行为感到非常厌烦，多次开出数千美元的罚单，还在1995年西部决赛关键的第五场比赛中将他禁赛，最终马刺输给了休斯敦火箭。

虽然我理解克劳斯的担忧，但和他不一样，我担心的不是罗德曼的怪异行为，而是他自私的球风。从与他共事过的教练那里，我听说他对抢篮板过于执着，并因为这个原因不太愿意帮助队友协防。我还质疑他是否能与乔丹和皮蓬合作，毕竟罗德曼过去在活塞时期对公牛的暴力行径，给二人带来了糟糕的印象。但球探吉姆·斯塔克认为，如果公牛不迅速行动，就可能会失去得到罗德曼的机会，于是克劳斯决定认真考虑这个问题的可行性。

两周后，克劳斯邀请我去他家，与罗德曼及经纪人德怀特·曼利见面。到达时，罗德曼戴着墨镜和一顶“穷小子”帽子，懒洋洋地坐在沙发上。在整个谈话过程中，罗德曼都保持沉默，于是我请他和我单独到露台上谈一谈。他唯一感兴趣的就是自己的薪资。我告诉他，公牛队只会为球员的表现买单，有潜力是不够的，如果他能发挥出自己的潜力，球队自然不会亏待他。

第二天，在伯托中心的部落室，我与罗德曼再次见面。罗德曼在这次见面中显得更放得开。我问他在圣安东尼奥出了什么问题。他说，当时他与麦当娜约会，有一次他把麦当娜带到了更衣室，问题就是从那时候开始的。媒体铺天盖地的报道惹怒了马刺管理层。

我跟他谈了自己对他自私球风的担忧。他说，那是因为他厌倦了帮中锋大卫·罗宾逊擦屁股，这才是他在圣安东尼奥待不下去的最大原因。根据罗德曼的说法，罗宾逊在对阵休斯敦火箭根本不敢与哈基姆·奥拉朱旺对抗。“马刺队一半球员，在出门时都忘记了把胆子带上。”他讽刺地说。

我被他逗笑了。“那你觉得你能掌握三角进攻吗？”我问。

“当然，这对我来说不是问题。”他说，“三角进攻就是找到迈克尔·乔丹，然后把球传给他。”

“这是一个好的开始。”我答道。然后我们开始认真交谈。“如果你认为你能够胜任这份工作。”我说，“那我会同意这笔交易。但我们不能搞砸了。公牛有机会赢得总冠军，我们真的很想再夺总冠军。”

“好。”

之后，罗德曼看了看房间里的印第安装饰品，并给我看了他从俄克拉荷马州的印第安人那里得到的项链。然后我们一起坐了一会儿，没有说一句话。罗德曼话不多，但和他坐在一起，我打消了之前对他的疑虑，相信他能够为球队挺身而出。那天下午，我们在无声的交流中建立了联系，一种心灵的纽带。

第二天，克劳斯和我再次与罗德曼见面，讨论了球队关于出勤、守时以及其他问题的规定。那份清单很简短。听我读完后，罗德曼说：“我不会给你们带来任何问题，我会为你们带来一个 NBA 总冠军。”

那天晚些时候，我和乔丹以及皮蓬聊了聊，听听他们对与罗德曼一起打球有没有顾虑，他们说没有。于是，克劳斯继续推进交易，把维尔·佩尔多交易到马刺，换来了罗德曼。而我，则为迎接新一段冠军之旅做好了准备。

在罗德曼到达训练营之前，我与球员进行了长时间的交流。我提醒他们，罗德曼不喜欢按规定行事，他可能忽视某些规则，有时候我可能不得不给他一些特权。“对于这件事，你们得成熟一些了。”我补充道，而他们也确实做到了。

大多数球员很快就对罗德曼产生了好感。他们很快发现，那些球场外的出格行为，比如穿鼻环、文身、深夜在酒吧参加派对，全都是他与麦当娜一起为了吸引眼球而策划出来的。真实的罗德曼，只是个来自达拉斯的大男孩，生性恬静，为人慷慨，工作努力，打球拼命，愿意为赢得比赛付出所有。

等训练营进行到差不多一半的时候，我意识到罗德曼将会给公牛带来意料之外的助力。他不仅是篮板天才，防守时表现出的机智也引人欣赏，他能防守任何人，甚至连比他高 6 英寸、重差不多 100 磅的沙奎尔·奥尼尔也不例外。有了罗德曼，我们既能打快速反击，也能打半场阵地战。最重要的是，我喜欢看他打球。球场上的罗德曼，给人的感觉就像发现一个会飞的男孩，无拘无束、充满快乐。我告诉其他教练，在某些方面，他让我想起了年轻时的自己。

但我们也需要应对罗德曼的阴暗面。有时他就像个即将爆炸的高压锅。有时候他会陷入高度的焦虑，这种状态能持续超过 48 小时，除非能发泄出来，否则这些压力会越来越多地积压在他身上。遇到这种情况，他的经纪人就会在公牛没有比赛的周末，要求我给罗德曼放两天假，好让他们去拉斯维加斯玩玩。假期结束的时候，你会看到一个精疲力竭的罗德曼，但之后他就会回归正轨，好好训练。

那一年，我停止了比赛中在场边来回踱步的习惯，因为我注意到，如果我表现出焦虑，罗德曼也会变得亢奋。如果我和裁判争执，他也会有样学样。所以我决定尽量保持安静和克制。我不想引爆罗德曼，因为一旦他变得激动起来，谁也无法预测他会做出什么。

球队的第三个转变，是乔丹作为领袖的新变化。在第一次冠军之旅中，乔丹主要通过以身作则带动队友，但前一年输给奥兰多魔术之后，他意识到，想要激励球队，自己需要采取和以往截然不同的举措。瞪着队友，期望他们像自己一样打球，现在已经不管用了。

乔丹自己其实也到了爆发的临界点。被奥兰多淘汰之后，有媒体评论说他已经失去了锋芒，不再是原来的迈克尔·乔丹，这些话刺痛了他。所以，那个夏天他决定在健身房埋头苦干，把自己的身体恢复到最适合打篮球的状态。在洛杉矶拍摄《空中大灌篮》时，他甚至还在片场搭建了一块篮球场，好让自己可以利用拍摄间隙进行训练，以及练习那个日后将成为他招牌动作的后仰跳投。10月回来参加训练营时，大家都能从他坚毅的眼神里看出复仇的火焰。

训练营开始一周后，我与媒体的一个电话会议刚好安排在球队的早间训练期间。当助教来到球场提醒我去开会时，我让其他教练安排球员进行投篮训练，等我回来再进行队内对抗赛。电话会议只有15分钟，但还没等我挂电话，球队的装备经理约翰尼·里格马诺夫斯基就来到了我办公室门口，说："你得来一趟，迈克尔刚刚打了史蒂夫一拳，现在他去了更衣室，正准备离开训练场。"显然，科尔和乔丹发生了口角，越吵越凶，最后乔丹直接给了史蒂夫一拳，把他眼睛都打肿了。

当我走进更衣室时，乔丹正准备进入淋浴间。他说："我得走了。"我告诉他："你得在明天之前给史蒂夫打个电话，把事情解决好。"

这给乔丹敲响了警钟。他竟然为了一点小事，跟队里最矮小的队友打了起来。他到底怎么了？"这让我开始反省自己，我跟自己说：'你知道吗？你在这件事情上真是表现得很蠢。'"乔丹回忆道，"我知道我必须更加尊重队友，也必须更加尊重自己回归篮球经历的过程。我更加注意自己的内心。"

我建议乔丹多去找乔治·曼福德合作。曼福德理解乔丹正在经历的压力，因为他的朋友朱利叶斯·欧文在成为超级球星后也经历类似的困境。乔丹很难与队友建立紧密的关系，因为，正如曼福德所说，“他被困在自己的房间里”。他不能像皮蓬那样，经常和队友一起出去找乐子。许多新来的球员仍然对他心存敬畏，而这也拉开了他和队友间的距离。

乔丹对曼福德在球队推行的正念训练相当认可，他能看出正念训练在队友们提高心理意识时起到的帮助。曼福德认为，乔丹需要改变他对领袖的看法。“领袖重要的是在场，并承担起与自己和与他人相处的责任。”曼福德说，“这意味着乐于调整自己的心态，理解别人所处的位置。与其因为别人无法达到你的期望而生气，或是强迫别人达到你的要求，不如试试让自己来到他们所在的位置，然后带领他们往你期望的方向前进。”

在乔丹去打棒球期间，曼福德和我对球队的学习环境做了一些改变，以便加快球员在心理上、情感上和精神上的成长。如果乔丹想融入球队，并成为球队在场上的领袖，他必须更深入地了解他的队友，与他们建立更多的同理心。他需要明白，每个球员都是不同的，每个人都有一些重要的品质可以为球队做出贡献。作为领袖，他的任务就是清楚如何从每个队友身上挖掘出最好的表现。正如曼福德所说，乔丹必须“利用他在篮球场上的阅读能力，去改善他与队友相处的方式”。

乔丹乐于接受这些挑战，因为在离开篮球的期间，他也发生了变化。他依然好胜，但在某些方面，他变得更加宽容。他不再对别人吹毛求疵，也意识到自己并非无所不能。在职棒小联盟打球时，乔丹有很多时间都是和队友一起度过的，他借此重新发现了和别人相处能带来的快乐，而现在，他最想做的就是把这种快乐带给公牛的队友们。

通过跟曼福德合作，乔丹学会了新的领导方式，那就是对不同的队友，要使用合适的方法。对于一部分队友，他会用身体互动的方式激励他们，或者是身体力行，向他们示范需要做什么事情，而对皮蓬，他只要“在场”就行了。“斯科蒂是那种我必须每天都要出现在他面前的人。”乔丹说，“如果我休息一天，他也会休息一天。但如果我每天都在，他也会像我一样。”对于另一些队友——尤其是罗德曼——乔丹则选择动之以情。“你不能对丹尼斯大喊大叫。”他说，“你必须找到一种方法，花几秒钟时间进入他的世界，让他理解你在说什么。”还有一些球员，乔丹主要通过语言沟通。比如在1997/1998赛季为公牛效力的前锋斯科特·布雷尔。“我可以对他大喊大叫，他能理解。”乔丹说，“而且这并不会伤害他的自信心。”

最不需要他担心的那个人就是科尔。两人不打不相识，还因此建立了深厚的感情。“从那天起，迈克尔看我的方式就不一样了。”科尔说。“他不再挑衅我，也不再和我斗嘴。而且，他也开始在场上信任我。”乔丹补充道，“我最尊重史蒂夫，第一，他无惧置身毫无胜算的局面，第二，他会为自己挺身而出。我对他犯规，他会还击。这让我生气，但也让我们开始互相尊重。”

从乔丹的角度来看，第二次三连冠之旅比第一次更艰难，因为球队的风格比之前更多样化。前一次三连冠的阵容，大部分球员在夺冠前就已经并肩作战了好几年。正如乔丹所说：“那时候我们屡败屡战，跌倒，站起来，跌倒，再站起来，直到集体登上顶峰。”但在第二次三连冠之旅中，大多数球员对彼此并不熟悉，但每个人都期待，自己一加入球队就能赢得总冠军。“我觉得比起第一次三连冠，菲尔在第二次的作用更加重要。”乔丹后来说，“第一次三连冠，大家的自尊心还没有完全建立。但到了第二次，我们要把性格迥异的队友团结在一起，大家的自尊心也非常强。要赢得冠军，菲尔需要把我们打造成一个兄弟连。”

球队的每块拼图都美妙地拼凑在一起。我们不像20世纪60年代的凯尔特人或者其他历史强队那样，拥有一位统治内线的大个子，但这支公牛队在攻防两端都有着非凡的团队默契，还拥有强大的团队精神。

我们的一切努力都是为了加强这种团结。我一直对训练的日程和内容有着严格的要求，球员能够提前收到安排。但现在我们也开始把这种秩序性应用到球队的方方面面。总的来说，纪律对我来说不是一件武器，而是在球员的生活中建立和谐。这一点，是我从多年的正念练习中学到的。

那个赛季，我们要求球员每天早上10点到训练场，进行45分钟的力量训练和热身练习。乔丹和他的私人教练蒂姆·格罗弗会在更早的时间就开始在家进行训练，那一年，他邀请皮蓬和哈珀参加自己的早练，并为之起名叫“早餐俱乐部”。到了10点，他们也会来热身，为11点开始的训练做准备。我们首先打磨球队的三角进攻，以及为下一场或未来一周的比赛设定防守战术。然后我们会进入进攻环节，包括全场对抗。我经常把皮蓬或乔丹和替补阵容组队，看看他们的存在会对训练产生什么影响。训练后，大家会留下来练习投篮，训练师奇普·谢弗尔会给他们补充新的果汁饮品。如果我们即将开始客场之旅，那么全队可能还会到楼上会议室进行简短的录像分析。

一开始，罗德曼会像玩游戏一样，寻找规则的漏洞。有一条规则是球员必须准时到达训练场并系好鞋带，收好所有珠宝首饰。罗德曼经常故意不系好一只鞋的鞋带，又或是把一件珠宝藏在身上。有时候，我会给他开个无聊的罚单，或者开个玩笑调侃他的造型，更多时候我们会直接忽略他的把戏。我告诉他，如果他迟到了，生气的不是我，而是他的队友。后来，他意识到我们根本不关心他叛逆的小心思，这个问题就消失了。

我喜欢这支公牛的一点，是每名球员都清楚自己的角色，并且都能很好地履行职责。没人抱怨自己的上场时间不足、出手机会不足，或是受到的关注不足。

乔丹依旧稳定，他会在必要时挺身而出，打出决定性的进攻。12月初，在对阵快船的比赛中砍下37分后，他向记者表示，他感觉自己终于重新是个篮球运动员了。他开玩笑说，总是有人拿他和以前的自己对比。“根据某些人的说法。”他说，“我甚至不配成为乔丹接班人。但我觉得我是最有可能的，因为我就是乔丹。”

皮蓬也松了一口气，因为他不再需要承受顶上乔丹空缺的压力，他在自己的新角色中如鱼得水，作为球队进攻的主要组织者发挥了MVP级别的表现。哈珀对于全能型后卫和防守“斗牛犬”的角色也适应得很好。与此同时，罗德曼的表现超出了所有人的预期。他不仅在短时间内掌握了三角进攻，而且与乔丹、皮蓬和哈珀在防守端的配合也非常默契。“我们的首发阵容基本上有四道铁闸。”科尔说，“他们每个人都能防守场上的四五个位置。简直不可思议。”

罗德曼的球风激情四射，很快就成了球迷的宠儿。人们喜欢看他为每一次抢球奋不顾身，喜欢看他抢下篮板发动快攻。从赛季初开始，罗德曼就经常将头发染成五颜六色，在比赛结束后撕开球衣扔向观众席。这些举动赢得了球迷的爱戴。“突然之间。”他说，“我好像就成了迈克尔·乔丹之外的最出风头的球星。”

球队的第五名首发球员是中锋卢克·朗利，他来自澳大利亚，身高7英尺2英寸，体重265磅。他不具备奥尼尔的灵活性和爆发力，但个头够大，能守住篮下，让对手的中锋无从发挥。替补中锋是比尔·温宁顿，他有一手不错的近距离跳投，能经常把对方的防守球员引出篮底。赛季后期，球队阵容又增添了两位大个子，詹姆斯·爱德华兹和约翰·萨利，他俩和罗德曼一样，之前都是底特律“坏孩子”的成员。

听到我说要让他担任球队的第六人，托尼·库科奇起初是不情愿的，但我说服了他，这是最适合他的角色。作为首发，他经常没打满40分钟就疲惫不堪。但作为第六人，他可以上场为球队提供得分支持，后来他在几场关键比赛中都证实了这一点。皮蓬不在场上的时候，他还可以利用出色的传球技巧串联球队。与此同时，我们还倚重擅长远程得分的史蒂夫·科尔、充满活力的防守专家后卫兰迪·布朗、才华横溢的摇摆人雅德·布奇勒。除此以外，我们还有两名替补大前锋，迪基·辛普金斯和新秀贾森·卡菲。

我们拥有了实现冠军梦想的所有拼图——天赋、领袖、态度和目标一致的团队精神。

回顾1995/1996赛季，我又想起了约翰·帕克森给我讲的一个故事，故事讲的是在中国建立了大一统王朝的皇帝刘邦。在金伟灿和勒妮·莫博涅笔下的故事里，在一场大捷之后，刘邦安排了一场盛大的庆祝宴会，在战争中一直为他出谋划策的功臣曹参也受邀出席。与曹参一同赴宴的还有他的三位弟子，宴会中的所见所闻却让三人困惑不解。

曹参后来让弟子们说明自己的困惑，弟子说，皇帝和他的三位重臣坐在最中央的桌子。其中有将钱粮管理得井井有条的萧何，有极具军事才能、在战场上战无不胜的韩信，还有在外交上运筹帷幄、能不战而屈人之兵的张良。他们无法理解的是，为什么坐在王位上的却是刘邦。他们问曹参：“刘邦既没有王室血统，而财政、军事和外交水平都不及他的大臣。他凭什么成为皇帝呢？”

曹参笑了，问弟子们：“决定两轮战车车轮强度的是什么？”

“难道不是轮辐的结实程度吗？”弟子们回答。

“那为什么两个车轮由完全一样的轮辐制作而成，二者的强度却会有所不同？”曹参反问，“目光要超越自己的眼前所见。不要忘记，车轮不仅是由轮辐构成的，还有轮辐之间的空隙。轮辐再坚固，但如果没有被组装到合适的位置上，车轮也不会结实。轮辐的潜力能否全部得到发挥，取决于它们之间是否和谐。制作车轮的精髓，在于工匠如何在车轮中构思和制造出一个能容纳并平衡轮辐的空间。现在你们好好想想，谁是这里的工匠？”

沉默了许久，一个弟子问：“可是师父，工匠如何确保轮辐之间相互和谐呢？”

“想想阳光。”曹参回答，“阳光滋养树木和花朵，使它们焕发生机，靠的只是送出自己的光亮。最终，它们会朝着哪个方向生长呢？同样的道理，像刘邦这样的工匠，他把每个人都安排到最能发挥潜能的位置，根据他们各自不同的成就，给予他们各自不同的奖赏，这使得他们能和谐共处。最后，就像树木和花朵朝着阳光方向生长一样，每个人也会效忠刘邦。”

刘邦肯定也会是个优秀的篮球教练。他管理朝政的方式，跟接下来的三个赛季我们让公牛队达成内部和谐的方式不无相似。

1995/1996 赛季初让我想起了约书亚攻打耶利哥城的故事。就像耶利哥城的城墙因为神谕一块块倒塌一样，每当我们来到客场比赛，对手总会出点什么状况。可能是他们的明星球员因伤缺阵，可能是他们的防守悍将在关键时刻送出犯规，也可能是篮球在对的时间弹向对的方向。可这并不全是运气。许多对手不知道如何应对我们三位大个子后卫，我们的防守在第二节和第三节尤为出色，总能够有效地扰乱对方的进攻。到 1 月末时，我们的战绩是 39 胜 3 负，球员开始议论，我们能否打破 1971/1972 赛季湖人创下的 69 胜纪录。

我担心他们会被胜利冲昏了头，导致在季后赛前就耗尽了能量。我考虑过减缓比赛节奏，但似乎没有什么能够阻止这台巨大的进攻机器，就连伤病也没能让我们停下来。罗德曼赛季初拉伤了小腿，缺席了 12 场比赛。在这段时间里，我们的战绩仍取得了 10 胜 2 负。3 月轮到皮蓬因伤缺席五场比赛，同时罗德曼的老毛病又发作，因头顶裁判和侮辱联盟总裁和裁判主管而被禁赛六场。即便如此，在那段时间里我们依然只输了一场比赛。

随着 70 场胜利的目标越来越近，媒体的炒作开始天花乱坠。ABC 新闻记者克里斯·华莱士称我们为“篮球界的披头士乐队”，乔丹、皮蓬、罗德曼和我就是里头的四大成员。胜场达到 69 场，只要接下来赢下雄鹿，我们就能打破纪录。比赛当天，电视台的直升机一路跟随我们的球队巴士抵达密尔沃基，沿途的高速公路上聚集了成群的球迷，他们高举支持公牛队的标语。当我们到达雄鹿队的体育馆时，外面已经挤满了球迷，希望能一睹罗德曼的最新发型。

自然，我们得让这场比赛更具戏剧性。比赛开始时，我们都紧张得不行，导致第二节打得一塌糊涂，21 投仅中 5 球，只拿到 12 分。但我们在下半场慢慢找回状态，在最后几秒锁定胜局，最终以 86 比 80 赢下了比赛。

当时，我们脑海里的感觉只有解脱。"这场比赛打得非常丑陋，但有时候丑陋也可以很美丽。"乔丹说。但他已经把心思放到了未来。"赛季开始时，我们的目标并不是赢下 70 场常规赛。"他说，"我们从赛季开始目标就是赢得总冠军，这仍然是我们的动力。"

在常规赛结束前，我们又赢了两场比赛，然后哈珀想出了一个类似于格什温风格的球队口号："没有总冠军戒指，72 胜 10 负什么都不是。"为了激励球员，在季后赛第一场对阵迈阿密热火之前，我改编了一句沃尔特 · 惠特曼的名言，并把它贴在他们的储物柜上。"从此我们不再祈求好运，因为我们自己就是好运。"大家都期待我们一路杀进总冠军，但被视为大热门的球队往往是最难赢的。我希望球员明白，尽管我们常规赛表现非常出色，季后赛的征程也不会轻松。他们得自己创造好运。

不过他们确实做到了。我们横扫迈阿密，接着仅用五场比赛就淘汰了纽约，接下来的对手是奥兰多。为了让球员们为系列赛做好准备，我在比赛录像中插入了一些《低俗小说》的片段。在球员们最喜欢的一个片段里，哈威 · 凯特尔饰演的老练罪犯，正在指导塞缪尔 · 杰克逊和约翰 · 特拉沃尔塔饰演的两个杀手，清理一片狼藉的谋杀现场。清理到一半，凯特尔突然开了个玩笑："你俩可别急着去找乐子啊。"

自从 1995 年季后赛被魔术队羞辱之后，我们决心要复仇。事实上，我们就是以怎样对付奥兰多为主要思路来重建球队的。然而，第一场比赛很早就失去了悬念，我们的防守实在是太强大了。罗德曼在比赛的前半段将霍勒斯 · 格兰特限制到只有一个篮板，一分未得。接着格兰特就被队友奥尼尔重创了手肘，再也无法继续参加剩余的系列赛。去年对我们造成了巨大伤害的两名球员也被严防死守，丹尼斯 · 斯科特同样一分未得，尼克·安德森只拿到两分。最终我们以121比83大胜。

魔术队在第二场比赛中稍有起色，但他们建立的18分领先优势被我们在第三节抹平，最终我们逆转取胜，彻底打垮了他们的士气。他们还因伤失去了安德森（手腕受伤）、布莱恩·肖（脖颈受伤）和乔恩·考恩凯克（膝盖受伤）。唯一能对我们构成威胁的魔术球员是沙奎尔·奥尼尔和“便士”哈达威，但这还不足以改变比赛的走向。迈克尔·乔丹在系列赛最后一场狂砍45分，我们以4比0横扫对手。

博彩专家对我们的总决赛对手西雅图超音速并不看好，为他们开出了高达1赔9的夺冠赔率。实际上，超音速队年轻又充满天赋，常规赛赢了64场，能通过非常规的高压防守为我们制造麻烦。我们获胜的关键，是限制他们的两位明星球员，控球后卫加里·佩顿和大前锋肖恩·坎普，不能让他们打出气势。我决定让卢克·朗利利用身体和力量去防守坎普，而哈珀则负责盯防佩顿。

一开始，系列赛似乎很快就会结束。我们依靠出色的防守在芝加哥先赢两场，罗德曼在第二场比赛抢下20个篮板立下大功，其中他还以11个进攻篮板追平了NBA总决赛纪录。但哈珀在那场比赛中膝伤复发，接下来的三场比赛大部分时间都无法上场。幸运的是，超音速在第二场比赛后犯了错误，他们在比赛后的周五当晚飞回西雅图，而我们则选择等到周六早晨才乘坐更为悠闲的航班。红眼航班让超音速在周日下午仍显得昏昏欲睡，我们趁机以108比86拿下比赛。

此时，对于公牛是否称得上有史以来最伟大球队的争论，开始变得愈加激烈。我没怎么把讨论放在心上，但看到前波特兰开拓者教练杰克·拉姆齐称赞公牛的防守“超越了时代的界限”时，我还是感到很高兴。在我看来，公牛最像的是1972/1973赛季的纽约尼克斯。跟公牛一样，那支尼克斯也大部分由新人组成。球员非常专业，也喜欢在一起打球，但他们并没有花很多时间在场外相处。我在赛季开始时就告诉公牛球员，只要保持好职业球员的素养，他们在业余时间做什么我并不关心。这些球员之间并没有特别亲密，但也不算疏远。最重要的是，他们相互之间有着深深的尊重。

不幸的是，篮球之神似乎没有眷顾我们。在哈珀受伤的情况下，我们想限制超音速的进攻就难上加难，因此输掉了接下来的两场比赛。尽管如此，我们依然以 3 比 2 的大比分领先系列赛。回到芝加哥，我们决心在第六场比赛捧起总冠军奖杯。那场比赛安排在父亲节举行，这对乔丹来说是一个百感交集的时刻，在一定程度上影响了他的进攻表现。但我们的防守依然难以逾越。哈珀回归并限制住了佩顿，乔丹出色的防守也让赫西·霍金斯仅仅得到 4 分。不过为我们锁定胜局的，却是罗德曼，他抢下了 19 个篮板，以补篮的方式帮助球队多次将错失的投篮变成得分。第四节，罗德曼为反跑的乔丹送出妙传，在比赛还剩 6 分 40 秒的时候，帮助公牛队将领先优势扩到至 64 比 47。得分之后，乔丹看着一蹦一跳往场边走去的罗德曼，两个人都忍不住放声大笑。

完场哨声一响，乔丹迅速给了皮蓬和我一个拥抱，然后便跑向中场，拾起篮球返回更衣室，避开无处不在的摄像机。等我来到更衣室，只见乔丹蜷缩在地板上，将篮球紧紧抱在胸前，泪流满面。

乔丹将这场比赛献给了他的父亲。“对我来说，在可能是我职业生涯最艰难的时刻，”他说，“我的内心积压了许多事情，许多思绪……也许我的心思并没有完全放在比赛上。但我觉得在内心深处我在意的是对我来说最重要的事情，那就是我的家人，而父亲无法在这里见证这一切。队友们帮我度过了这个艰难时刻，这让我感到很高兴。”

那是一个感人的时刻。但当我回顾那个赛季，给我留下最深印象的不是最后的胜利，而是我们在 2 月输给掘金队的比赛，那次失利终结了我们 18 连胜的纪录。人们将那种比赛称为“赌徒的梦想”，因为我们赛前一天才从洛杉矶飞往丹佛，根本没有时间适应丹佛的海拔。

掘金队那时战绩不佳，但他们在第一节的投篮命中率高达 68%，一度建立起了令人吃惊的 31 分领先优势。许多球队在这种情况下会选择放弃，但我们拒绝认输。我们做了所有的尝试：换上大个子，又换上小个子，转移球，投三分球，加快节奏，又放慢节奏，终于在第四节的中段，斯科蒂·皮蓬以一记转身扣篮为我们反超比分。反击由乔丹引领，他在第三节砍下22分，但这不是一场个人秀。这是公牛全队上下坚毅不屈的成果。虽然最后我们还是以99比105输掉了比赛，但球员依然觉得从中学到了重要一课。他们学到的是，无论情况多么糟糕，球队总能找到勇气拼到最后一刻。

那个晚上，公牛找到了自己的心。

第十二章

# 大虫变身

勇于冒险或许会一时失足，而畏缩不前则会迷失自我。

—— 索伦·克尔凯郭尔

禅宗老师刘易斯·里士满讲过一个故事，是关于铃木俊隆如何用四个字来总结佛教。在对禅宗学徒演说之后，铃木俊隆被问道："你刚才花了近一个小时来讲解佛教，但我一点也没听懂你在说什么。能请你说一件事情让我能明白佛教吗？"

等大家笑够了，铃木俊隆淡定地回答："世事皆变。"

铃木俊隆称，这四个字包含了世间万物的基本定理：一切都处于变化中。除非你接受这一点，不然你就不可能找到真正的平静。但要接受这一点，你就必须接受生活的全部，而不仅仅是你认为"好的部分"。正如铃木俊隆在《禅的真义》一书中所写："世事变化是你在这个世界上感到痛苦和灰心的原因。但是，只要改变对世界的理解和你的生活方式，你就能在每个时刻都完全享受新的生活。世事的无常正是你享受生活的原因。”

没有什么比篮球比赛更能体现这一点。我的内心，渴望公牛在1995/1996赛季的伟大征程永远不会结束，但即使新赛季还没开始，我就能感觉到空气中弥漫着变化的气息。我根本不知道，接下来的两个赛季，我将真切地体会到什么叫世事无常，以及我即将面对多少难题。

1996年夏天是NBA动荡期，球员像是在玩抢椅子游戏一般，更替着自己的东家。那一年，大批球员涌入自由球员市场，最终近200名球员更换了球队。幸运的是，杰里·莱因斯多夫选择了保住公牛的基本阵容，让球队有能力争取总冠军。离队的球员只有中锋詹姆斯·爱德华兹（罗伯特·帕里什替代了他的位置）和辗转多队的流浪球员杰克·哈利，哈利是罗德曼在马刺时期的朋友，此前他在公牛的职责主要是照看罗德曼。

保持球队基本阵容的代价并不便宜：公牛队当年的薪资总额超过5800万美元，是当时NBA历史的最高纪录。其中占大头当然是迈克尔·乔丹的3000万美元年薪。1988年，乔丹和公牛签下了一份为期八年、总值2500万美元的合同，这笔薪水在当时看起来非常丰厚，但很快就被几个能力不如乔丹的小球星超越了。乔丹的经纪人曾向莱因斯多夫提出一份为期两年、总值5000万美元的续约合同，但莱因斯多夫决定只跟乔丹续约一年，他很快就为自己的决定后悔。第二年，他不得不给乔丹涨薪至3300万美元。此外，莱因斯多夫还与我和丹尼斯·罗德曼完成了为期一年的续约。

我注意到，球队中最大的变化就是罗德曼的比赛态度。在刚加入球队的第一个赛季，他拼命地向自己和他人证明，自己依然能打出精彩的篮球，同时控制情绪。而现在，他似乎对比赛感到厌倦，把兴趣转移到其他娱乐活动之上。即使不是医学专家，我也能看出，罗德曼正遭受着注意力缺陷多动症（ADHD）的困扰，ADHD让他无法集中注意力，还使他感到沮丧，乃至做出无法预测的行为。这也说明了为什么他对拉斯维加斯如此着迷，那里全是能分散人注意力的东西。

现在，罗德曼已经成了家喻户晓的球星，各路媒体争相向他递上橄榄枝，唯恐他还会将心思放在球场上。除了拍摄代言广告和现身夜店，他还和尚格·云顿联袂出演了电影《双重火力》，并主持了 MTV 的真人秀节目《罗德曼世界巡演》。不过，最吸引公众的事件，还得是他为宣传畅销书《我行我素》而举行的巡回签售会，在会场上，他穿上婚纱，宣布要和自己结婚。

球队的另一个变化，也是最终造成巨大影响的变化，主力阵容的老化。罗德曼已经 35 岁，乔丹也将在 1997 年 2 月年满 34 岁，而皮蓬和哈珀则都已 30 多岁。总体来说，球员的身体状况还是非常好的，打起球来也比实际年龄年轻得多，但伤病开始在拖慢我们的步伐。卢克·朗利和哈珀都在赛季前接受了手术，还处于恢复期。而皮蓬则在 1996 年夏季为梦三队效力时扭伤了脚踝。我想不出哪位顶级后卫能在 34 岁之后依旧在 NBA 表现出色。迈克尔·乔丹的统治期还能持续多久呢？

尽管如此，令我颇感庆幸的是，公牛没有像其他球队那样被自由球员市场摧残。我们还能在夺冠阵容基础上继续前行，让彼此之间的情感变得更深厚。我告诉球员，这可能是我们最后一次并肩作战，因此我们应该让这一切变得特别。乔丹也有相似的看法。当记者问他，那么球员签了一年合同对球队有什么影响的时候，他的回答听起来像个禅僧："我觉得我们现在展示出来的状态就是活在当下……我们会把每一场比赛都当成最后一场，拼尽全力。"

开局的几周确实如此。我们创下了队史最佳开局：12 胜 0 负，其中包括一场 32 分大胜迈阿密热火。但罗德曼似乎心不在焉，甚至在一些比赛中显得无精打采。没过多久，他开始表现出异常，挑衅裁判并在媒体公开发表对裁判的挑衅言论。12 月，我们因为他对 NBA 总裁大卫·斯特恩及其他联盟官员出言不逊，而对他进行了为期两天的停赛。

罗德曼的不稳定行为和令人失望的表现让我们忧心忡忡，因为球队已经缺少了中锋卢克·朗利，他在加利福尼亚冲浪时弄伤了肩膀。我们在周六到达洛杉矶，准备参加周日晚上在大西部论坛球馆进行的比赛。结果在周日下午，我接到了朗利的电话："教练，我搞砸了。我在冲浪时被巨浪打翻，造成了左肩脱臼。对不起。"我免去了他的处罚，让他去接受必要的治疗。在他康复期间，我们会想办法填补他的空缺。

事情很快变得越来越糟糕。在1月份明尼阿波利斯的比赛中，罗德曼和森林狼的凯文·加内特争抢篮板时，不慎撞向了场边的摄影师，并且踢到了他的下体。NBA因此对他进行了11场比赛的停赛处罚，停赛造成的收入损失和罚款超过100万美元。等到他解禁复出时，乔丹和皮蓬已经失去了耐心。"我只知道，丹尼斯对大多数事情根本不在乎。"皮蓬说，"我不确定他能否从停赛中学到什么教训。我不指望他会改变，因为如果他改变了，他就不是'大虫'这个由他自己创造的角色了。"

公牛队在没有罗德曼的情况下取得了9胜2负的成绩，球员开始调整好心态，做好在罗德曼缺席的情况下争夺总冠军的准备。"我们知道，有丹尼斯我们能变得更好。"乔丹说，"但我们也知道，没了丹尼斯我们也能成功。我们的求胜欲在丹尼斯不在的情况下依旧强烈。"当被问到罗德曼复出后，他会给出什么建议时，乔丹说："我让他一直把裤子穿好。"

大多数球员都喜欢罗德曼，因为他是我们球队的开心果。在美国印第安文化中，他会被称为"嘿约卡"，意思是"倒退行走的人"。"嘿约卡"也被称为骗子，不仅倒退行走，还会倒退骑马，穿女装，把别人逗笑。罗德曼总有办法在紧张时刻让每个人放松下来。当球队里有这样一个疯疯癫癫的家伙，会把自己头发染成大大的黄色笑脸时，谁还能生得了气呢？

但罗德曼也有他的另一面。有一次他缺席了球队训练，我决定去他家看看什么情况。我到他家的时候，他正躺在床上，迷迷糊糊地看着录像，所谓的床，只是一张铺在地板上的床垫。他在前一晚喝得酩酊大醉，此时几乎连话都说不清楚。以前在比赛间隙帮我们照看罗德曼的杰克·哈利已经离队了，因此我决定自己以后对他多加关心。我建议罗德曼向球队的心理咨询师寻求帮助，他同意去试试。但他拒绝去心理咨询室，所以他们的第一次会面发生在购物中心里。

罗德曼以前的教练会把他当成孩子一样对待，试图用严格的纪律迫使他屈服。但这种做法根本不管用。我的方法是把他当作成年人看待，并且像对待其他球员一样，要求他为自己的行为负责。他似乎很欣赏这一点。有一次他告诉记者，他喜欢我对待他的方式，因为我把他"当作一个男人来看待"。

在罗德曼赛季的第三次禁赛中复出后不久，史蒂夫·科尔和雅德·布奇勒向我征求同意，他们说球员想用一次特别的旅行欢迎罗德曼重返球队。他们的想法是，在 3 月 12 日打完费城 76 人之后那天，租一辆大巴带罗德曼出去玩，第二天回来之后再为晚上与新泽西篮网的比赛进行一次轻松的赛前训练。我同意了这个建议，因为我觉得这有助于让罗德曼更快地重新融入球队——更何况，新泽西篮网是当时联盟战绩最差的球队。

于是第二天，罗德曼和他的好兄弟们乘坐了一辆租来的大巴，大巴上贴满了霍华德·斯特恩《隐私部分》的电影海报。第二天早上，我和教练组在费城的四季酒店吃着早餐，那辆大巴就在我们面前停下，球员下车时还在嬉笑打闹，看来确实是玩得非常开心。我当时在想，那天的训练肯定会是史上最糟糕的一次。果然，我猜对了。球员完全不在状态，甚至连站稳都相当困难，于是我在 40 分钟后取消了训练，告诉他们好好休息。最终我们以 98 比 99 的比分输给了篮网队。但这一切是值得的。让罗德曼感到自己再次成为球队的一部分，这比数据簿上的一个胜场重要得多。

在罗德曼和朗利回归之后，公牛队强势反弹。皮蓬状态正值巅峰，进攻组织得心应手，以至于乔丹后来尊称他为“我的MVP”。乔丹也打得更加放松，逐渐适应了较少消耗体力的打法，用更多中距离跳投，代替一对一的空中对抗。最重要的是，球员展示出了冠军气质。不管遇到什么灾难，他们都相信自己能找到办法一起应对。我经常引用一句禅宗名言：“开窍之前，劈柴担水；开窍之后，劈柴担水。”这句话的意思是，要专注于眼前的任务，而不是沉迷于过去或为未来担忧。我们在这方面正变得越来越熟练。

好景不长，罗德曼没能和球队一起打几场球，就在3月下旬扭伤了左膝，预计要到常规赛结束才能复出。那时，球队正准备到东海岸进行长时间的客场之旅，我担心如果让罗德曼独自留在芝加哥养伤，他的老毛病可能会犯。所以我们为他制订了一个计划，让他住在经纪人的家里，在加利福尼亚南部完成康复。

这个想法看起来很合理。为了让罗德曼在康复过程中有个伴，我们还派了年轻的助理训练师沃利·布拉斯，陪他到经纪人位于橘郡的住所。出发前，我把他俩叫进办公室，指示他们直接去加州，不许绕路。我给了布拉斯一根鹰羽，作为任务的信物，然后开玩笑地对罗德曼说：“照顾好沃利，记得提醒他戴上安全套。”

“好的，兄弟。”罗德曼回答道。

那时9·11事件还没发生，我们的安保团队想出了一种方法，让罗德曼和布拉斯能在绕过登机口登机。所以等二人在飞机上系好安全带，听到机长宣布他们将在2小时20分钟后降落在拉斯沃思堡国际机场之后，布拉斯才第一次意识到这次旅行出了问题。达拉斯沃思堡！布拉斯心想不妙！他们还没离开芝加哥，居然就已经违反了一条规则。布拉斯问罗德曼发生了什么事。“别担心，兄弟。”罗德曼说，“我和经纪人聊过了，我们需要去达拉斯看我妈，顺便看看我刚给她买的新房子。”

罗德曼的计划听起来似乎没有问题。但当他们到达行李领取处时，迎接他们的却是两辆白色豪华轿车，车里坐满了穿着暴露的女孩。拜访完“母亲”后，他们和这些女孩一起在达拉斯的俱乐部里玩了一整夜，然后才回到酒店套房。布拉斯在沙发上就睡着了。

第二天早上八点半，罗德曼就把布拉斯叫醒。“起来，兄弟。”他说，“要睡等你死了以后再睡吧。”然后他们去了健身房，罗德曼在那里疯狂地锻炼。吃早餐时，布拉斯问他什么时候飞往加州。“不是今天，兄弟。”罗德曼回答，“你看过纳斯卡赛车比赛吗？”那天是得克萨斯州汽车赛道的开幕日，罗德曼情有独钟的一个超模会在那里出席活动。于是他们租了直升机，飞到赛道上，成功避开了堵车。落地后，罗德曼说：“我们去见见‘国王’理查德·佩蒂吧。”然后他就把布拉斯拉到内场的VIP包厢里去了。

到了第三天，布拉斯快要崩溃了。他告诉罗德曼，如果不尽快去加州，他就要丢掉工作了。但罗德曼还是不想离开达拉斯。“来吧，兄弟。”他说，“昨天的比赛只是个草台班子，今天才是真正的比赛。”于是，他们又去了赛车场。布拉斯气急败坏地打电话给他的上司，首席训练师奇普·谢弗尔，向他报告说自己和罗德曼仍然在达拉斯。“别担心。”谢弗尔说，“起码他没有惹出什么麻烦。”

又过了一天，他们终于飞到了南加州，布拉斯以为事情终于可以缓缓了。但一降落，罗德曼就想看看他的新兰博基尼。在车库里，罗德曼把另一辆车的钥匙交给了布拉斯，一辆黄色的保时捷。“你开过保时捷吗？”他问。布拉斯摇了摇头。“别担心。”罗德曼说，然后他俩就像参加戴通纳500赛一样飞驰在橘郡的大街小巷。

接下来还有一连串的冒险。有一天，他们去了《今夜秀》现场，与演员鲁德尼·丹泽菲尔德及No Doubt乐队一同合影。另一天，他们又去和电影制片人杰瑞·布鲁克海默见面，讨论罗德曼在《绝世天劫》中可能出演的角色。还有一天，他们去观看了阿纳海姆小鸭队的比赛，让布拉斯能和自己的冰球偶像合影。“这就像是《前往希腊剧院》和《几近成名》电影的结合版。”布拉斯说。

最后，布拉斯和罗德曼的关系变得非常紧密，我们常常带布拉斯去客场比赛，让罗德曼有个伴。第二年，在犹他打总决赛的休息时间，罗德曼说他厌倦了无聊的盐湖城，便租了一架私人飞机带布拉斯一起去了拉斯维加斯。布拉斯不知道的是，其实这是罗德曼为他安排的生日派对，罗德曼邀请了许多朋友到场，包括女演员卡门·伊莱克特拉、创作歌手艾迪·维达，以及冰球传奇球星克里斯·凯利奥斯。“那是我一生中最棒的夜晚。”布拉斯回忆道。

布拉斯对罗德曼的状况很能理解。他说，虽然罗德曼的生活一团糟，还缺乏安全感，但他也是“你能遇到的最友善的人之一”。在布拉斯看来，罗德曼最大的成就，就是他能够创造出“职业运动员最完美的生活状态”。“能经常外出胡闹，和脱衣舞娘开派对，却还能得到人们理解的人，就只有罗德曼了。”他说，“乔·纳玛什这样做，被纽约媒体口诛笔伐，迈克尔·乔丹被发现在高尔夫球场上赌博，人们对此都大惊小怪。但人们却接受了罗德曼的道德缺陷，他打造出了这种人设，让人们觉得，‘哦，没问题，这太正常了’。从这个角度看，他真是个天才。”

这或许是真的，但我认为罗德曼拥有魅力的秘密在于他那种顽皮的反叛精神。这使得许多认为自己是社会边缘的人，不论老少，都能从他身上找到激励自己的力量。我收到过很多从事特殊教育老师的来信，他们告诉我，有许多患有 ADHD 的学生都喜欢罗德曼，因为尽管他受到了这个疾病的困扰，但依然在生活中取得了成功。对于这些学生来说，罗德曼是真正的冠军。

这一年真是非同寻常！尽管我们在赛季中几位明星球员缺席了不少比赛，但公牛队还是以 69 胜 13 负的战绩结束了常规赛，追平了 1971/1972 年湖人队，并列 NBA 历史最佳战绩第二。罗德曼和库科奇仍在康复中，而球队的凝聚力也不如年初那般强大。但我们有个积极的变化，在常规赛结束前几周，我们签下了身高 6 英尺 11 英寸的内线球员布莱恩·威廉姆斯，他更为大家熟知的名字可能是毕森·德勒，他为我们增强了内线的实力。作为朗利和罗德曼的替补，威廉姆斯在整个季后赛中发挥了关键作用。

季后赛前两轮并无太多波澜。我们首轮以 3 比 0 横扫了华盛顿奇才，然后用五场比赛淘汰亚特兰大老鹰。不过值得一提的是，我们输给老鹰的唯一一场比赛是系列赛第二场，在公牛队主场，这是两年来第一次在季后赛中主场输球。

接下来就是在东部决赛对阵迈阿密热火，又是两种截然不同篮球文化的碰撞。帕特·莱利在 1995/1996 赛季接过了热火队的教鞭，阵中有中锋阿隆佐·莫宁和控卫蒂姆·哈达威，具备了经典莱利军团的雏形。多年来，媒体一直在强调我和莱利之间的死敌关系，这少不了纽约八卦小报的添盐加醋。但我们之间并无私人恩怨，有的只是篮球哲学的差异。莱利采用的粗暴、老派的比赛风格取得了成功。像莱利的尼克斯队一样，热火也非常强硬、富有侵略性，只要能逃过裁判的眼睛，他们就会在每一回合都犯规。相反，我们的打法更加自由开放。我们的防守也强硬，但更擅长抢断、切断传球线路，用紧逼迫使对手的控球球员犯错。

一开始，比赛看起来就像是走过场一般轻松。我们在第一场比赛中以 84 比 77 轻松击败迈阿密，乔丹表现特别出色，拿下了 37 分和 9 个篮板。我们赢得比赛的关键点是半场时调整了防守策略，派上哈珀防守哈达威，而乔丹则负责防守三分射手沃肖恩·莱纳德。接下来，我们以 75 比 68 赢下第二场比赛，创造了当时 NBA 历史上季后赛单场得分最低纪录。第三场比赛，我们用三角进攻对付迈阿密强硬的防守，使得热火队疲于奔命。最终，我们以 98 比 74 大胜。

在比赛的休息日，乔丹选择打高尔夫球放松自己，结果这让他在第四场比赛开局状态糟糕，21 投仅 2 中，迈阿密迅速取得了 21 分的领先。不过乔丹在第四节状态回升，独自贡献了全队 23 分中的 20 分，差点帮助球队逆转，但最终我们功亏一篑，以 80 比 87 输掉了比赛。

比赛的焦点时刻出现在第三节末段，莫宁一次猛击皮蓬，后者额头打出一个高尔夫球大小的肿块。乔丹勃然大怒，他宣告第五场比赛将会是他的个人复仇战：“把我队友的头打肿，那就跟把我的头打肿一样。”

乔丹在第五场比赛中让迈阿密付出了代价，他在第一节就拿下 15 分。但皮蓬在第一节与莫宁的又一次碰撞中扭伤了脚踝，不得不退下火线，这就要求其他队员必须发挥更好的表现。顶替皮蓬的库科奇表现出色，在第一节就拿下了 6 分，帮助公牛队扩大了领先优势。我对替补阵容的表现尤其满意，以布莱恩 · 威廉姆斯为首的公牛板凳全场共得到 33 分，比热火队板凳的 12 分高出不少，威廉姆斯一个人就得了 10 分，雅德 · 布奇勒则在防守端做出了关键封堵。最终比分定格在公牛 100 比 87 热火。

莱利为失利感到沮丧。他说：“王朝球队会随着时间变得更强。”他还补充说，自己认为公牛队是“自十三年十一冠的凯尔特人后，历史上最伟大的球队”。这是他的球队第四次在季后赛中被乔丹带领的公牛队淘汰。“和迈克尔 · 乔丹生在同一个时代，这是我们的不幸。”莱利如此总结。

然而，犹他爵士并不认同莱利的观点。这是爵士队第一次打进总决赛，但他们阵容强大：大前锋卡尔 · 马龙，他在那年击败乔丹赢得了常规赛 MVP；控球后卫约翰 · 斯托克顿，他是联盟中最机智的控球后卫之一。爵士队还有一个聪明的外线射手杰夫 · 霍纳塞克，那年他场均能得 14.5 分。最让我们担心的是斯托克顿和马龙标志性的挡拆配合，这种组合曾多次为我们的防守带来难题。但我还得想办法控制马龙的内线进攻。马龙人称“邮差”，因为他总是能按时把球送进篮筐。马龙身体强壮，进攻凶猛，即使是罗德曼也难以在篮下限制他。因此，我决定在系列赛初期让卢克 · 朗利防守他，希望他能凭借身高优势拖慢马龙的进攻节奏。

然而，在第一场比赛中，决定比赛的不是马龙的进攻，而是他焦虑不安的心态。比赛结束还剩9.2秒时，两队战至82比82平，马龙在篮下抢球时遭遇犯规。皮蓬趁马龙走向罚球线时，在他耳边低声说："邮差周日不送货。"结果马龙罚失了第一球。显然皮蓬的干扰奏效了，卡尔两罚全丢，篮板球落到乔丹的手中。我原本预料爵士会在最后一攻中包夹乔丹，但他们竟让前锋拜伦·拉塞尔单防乔丹，这无疑是个糟糕的决定。乔丹晃过拉塞尔，跳投命中，公牛以84比82赢得了比赛。

第二场比赛，我们轻取爵士，但回到犹他之后，爵士队开始爆发，马龙以37分、10个篮板的表现带领球队回击了我们。是什么让他和之前判若两人？是落基山脉的宜人风光。马龙自己透露，他骑着哈雷摩托，沿着风景优美的路线，穿山越岭才回到球馆。第四场比赛，我给了罗德曼一个机会，首次让他在总决赛中防守马龙。罗德曼本色不改，在比赛前调侃马龙说，自己也准备"租一辆摩托车到山里转转，看看能不能碰到上帝或者其他人"。但马龙不吃这一套，拿下23分和10个篮板，并在比赛剩下18秒时罚中了两个关键的罚球。这次皮蓬说道："看来，现在邮差周日也送货了。"后来我们才得知，球队的装备经理在比赛中给球员送错了饮料，球员喝的是高碳水饮料佳特洛德(Gaterlode)，而不是运动饮料佳得乐（Gatorade)，难怪队员在比赛的最后几分钟显得如此迟缓。据估计，每个球员都摄入了相当于20个烤土豆的热量。

接下来的那场比赛，我见证了历史上最振奋人心的球员表现。当时系列赛战至2比2平，在第五场比赛当天清晨，乔丹醒来时感觉自己得了肠胃炎，后来才发现是食物中毒。症状严重到他错过了当天的投篮训练，大部分时间都卧病在床。我们见过乔丹在各种伤病中坚持比赛，但那天真是最令人担忧的一次。"我和迈克尔打了很多赛季，但我从来没见他病成这样。"皮蓬说，"那时我觉得他连穿上球衣的力气都没有。"

乔丹当时已经严重脱水，看起来随时可能晕倒，但他仍然坚持了下来，最终27投13中，得到38分，包括最后25秒的制胜三分球。这是一项非凡的成就，但大多数人不会明白，这场比赛的胜利离不开团队努力。皮蓬统领防守，确保乔丹不用担心防守问题，可以将他所剩无几的精力用来创造进攻机会。但在赛后，皮蓬丝毫没有提到自己的功劳。他只是称赞了乔丹的表现："迈克尔为我们做出了不可思议的贡献，领导力更是无可挑剔。他一直保持冷静，连续投中关键的进球……在我眼里，他就是MVP。"

第六场比赛，我们回到芝加哥，又是一场艰难的较量。我们开局落后，大部分时间都在比分上落后，但球员拒绝放弃。皮蓬和乔丹都打出了非凡的表现，替补球员也不甘落后，贡献了最鼓舞人心的表现：雅德·布奇勒在第三节结束前投中了一记关键三分；库科奇不顾脚伤，力压霍纳塞克，转身上篮得分；布莱恩·威廉姆斯在与马龙的对抗中不落下风，让对手在篮下无计可施。而最美妙的时刻，还是史蒂夫·科尔那记绝杀投篮。

爵士队在第四节开始时领先9分，但到比赛还剩11秒时，我们已经把比分扳平为86比86，球权还在乔丹手中。爵士显然不想犯下第一场比赛的错误，所以当乔丹沿左路带球单挑拜伦·拉塞尔时，约翰·斯托克顿也赶紧过去对乔丹进行包夹，这使得科尔在三分线弧顶得到空当。刚开始，乔丹试图突破包夹，但起跳时，他意识到这条路行不通。"我不敢相信，乔丹怎么能滞空那么长时间。"霍纳塞克赛后感叹，"斯托克顿和拜伦·拉塞尔都扑了上去，我则盯着切向篮下的库科奇，我必须跟着他，不能给他轻松上篮的机会。乔丹一直看着库科奇的跑位，他就这样停在空中，然后不知怎么，乔丹改变了方向，将球传给了史蒂夫。"

科尔站在罚球线外，瞄准了篮筐，投出了一道完美的弧线，让公牛取得领先。随后，库科奇的扣篮结束了悬念，帮助球队赢得比赛的胜利，也赢得了总冠军。

这一路走来充满了伤病、禁赛和各种挑战，但在比赛的最后几分钟，球队展现出了完美的默契和韧性，让一切挫折都变得值得。赛后，拿下了 39 分的乔丹被评为总决赛 MVP，他表示希望与皮蓬分享这个奖项。"奖杯我拿了。"他说，"但我会把奖品那辆车送给斯科蒂。他和我一样配得上这份荣耀。"

在赛后的新闻发布会上，乔丹借此机会向公牛老板杰里·莱因斯多夫施压，要求他留住球队的所有成员，为下赛季的三连冠发起冲击。我的一年期合同即将到期，已经有几支球队表现出邀请我执教的兴趣。此外，皮蓬也进入了合同的最后一年，关于他可能被交易的传闻也四起。为了进一步施压，合同同样即将到期的乔丹表示，如果皮蓬和我离开了球队，他也不会和公牛续约。

三天后，成千上万的球迷涌入格兰特公园庆祝我们夺冠。科尔杜撰了一个关于自己那个绝杀球的"内幕"，让庆祝活动的气氛到达了高潮。

"我们在比赛还剩 25 秒时请求暂停，"科尔回忆道，"我们围成一圈，菲尔说：'迈克尔，我希望你来最后一投。'迈克尔回答：'你知道吗，菲尔，这压力太大了，我顶不住的。或许我们可以换个思路。'然后斯科蒂说，'你知道吗，菲尔，迈克尔在他的广告里说过，他被要求投最后一投已经有 26 次了，结果每一次都失败。所以我们为什么不让史蒂夫投呢？'"

"于是我想：'看来我又得救迈克尔一次了。我这一年来都在帮他背锅，这次再帮一下也无妨。'不管怎样，球进了，这就是绝杀的内幕，我只认这个版本。"

迈克尔和皮蓬笑得前仰后合，观众被科尔的幽默逗乐。但当我环顾四周，我留意到一个坐在科尔身后的人，他脸上没有一丝笑意。那个人就是杰里·克劳斯。

## 第十三章

# 最后一舞

旧模式被打破，新世界就会出现。

——图利·库普弗贝格

在为尼克斯效力时，戴夫·德布斯切尔给我上了重要的一课。1971/1972 赛季，尼克斯引进了杰里·卢卡斯，给受伤病困扰的威利斯·里德打替补。卢卡斯身高 6 英尺 8 英寸，是一位全能的内线球员，擅长抢篮板，传球巧妙，外线投篮也很稳。在卢卡斯加盟球队之前，德布斯切尔对他评价不高，他觉得卢卡斯是个自负的怪人，比起为球队争胜，更关心怎样使自己的得分和篮板数据变得更好看。然而，当卢卡斯加入尼克斯后，德布斯切尔和他合作无间。当我问他怎么能转变得这么快，德布斯切尔回答道："我不会让自己的个人情感妨碍球队实现集体目标。"

在执教公牛队的最后两年，我对杰里·克劳斯的感情就是这样。虽然克劳斯和我有过分歧，我仍然尊重他在篮球方面的智慧，也喜欢与他共事，一起打造公牛的冠军阵容。但三年前我们在约翰尼·巴赫的问题上发生分歧之后，我们的关系就逐渐恶化。不仅如此，1996/1997 赛季，我的续约谈判也在我们之间引发了一场冷战。像大多数矛盾的发生一样，一个巴掌是拍不响的。我尽一切可能保护球队的隐私和自主权，而克劳斯则急于夺回自己对球队的掌控。这种冲突在体育界并不罕见，但不幸的是，我们的矛盾会暴露在巨大的公众舞台。

回顾过去，我认为与克劳斯的矛盾让我更能理解自己的许多事情，这是我不能通过其他途径学会的。某位佛学大师将其称之为"敌人的馈赠"。从佛教角度来看，与敌人的斗争可以帮助你培养更大的同情心和宽容心。大师说："为了真诚地修行并培养耐心，你需要一个故意伤害你的人。从而，这些人能给我们提供真正的机会来锻炼耐心。他们能以一种即便是我们导师都无法做到的方式，来测试我们内心的力量。"

我不会把克劳斯称作我的"敌人"，但我们的冲突的确考验了我内心的力量。尽管我和克劳斯在大多数篮球问题上都能达成一致，但我们在球员管理上却有着截然不同的看法。我尽量保持开放和透明，而克劳斯则更倾向于封闭和神秘。从某种程度上来说，他是整个 NBA 体制的受害者，在 NBA 想要做出好的交易，往往需要谨慎地保守秘密。然而，克劳斯并不是一个擅长沟通的人。因此，当他和球员们交流时，往往会显得不真诚，甚至更糟的是，显得虚伪。我对克劳斯心生同情，因为我知道，他内心并不是媒体所描绘那样冷酷而不择手段。他只是想向世界证明，他可以在不依赖迈克尔·乔丹的情况下建立一支冠军球队，而他迫切希望能够实现这一目标。

在 1996/1997 赛季中段，公牛队老板杰里·莱因斯多夫提议，让克劳斯和我的经纪人托德·穆斯伯格商讨制定新合同的基本条款。我们要求涨薪，使我的薪水达到当时其他顶级教练的同一水平，比如帕特·莱利和查克·达利。即使我已经取得不错的成绩，克劳斯还是不愿满足我的薪资要求，于是谈判破裂。这里我想感谢一下杰里·莱因斯多夫，他明白让我在还不确定下赛季去留的情况下执教季后赛，是非常不公平的，因为大多数球队会在这个时期就确定下赛季的教练人选。因此，他同意让其他球队与我接洽，结果很快就有多支球队表达了兴趣，包括奥兰多魔术。

但我并不准备放弃执教公牛。季后赛结束后不久，莱因斯多夫飞到蒙大拿州，与我达成了一份双方都认可的一年合同。他希望把所有人都留下来，再拼一座总冠军奖杯。后来那个夏天，他还与乔丹（年薪3300万美元）和罗德曼（年薪450万美元外加最多1000万美元的奖金）完成一年续约，在1997/1998赛季将皮蓬以外球队的球员总薪资提高至5900万美元。现在，唯一的疑问就是皮蓬。

皮蓬的夏天并不好过。他在季后赛期间伤了脚，手术后需要缺席两三个月。而且他也进入了七年合同的最后一年，在此期间，他的薪水与联盟其他球员相比显得越来越低，他的不满也因此越来越大。皮蓬在1991年签下了一份总价值1800万美元的五年续约合同，这在当时看是个不错的交易。然而，从那时起，NBA的工资暴涨，现在有超过100名球员的薪水超过了皮蓬，其中有五名是他的队友。所以，尽管许多人认为他是NBA中除了乔丹之外最好的球员，但他必须再等一年，等合同到期后才能凭借自己的表现得到应有的回报。与此同时，皮蓬仍然有可能被公牛交易出去。

导致事态变得更糟的，是克劳斯对皮蓬的威胁，他表示如果皮蓬冒险参加每年一度的慈善比赛，让脚伤恶化的话，他将对皮蓬采取法律行动。这激怒了皮蓬，他表示感觉克劳斯把自己当成了私有财产。克劳斯请我去调解这件事，但我不愿意蹚这浑水。于是，皮蓬还是参加了慈善赛，而且为了报复克劳斯，他把脚伤的手术时间推迟到训练营开始之后。

我对这种局面感到不满，乔丹也是。整个夏天，我和乔丹都在为皮蓬发声，但他推迟手术，把球队的整个赛季都置于危险之中。皮蓬为球队的团结做出了巨大贡献，很难想象如果没有他，球队还能走得多远，尤其是他因手术康复期将在常规赛缺席很长一段时间。

在赛季开始前的年度媒体日上，克劳斯决定给记者们一个和他交流的机会，而这次交流他却犯下了人生中最大的错误。我猜测克劳斯本是为了向记者们澄清，我未来即使离队，也是和他共同做出的友好协定。然而在与记者交流中，他却说了一句让人震惊的话：“总冠军不是靠球员和教练赢下来的，靠的是整支球队。”第二天，他试图纠正自己的错误，表示他原本是想说“单靠球员和教练不能赢得总冠军”，但覆水难收。乔丹特别生气，他对克劳斯这种轻蔑的言论感到愤怒，并把他的话变成了全队贯穿整个赛季的战斗口号。

当天晚些时候，克劳斯把我叫到办公室，他告诉我：“就算你能赢得下全部 82 场常规赛，我也不管，这是你在公牛的最后一年。”就这么定了。莱因斯多夫来蒙大拿州找我时，我们曾谈过，这可能是我在公牛的最后一个赛季，但直到克劳斯说出那句话，我才真正确认了这一点。起初，我感到很不安，但在仔细思考后，这反而让我感到一种前所未有的解脱。至少现在，我很清楚了自己的处境。

我把这个赛季称为“最后一舞”，因为感觉就是如此。无论发生什么，大多数合同到期的球员，包括乔丹、皮蓬、罗德曼、朗利、科尔和布奇勒，下赛季都不会再穿上公牛的球衣。提前带来的结局赋予这个赛季一种特殊的意义，把球队更紧密地团结在一起。我们仿佛肩负着一项神圣的使命，驱动我们的力量超越了名声、荣耀以及所有胜利的战利品。这个赛季，我们要做的只是享受再次一起打球的纯粹快乐。这种感觉相当神奇。

不过，这并不意味着一切都轻松。球队又老了一岁。罗德曼 37 岁，皮蓬 33 岁，而乔丹和哈珀分别将在这一年年满 35 岁和 34 岁。我们需要在常规赛期间合理分配体力，以便在季后赛中保持良好的状态。但在没有皮蓬的情况下，这将变得非常困难。在皮蓬归队之前，我们必须找到应对方法。

没有皮蓬梳理进攻，球队很难找到节奏，赛季的开局也十分艰难。我们最大的问题是比赛最后阶段的表现，这曾是球队的强项。球队的表现在 11 月底到达最低谷，当时我们以 90 比 91 不敌西雅图超音速，战绩跌至 8 胜 6 负，只排名东部第八。看到我们状态不佳，其他对手开始落井下石。

在西雅图的客场之旅，皮蓬的怒火彻底爆发。他告诉记者，他无法在忍受球队的管理层，不再想为公牛效力。赛后，他在前往机场的大巴上喝醉，开始炮轰坐在前排的克劳斯。我指指手中的啤酒瓶，向皮蓬暗示他喝得太多，试图让他控制自己的情绪。

回到芝加哥后，我安排皮蓬联系球队的心理咨询师，帮助他进行愤怒管理。但我仍然很担心他的心态。感恩节那天，他深夜给我来电，想和我讨论他的处境。他告诉我他铁了心想要交易离开，我劝他从不同角度看待这个问题。如果他现在强烈要求交易，我担心他可能会被其他球队视为麻烦制造者，这样可能会影响他下赛季加盟顶级球队的机会。在我看来，皮蓬职业生涯最好的选择是和公牛一起打完剩下的比赛。我劝他说，不要被自己对管理层的怒火影响，回来帮助球队一起争取第六个总冠军。他回答说，他不想再给管理层伤害他的机会。

要让皮蓬想清楚，我知道这将需要时间。最后，我觉得最好的办法就是，像皮蓬在四年前那次爆发一样，让他的队友帮助他重新恢复过来。我让皮蓬在队中的好朋友哈珀去找他，告诉他队友们有多么需要他的帮助。我还决定让皮蓬不用和球队一起前往客场，以避免他和克劳斯在外地再次发生尴尬的冲突。但糟糕的是，因为肌肉严重萎缩，皮蓬的康复进展比预期要慢。他的垂直跳跃高度从 30 英寸降到 17 英寸，这意味着他还需要一个月的时间才能恢复状态。不过没有关系。我认为，皮蓬花越多时间和队友一起训练，他就越有可能重新找到打球时的快乐。

到了12月下旬，我看到他开始有了回归球队的意愿。

与此同时，球队也在努力恢复状态。12月中旬，我们战绩为15胜9负，主场以104比83战胜湖人，但球队依然没有形成合力，过于依赖乔丹。在一次录像分析课上，我在看到朗利犯错的片段后开了个不合时宜的玩笑。“每个人都会犯错。”我说，“而我也犯了一个错，那就是今年回来执教这支球队。”这时，乔丹沉声说道：“我也是。”这显然伤到了朗利，他说：“批评别人当然容易。”温特指责朗利态度不好，朗利反驳说：“我不是说教练组，迈克尔才是那个吹毛求疵的人。”乔丹回答说：“我生气只是因为我们输掉了比赛。我觉得你应该下定决心，让自己变得更好，做出改变吧。”

房间里一片死寂。“结束了，我们不会再输了。”乔丹最后补充说。

事实上，乔丹的话说得大差不差。就在那之后，球队开始反弹，打出了9胜2负的不错战绩。我做出了一个关键变化，就是当对手的锋线都是大个子的时候，就改让托尼·库科奇出任首发。这样，他就能像皮蓬一样充当第三个后卫，充分发挥自己出色的控球能力。库科奇是个特立独行的球员，总能找出别人想不到的进攻手段。有时候，他的创造力能取得非常好的效果。然而，无论在心理素质还是身体条件，库科奇都没有足够的韧劲，让自己在NBA长达82场的艰苦赛程中，一直稳定地发挥得分手或组织者的功能。再加上替补席少了库科奇，公牛的板凳深度就显得很薄弱。

最大的惊喜是罗德曼。在1996/1997赛季他状态不佳，我曾担心他可能再次失去对篮球的兴趣。但在皮蓬养伤期间，我们让他承担起更多责任，给球队带来能量，结果他突然开始在攻防两端打出了接近MVP级别的表现。

乔丹很喜欢和别人谈起，自己在这段时间和罗德曼培养起默契的趣事。关键在于他们共同的爱好——雪茄。“当皮蓬受伤时，我和丹尼斯成了球队的领导者。”乔丹回忆道，“所以我去找丹尼斯，跟他说：‘我知道你的作风，我知道你喜欢吃技术犯规，我知道你想要展现什么形象。但我需要你，伙计，保持专注，不要被赶出场。斯科蒂不在了，意味着你得站在前面带领球队，而不是像以前那样在斯科蒂和我背后。'”大多数时候，罗德曼都能达到这个要求。然而，在一场比赛中，他因为无法控制愤怒而被罚下场。“那时我也气炸了。”乔丹说，“我生气是因为我们明明谈过这个，而他却让我失望了。那晚他敲响了我的酒店房门，问我要一根雪茄。在我们这么长时间的相处中，他从未这样做过。但他知道他让我失望了，而那就是他道歉的方式。”

皮蓬在 1 月 10 日对阵金州勇士的比赛中回归，球队也在一夜之间发生了变化。就像一位伟大的指挥家从休假中归来，突然之间，每个人都知道该如何演奏乐章，如何和谐配合。从那时起，我们打出了 38 胜 9 负的佳绩，最终取得 62 胜 20 负，和犹他爵士并列常规赛最佳战绩。

随着常规赛的接近尾声，我觉得对这支球队来说，有一个好的收尾是非常重要的。这是一个时代的结束，我希望我们能花点时间，去认可我们的成就和我们之间的深厚情谊。我的妻子琼建议，我们可以体验一种仪式，那是在她工作的临终关怀项目中，为那些失去父母的孩子们使用过的仪式。于是，我在季后赛开始前安排了一个特别集体会议，要求每个人写一段简短的文字，谈谈这个赛季以及我们的球队对自己的意义。我们在部落室集合。只有球队的核心成员参加：球员、教练和训练组。大约只有一半的人提前把东西写好，但每个人都有发言。史蒂夫·科尔谈到了在球队效力期间成为父亲的激动心情，还提到有一次，他把热爱篮球的 4 岁儿子带到球队更衣室，带他与乔丹、皮蓬和罗德曼见面的情景。首席训练师奇普·谢弗尔引用了《哥林多前书》第 13 章的著名段落：

“我若能说万人的方言，并天使的话语，却没有爱，我就成了鸣的锣、响的钹一般。我若有先知讲道之能，也明白各样的奥秘、各样的知识，而且有全备的信，叫我能够移山，却没有爱，我就算不得什么。"

乔丹为这个场合写了一首短诗，非常感人。他赞扬了每个人的奉献，说他希望我们之间的情谊能够永远持续下去。然后他补充道："没有人知道未来会如何，但让我们在这段旅程中走到最后。"

看到一群身经百战的 NBA 球员以这种温情的方式向彼此敞开心扉，真是令人感动。每个人说完后，我要求他把自己写的东西放进一个咖啡罐里。关灯之后，我点燃了他们的话语。

我永远不会忘记那个瞬间。房间里的安静气氛，黑暗中燃烧的火焰，我们静静坐着，看着火焰熄灭，感受到那种强烈的亲密感。我想我们之间的纽带从未如此牢固。

在常规赛的最后一周，我们输掉了两场比赛，包括主场输给了步行者。尽管我们已经锁定了东部分区的季后赛主场优势，但这场失利还是给我带来了一些警醒。我的主要担忧是疲劳。乔丹和皮蓬都打了大量的比赛，而我不确定替补阵容是否能在比赛的关键时刻给他们提供喘息的机会。我们的初始战略是打强硬的防守，保留体力，在最后时刻让乔丹主导进攻。托尼·库科奇的回勇是球队的一大亮点，他在前一年因为足底筋膜炎而表现不佳，但现在的他状态回升，《芝加哥论坛报》记者萨姆·史密斯甚至提议，公牛队的"三巨头"应该包括库科奇，而不是罗德曼。至于罗德曼，我担心他不够稳定和缺乏专注，特别是现在再没有布莱恩·威廉姆斯担任他的替补。为了加强我们的内线防守，我们用前锋贾森·卡菲换来了迪基·辛普金斯，他比卡菲更高大，更具侵略性，而且还曾是公牛队成员，我们希望他能帮助罗德曼和朗利封锁禁区。

季后赛首轮中我们以干净利落的方式横扫了新泽西网，尽管在前两场比赛开局慢热，《芝加哥论坛报》专栏作家伯尼·林西科姆用"死气沉沉地运球"形容我们的表现。下一轮系列赛，夏洛特黄蜂在第二场比赛给我们当头一棒，他们在第四节发力，在B.J.阿姆斯特朗的带领下击败了我们。前队友的绝杀激励了球队的爆发，尤其是乔丹，最终用五场比赛就结束了对阵黄蜂的系列赛。

东部决赛，我们的对手是步行者，他们可不像之前的球队那么容易对付。步行者是一支强劲的争冠队伍，由凯尔特人传奇拉里·伯德执教，队中有联盟最优秀射手之一的雷吉·米勒，以及由中锋里克·斯梅茨领衔的强大内线。在早餐俱乐部的一次会议中，乔丹、皮蓬和哈珀提出了一个新颖的防守策略，用来限制步行者后场的进攻。他们建议让皮蓬防守控球后卫马克·杰克逊，因为过去在防守杰克逊时皮蓬一直表现得非常出色，然后让哈珀防守米勒，因为米勒擅长挡拆。乔丹则去防守小前锋，无论是贾伦·罗斯还是克里斯·穆林，以免他在防守雷吉·米勒花费过多体力。

我同意了这个策略，效果也相当显著，我们在前两场比赛中迫使步行者出现了46次失误，顺利取得了大比分2比0的领先。然而，在第二场比赛之后，伯德对媒体抱怨皮蓬的防守过于强硬。因此，在下一场比赛中，皮蓬早早陷入了犯规麻烦。接着，伯德通过用速度更快的特拉维斯·贝斯特换下马克·杰克逊，破解了我们的防守方案。我们不得不调整计划，让哈珀或科尔去防守贝斯特，乔丹则防守米勒。第四节，米勒通过不断的挡拆，成功找到了空当，单节砍下13分，最终帮助步行者以107比105逆转取胜。

第四场比赛的最后几秒钟让我想起了1972年奥运会决赛，那简直是一团糟。我们在比赛还剩4.7秒时以94比93领先，结果皮蓬遭到犯规，却两罚全失。随后哈珀和米勒发生了冲突，哈珀将米勒拉到我们的替补席，接着便是一顿痛殴。两名球员后来都被罚款，而罗斯也因为加入混战被停赛了一场。我也被罚款了，因为我将裁判比作1972年奥运会的裁判，他们的错误判罚抹杀了美国队的胜利。当一切平静下来后，米勒甩开乔丹，接住了边线传球，在最后0.7秒命中三分球，帮助步行者赢得了比赛。

第五场比赛，我们拿出了最致命的武器——防守，以106比87战胜步行者，将系列赛大比分改写为3比2。"今晚我们意外地统治了比赛。"乔丹说道，"当每个人都专注并发挥自己的水平，我们真的可以打出精彩的比赛。"一切看似顺利，但两天后，步行者在印第安纳波利斯再次将大比分扳平，比赛又一次因为裁判的争议判罚而蒙上阴影。比赛还剩1分27秒时，皮蓬的老对头——休·霍林斯，吹了他一个非法防守的技术犯规，让米勒罚球将比分追平，87比87。接着，在比赛最后几秒，步行者领先两分，乔丹突破上篮时摔倒。我们认为那是一次绊人犯规，但裁判没有吹哨。比赛结束。

这会是公牛王朝的终结吗？我一直对第七场比赛保持警惕，任何事都有可能发生，而且大多都会发生。我想如果我们输了，这可能也是乔丹的最后一场比赛。赛前我和队员谈到了失败的可能性。我说，我们可能会输这场比赛，但重要的是用正确的态度努力打球，而不是被害怕输球的情绪所压倒。乔丹明白这一点。对他来说，输球根本不是一个选项。在球队一次集合时，他目光坚决地说："我们不会输掉这场比赛。"

胜利来之不易。乔丹那天状态不佳，25投仅9中。但跳投没有手感，他就通过突破上篮制造犯规来得分。最终他得到28分，其中10分是罚球得分，同时贡献9个篮板和8次助攻。

乔丹的拼劲感染了全队，尤其是替补球员。库科奇得到了21分，科尔贡献了11分，雅德·布奇勒在11分钟的上场时间里抢下了5个篮板。实际上，我们在篮板上的优势是比赛的关键。虽然那晚我们的投篮命中率只有38.2%，但我们以50比34的篮板优势压倒了步行者，为球队创造了很多二次进攻的机会。这还是在丹尼斯·罗德曼状态不佳，仅贡献了6个篮板的情况下。

在第四节中段，球队连续错失了10次进攻机会，比分以74比77落后，我以为比赛可能就此结束。但随后全队开始展现出更强的创造力，拼命争抢篮板，用尽一切办法打破僵局。乔丹传球给朗利，后者起手不中，那晚在进攻端表现不佳的皮蓬，抢下进攻篮板，并在比赛时间剩下不到5分钟时命中了中投，帮助我们取得81比79的领先。最终我们以88比83赢得了比赛。

“这就是心气，我想你们能看到我们在球场上展现的巨大心气。”赛后乔丹疲惫地说道，“我们拼尽全力。这真的是一支冠军的球队，能够在困难时找到赢球的办法，并让它成为现实。”

接下来对阵犹他爵士的总决赛，也不可能是轻松的旅程。首先，我们没有主场优势，因为爵士在常规赛中曾将我们横扫。除非我们能在主场连赢三场，否则意味着我们必须在客场赢下两场比赛。击败爵士的关键是对控球后卫约翰·斯托克顿和霍华德·艾斯利施加压力，破坏他们出色的挡拆进攻。卡尔·马龙在进攻端堪称得分机器，但他不像乔丹那样擅长自己创造投篮机会。马龙依赖控卫为他提供进攻机会。如果我们能切断他们的控卫，马龙也会陷入困境。

第一场比赛中，由于哈珀在进攻端不够果断，我在比赛末段将他换下。而科尔在最后时刻未能有效限制斯托克顿，因此我们以85比88在加时赛中输掉了比赛。第二场比赛我们以93比88险胜爵士。然后，我们回到芝加哥去创造历史。第三场比赛，我们决定让皮蓬在斯托克顿带球过半场时就进行夹击，皮蓬的身高和臂展让斯托克顿很难发动进攻。我们以96比54获胜，爵士也因此创造了季后赛单场得分最少的纪录。爵士的老教练杰里·斯隆表示：“自从我执教以来，我从未见过哪支球队在防守端能比这支公牛更好。”

接下来我们在主场取得两连胜，将系列赛改写为3比1。皮蓬在第四场的表现非常出色，萨姆·史密斯甚至建议将他评为总决赛MVP，而不是乔丹。首先，我们得先赢下总决赛，而这比我们预想的困难得多。芝加哥对第五场的关注度太高，大家都认为这可能是乔丹的最后一场比赛，这让球员们难以专注比赛，最终我们以81比83输掉了比赛。

一切的悬念都留到了第六场比赛，地点在犹他。实际上，悬念留到了比赛的最后 18.8 秒——这是体育历史上最具戏剧性的时刻之一。我不想再打第七场比赛，尤其是在德尔塔中心球馆，这里狂热的主场球迷往往能在关键时刻左右裁判的判罚。然而，当我们到达球馆准备第六场时，情况并不乐观。皮蓬因为严重的背部痉挛，可能在大部分的时间中都无法出场。哈珀得了肠胃炎，朗利受犯规困扰也不能一直留在场上，罗德曼在这次总决赛的场均篮板只有 6.75 个，远低于常规赛 15 个的平均水平。库科奇和科尔表现不错，但我认为他们无法弥补皮蓬缺席的损失。比赛前，我问乔丹是否能打满 48 分钟。"如果你需要，我可以。"他说。

皮蓬在比赛开始的前 7 分钟就因伤离场，并且缺席了上半场剩余的时间。但我们依然坚持住了，在半场结束时仅落后 5 分。皮蓬在中场休息后重新回到场上，打了 19 分钟，主要作为进攻中的诱饵。第四节开始时，犹他以 66 比 61 领先，但随着比赛的推进，公牛队逐渐缩小分差，并在剩下五分钟时将比分追至 77 比 77 平。

但问题来了，乔丹的双腿已经感到疲惫，跳投时没有足够的起跳高度。我鼓励他改为突破上篮，因为此时爵士队场上并没有中锋，可以让他畅通无阻地突破。如果他不得不选择跳投，我建议他确保做好完整的后续动作，因为他整场比赛都没有做到这一点。比赛还剩 41.9 秒时，约翰·斯托克顿投中一记 24 英尺的跳投，爵士以 86 比 83 领先。我叫了暂停，告诉球员执行一个我最喜欢的战术——在场地一侧为乔丹清出空间，让他自己创造得分机会。皮蓬将球传给乔丹，乔丹突破拜伦·拉塞尔，从右侧轻松上篮，将比分改写为 85 比 86，爵士仍然领先。

不出所料，爵士队没有叫暂停，而是开始发动他们的常规战术。乔丹预判到传球路线，从卡尔·马龙身后闪过，成功抢断。这时，一切似乎都进入了慢动作。乔丹常常能超然地感知到场上的每一个变化，他带球推进，迅速判断局势。科尔和库科奇在场上，犹他不能冒险对他双人包夹，这意味着拉塞尔只能单防乔丹。乔丹就像一只优雅的猛兽一样，冷静地控制着比赛的节奏，任凭时间流逝。当拉塞尔出手抢球时，乔丹使出了假动作，让拉塞尔失去平衡，然后停下脚步，精准地投出一记弧线球，将比分定格在 87 比 86，公牛反超，比赛结束。

赛后，乔丹回忆起比赛最后几秒时他的心理活动，那简直像是正念的赞美诗。“当我抢到那个球，那一刻就成了决定比赛的一刻。”他说，“卡尔根本没看到我，我就把球抢走了。当拉塞尔出手时，我抓住了那个时刻。我从来不怀疑自己。那场比赛的分差一直只有两三分，我们一直把比分咬得很紧。拿到球时，我看到比赛还有 18.8 秒。我让时间流逝，直到我看到场上出现了自己期待的局面。约翰·斯托克顿站在科尔身边，他不敢冒险放掉科尔。然后，等拉塞尔过来防我的时候，我就看到自己的获胜之路。我知道我们可以等到 5.2 秒。”

我简直不敢相信刚刚发生的事情。我曾以为我在乔丹的“流感之战”中看到了他的巅峰时刻，但这次完全是另一个层次。这就像整个场景都经过精心编排。尽管乔丹在几年后会重返篮球场，加入华盛顿奇才，但所有人都认为这次投篮才是他的完美谢幕。如果世界上只有一个完美的结局，那就是这个。

庆祝活动结束后，乔丹邀请了球队成员以及宾客来到他在芝加哥的餐馆举行派对。晚餐过后，大家聚集到雪茄室，边抽雪茄边回忆起我们在公牛队的时光。故事有平凡的，也有粗俗的。接着，我们每个人都为队中的其他成员敬酒。我为罗恩·哈珀庆祝，感谢他无私地从进攻主力转变为防守专家，为我们第二次三连冠的征程铺平了道路。皮蓬敬了最后一杯酒，向乔丹，他的搭档和队友致敬。“没有你，一切都不会发生。”他说。

总决赛之后，关于公牛队的未来有很多猜测。莱因斯多夫会再次留下冠军阵容，争取再拿一个总冠军吗？想让这件事情发生的唯一方式，他得做出好几个媲美乔丹神奇绝杀的神奇交易。但在我心里，我已经离开了公牛。我告诉乔丹，他不必把自己的决定和我挂钩。

在我们的冠军派对上，我和莱因斯多夫有了一次会面。他为我提供了留在公牛队的机会，但他不能保证自己能让乔丹和皮蓬回来。他和克劳斯决定重建球队，而我对这个过程不感兴趣。而且，我急需休息。琼和我计划搬到纽约伍德斯托克，那是我加入公牛队之前曾经生活的地方。所以我礼貌地婉拒了他的提议。而乔丹则是等到 1999 年 1 月，联盟停摆结束后才正式宣布离开。

在为公牛工作的最后一天，我走出伯托中心时，看到外面有一些记者正在等待。我简单和他们聊了几句，然后就骑上摩托车离开了。这是一个百感交集的时刻。我感到一种巨大的解脱，摆脱了过去一年所有的是非。但我也知道，自己和公牛队的情感之深，放下并不容易。

佛教老师佩玛·丘卓认为，放下所有，能给人提供一个真正觉醒的机会。她最喜欢的一句格言是："我们只有一次又一次地暴露自己于毁灭之中，才能得到坚不可摧的内心。"

这就是我一直在追求的境界。我知道，达到这种境界并不容易。但当新的未来在我面前展开时，佩玛·丘卓的教诲让我感到心安，她让我知道，尽管放下所有，有时会令人心碎，但这是通向真正转变的必经之路。"事物分崩离析，是对人的一种考验，也是一种疗愈。"佩玛·丘卓写道，"人们可能会认为，只要通过考验，或者克服问题，一切就会好了。但真相是，这些问题并不会真正得到解决。事物会重新聚集，又会再次分崩离析。就是这样。真正的疗愈，是创造一个空间，让所有情感自由发生，不管它是悲伤，是解脱，是痛苦，是喜悦。"

我在芝加哥的最后一年经历了以上所有的情绪。但不久之后，我将踏上另一段更加疯狂的旅程，甚至接受更多的考验。

## 第十四章

# 同呼吸，共思考

思绪如浮云般随风聚散，专注呼吸才能稳固自我。

——一行禅师

听到这个消息时，我正身处一个荒无人烟的地方，那里是阿拉斯加伊利亚姆纳湖边的小村庄。我正和儿子本和查理一起，进行一场远离尘嚣的飞钓之旅，不过鱼没能钓到多少。于是，那个下午我们提早结束行程，乘船沿伊利亚姆纳河逆流而上，去看瀑布。等我们回到村庄，一群孩子把我们团团围住。

“你是菲尔·杰克逊吗？”一个男孩问。

“是的”我回答道，“怎么了？”

“我听说你得到了湖人队的工作。”

“什么？你怎么知道的？”

“我们有个卫星接收器。是ESPN上说的。”

就这样，我开始了新的冒险。其实，我对此并非一无所知。出发去阿拉斯加之前，我和经纪人托德已经讨论了这个邀约。我授权他在我无法接听电话的情况下，代表我与湖人队进行谈判。不过，在一个跟繁华的洛杉矶扯不上任何关系的遥远地方，通过一个因纽特小男孩得知这个消息，还是让我有点震惊。

接下湖人的工作对我来说并不是个简单的决定。1997/1998 赛季结束后，我和琼搬到了纽约伍德斯托克小镇，这是我们曾经生活的地方。我们希望借此挽救我们的婚姻。过去一年我在公牛承受的巨大压力，对我和琼的关系造成了影响。更重要的是，琼已经厌倦了 NBA 太太团的角色。现在，孩子们都已经长大离家，她希望能过上一种更有意义的新生活。我也是 —— 或者说，我原本以为自己也是。于是我开始尝试其他兴趣，比如进行领导力演讲，帮助我的前队友比尔·布拉德利竞选总统。但最终我还是发现，没有别的事情，能比带领年轻人在篮球场上取得胜利更能激发我的热情。

在 1998/1999 赛季结束前，我就开始接到来自不同球队的电话，他们有兴趣和我谈谈。我曾与新泽西篮网和纽约尼克斯会面，虽然这些谈话没有取得什么进展，但却重燃了我回到赛场的渴望。不用说，这并不是琼所期待的反应。她以为我已经准备好离开篮球，能做一些无须频繁出差的事情。但事实并非如此，这个夏天，我们决定分开。

不久之后，我回到自己真正意义上的避风港 —— 蒙大拿州，在那里我接到了湖人队打来的电话。那时的湖人拥有一批极具天赋的球员，包括冉冉升起的球星沙奎尔·奥尼尔和科比·布莱恩特，以及两位在全联盟都名列前茅的外线射手格伦·莱斯和罗伯特·霍里。但湖人队在季后赛中表现不佳，因为球队缺少化学反应，球员在关键比赛中取胜的韧劲也不足。

在我考虑是否接受这份工作的同时，我想起了自己带公牛在横穿美国征战客场的时候，曾在酒店房间里，看过湖人在西部半决赛中被圣安东尼奥马刺横扫的情景。那场比赛看得我非常痛苦。马刺队的两名大个子蒂姆·邓肯和大卫·罗宾逊逼得一直习惯强攻篮筐的奥尼尔不得不使出拙劣的后仰跳投，然后两人通过快速反击一次次突破湖人的防线。在观看比赛时，我发现自己正在脑海中构想，如果是自己的话，该如何应对马刺的战术，该怎样让湖人队打出应有的水准。这就是我在6月底作为新任主教练首次出现在新闻发布会时想要传递的信息。发布会在贝弗利山希尔顿酒店举行，在我为发布会的演说做准备时，科比来到了我的房间，手里拿着我的书《神圣的篮圈》。他请我为他签名，说他非常激动能与我共事，因为他是公牛队的忠实粉丝。这是个好兆头。

“这是一支年轻、有天赋且即将取得突破的球队。”那天我对记者们说，“他们一直处在即将成功的边缘，但却一直没能突破瓶颈。十年前的芝加哥，也曾有过类似的情况，我们希望能取得跟他们一样的成功。”

我说，成功的关键在于让湖人球员互相信任，高效合作，让球队完成从许多个“我”到一个“我们”的过渡，正如公牛队在20世纪90年代初期所做的那样。“如果球队有一个进攻体系，那你就不能只想着自己拿球得分。”我解释道，“你必须传球，因为你必须与每个人分享球权。只有这样做时，你才是在与队友分享比赛，这会产生很大的不同。”

在新闻发布会之后，杰里·韦斯特开车带我去西区拜访杰里·巴斯博士，他新的西班牙风格豪宅坐落在能俯瞰大海的悬崖上。巴斯博士拥有物理化学博士学位，但帮他在20世纪70年代赚得了第一桶金的却是房地产。他非常幸运地在1979年收购了湖人队，一同被他收归囊中的还有大西部论坛球馆和洛杉矶国王队。那一年，“魔术师”约翰逊加盟球队，带领紫金军团在接下来的十年里赢得了五次总冠军。此后，湖人再未能兑现球队的潜力。

巴斯博士为人聪明但非常低调，穿着牛仔裤、普通的衬衫和标志性的运动鞋。他说自己为湖人过去的巨大成功感到自豪，但他还想再赢一次总冠军。

“我觉得你还可以再赢得三次总冠军，甚至四次。”我说。

“真的？”他惊讶地回答。

我的胆量给他留下了深刻印象。他后来表示，自己从未听过一位教练在赛季开始时就设定如此高的目标。但事实上，我并不是在虚张声势。

那是一个不同寻常的夏天。在和湖人队高层会面后，我就回到了蒙大拿州，不久我的女儿切尔西也带着男朋友前来探访，结果她在一次越野摩托车事故中摔伤了脚踝，必须打上八周的石膏。由于行动不便，她决定请假，暂时放下纽约的工作，在蒙大拿州休养，方便接受我和我儿子本的照顾。琼也过来待了几周，帮忙照看她。

有一天，奥尼尔突然出现在我家。在附近的卡利斯佩尔有一场说唱音乐会，他为了观看演出，特地来到了蒙大拿州。他到家的时候我不在，琼便邀请他进屋。当我开车回来时，奥尼尔正在湖边的蹦床上弹跳，引起了邻里一阵轰动。突然，几十只载满好奇围观者的小船涌进我们家附近的海湾，大家都在看这个在空中翻飞的巨人。奥尼尔没有让大家失望。蹦床表演之后，他开始在码头上做搞笑的后空翻，然后又驾驶水上摩托在海湾疯狂穿梭。

既然他已经把衣服都弄湿了，我便请奥尼尔帮忙，把一棵最近在风暴中倒塌的大树从院子里搬走。他干活的模样给我留下了深刻印象。等我们把活干完，他说：“教练，我们以后的欢乐多着呢。”奥尼尔就是这样的人，充满欢乐。

到了该收拾行李开车前往洛杉矶的时候，我对新生活的焦虑突然涌上心头。我成了单亲爸爸，还搬到了遥远陌生的新城市，我担心这会对孩子们产生什么影响。为了减轻我的焦虑，我的女儿切尔西和布鲁克为我录了一盘磁带，里面的歌曲，主题全是关于重新开始。上一次我驾车穿越加州，已经是 25 年前了。这次我穿越内华达山脉时，威利·纳尔逊深情演唱的《奇异恩典》突然响起，我被女儿准备的歌曲感动得无法自已，于是停下车，在路边哭了出来。望着阳光照耀下的加州群峰，我感到自己已经把人生中一段黑暗篇章抛到身后，正朝着光明崭新的未来前进。这一切，我的孩子们也都明白。这是他们在用自己的方式在对我说："爸爸，继续前进。活出精彩，不要把自己封闭起来。"

初到洛杉矶的那段时间，可以说是好事不断。有位朋友为我在海边找到了一座漂亮宽敞的房子，距离机场和湖人队未来的训练场都不远。新家有足够的房间，可以让我接待客人。更令我高兴的是，刚从科罗拉多大学毕业的布鲁克，在几周后搬了过来，女儿的到来让我很快就在这里安顿下来，之后她还将继续留在洛杉矶攻读心理学研究生学位。在我来到洛杉矶的第一周，介绍我认识 Grateful Dead 乐队的朋友布鲁斯·宏斯比，邀请我去格利菲斯公园的希腊剧院看他与琳达·朗斯塔特、杰克逊·布朗和其他音乐巨星的演出。那是一个温暖的 9 月夜晚，观众友好而随和，典型的加利福尼亚风情。我感觉自己仿佛找到了家的感觉。

我在湖人的第一项工作，是参加在温哥华举行的 NBA 年度商业会议。在温哥华，我终于见到了湖人队业务运营执行副总裁、巴斯博士的女儿珍妮·巴斯，她为参与会议的湖人高层操办了一场晚宴。珍妮聪明又迷人，诙谐且幽默，拥有一双美丽的眼睛。第二天，我在机场遇见她。她正准备回家和朋友们庆祝生日，但航班延误了，于是我们在候机室聊了起来。她讲了些关于丹尼斯·罗德曼的趣闻，比如他在 1999 年短暂加盟湖人发生的种种闹剧，那些故事听起来，就像是荒诞派戏剧里一档糟糕的真人秀。

当时，我在情感上还很脆弱，不确定自己是否已经准备好开始一段新的感情。但命里有时终须有。第二天，我来到办公室，发现珍妮把切好的生日蛋糕放到了我的桌上。我去她办公室道谢时，她的脸一下红了，我感觉这块蛋糕不仅仅代表同事间的礼节。于是，我邀请她那天晚上一起吃饭。事情在往好的方向发展。

在加利福尼亚大学圣巴巴拉分校参加季前训练营时，湖人队还是一个处于第三阶段的球队，球员明显有着一种“我很棒，而他人不行”的心态。球队的最大优势之一是奥尼尔在中锋位置上的统治力。三角进攻系统是为像奥尼尔这样的强力中锋设计的，他们能主宰禁区，进行有效的低位进攻，并通过精准的传球推动进攻。这些事奥尼尔能做，甚至能比公牛当时的中锋做得更好，而且他还是一个爆发力强的得分手，能吸引对手双人甚至三人包夹，这能为球队创造许多得分机会。《洛杉矶时报》专栏作家马克·海斯勒曾写过，奥尼尔堪称人类的最优进化：“他是NBA历史上第一个看起来一点都不胖的300磅七尺长人。”奥尼尔在夏季增重到了350磅，但只要状态良好，他比任何中锋都更壮、更快，也更灵活。他也极其擅长快攻。然而，他在抢篮板和防守方面的表现不如我的预期，而且我注意到他不愿意离开禁区为队友提供防守掩护，这使得他在面对犹他爵士、圣安东尼奥马刺和波特兰开拓者等擅长挡拆配合的球队时，会显得有些力不从心。

在我见过的得分后卫里，科比的创造力称得上数一数二，他的华丽球风在许多方面都能媲美他的偶像迈克尔·乔丹。我欣赏科比强烈的求胜欲望，但他在团队合作和牺牲小我方面还有许多需要学习的地方。尽管他是一个出色的传球手，但科比的第一反应总是带球突破，然后直接上篮得分，不管挡在他面前的人是何方神圣。像许多年轻球员一样，他常常试图强行进攻，而不是让比赛顺其自然地发展。我当时曾考虑让他打控球后卫，但我怀疑他是否能控制自己的自负心态，花足够长的时间去掌握三角进攻。

莱斯是另一位天赋异禀的球员。他曾是夏洛特黄蜂的全明星小前锋，投篮之精准曾经让皮蓬无可奈何。在职业生涯早期，莱斯也曾是一个快速且侵略性强的防守悍将，但自从加入湖人队后，他的防守强度有所下降。球队阵容还包括霍里，一位身高6英尺10英寸的瘦高型大前锋，后来因为在关键时刻投中绝杀球而被誉为“关键先生罗伯”。霍里曾在休斯敦火箭赢得过两枚总冠军戒指，随后被交易到菲尼克斯太阳，最终来到洛杉矶湖人。但他的得分表现逐渐下滑，而且我担心他的力量和身高不足以去和联盟中更强大的大前锋对抗。

球队中还有一些有潜力的替补球员，包括里克·福克斯和德里克·费舍尔，两人后来都成了球队重要的领袖。福克斯之前是北卡罗来纳大学的明星球员，身材高大且灵活，能够打三四号位。他曾被波士顿凯尔特人选中，但在后拉里·伯德时代的凯尔特人待了几年都表现平平。福克斯不时会出现一些莫名其妙的失误，已经有球员把这些失误统称为“里基的球”，但他在关键时刻也是一位能投篮得分、防守稳妥的团队型球员。费舍尔是一位身高 6 英尺 1 英寸，体重 200 磅的控球后卫，来自小石城的阿肯色州立大学，他聪明又积极，是个多面手，拥有不错的外线投篮和天生的领导才华。

我们的最大弱点在控球后卫和大前锋位置上。我们曾积极地向休斯敦火箭提出交易斯科蒂·皮蓬的请求，但最终没抢过波特兰开拓者，开拓者后来成了那个赛季我们在西部的最强竞争对手。幸运的是，我们成功从公牛签下了合同到期的罗恩·哈珀，以及经验老将大前锋 A.C. 格林，他不仅防守强悍，因为在达拉斯小牛打球期间曾与前公牛队教练吉姆·克莱蒙斯共事，格林对三角进攻也有深入了解。我们还收获了替补中锋约翰·塞利，他在公牛和活塞都曾赢得过总冠军戒指。

我们招募这么多经验丰富的球员，是为了扭转湖人在面对压力时因不够成熟和缺乏纪律而崩盘的惨痛历史。1998 年，在西部决赛第一场中，湖人开场的 18 次投篮就投丢了 15 次，最终以 77 比 112 惨败给爵士队，创下了球队历史上最尴尬的失利。当时，霍里说这场比赛让他想起了《绿野仙踪》，因为球队打得“没有心、没有脑子、没有勇气”。对此，时任教练德尔·哈里斯补充道：“而且也没有巫师。”

我还组建了一支经验丰富的教练团队，主要由我在芝加哥合作过的老伙计组成，包括克莱蒙斯、弗兰克·汉伯伦以及泰克斯·温特，挖走温特让杰里·克劳斯很不高兴。同时，我还留下了湖人队的助理教练比尔·波特卡。

我们的计划是从基础开始，教授球员三角进攻的基础知识，从基本的传球和投篮训练开始。球队吸收了我们传授的一切。当我要求球员在训练营的第一天站成一个圆圈时，我从公牛队挖来的训练师奇普·谢弗尔想起了那个E.F.赫顿拍的老电视广告。“每个人都在专注听他的每一句话，连老将也不例外。”谢弗尔回忆道，“每个人都在说：‘嘘，我想听清楚这个人说的每一个字。’”后来在训练中，谢弗尔注意到里克·福克斯总是笑得合不拢嘴。“他说：‘我感觉像是回到初中一样。’”谢弗尔说，“但不是那种‘糟了，我回到初中了’的感觉。他笑容满面是因为，菲尔传递的篮球基本理念能触发起球员的热情。”

费舍尔则从更宏观的角度看待这件事。“过去几年我们在季后赛的经历让人沮丧，尽管球队不乏优秀球员，但我们还是没能发挥出全部潜力。”他说，“所以当高层聘请了菲尔和他的教练组，每位球员都因此集中注意力，达到一种我在前几年从未见过的专注度。无论菲尔说什么，无论他希望我们做什么，无论他希望我们怎样做，大家似乎都像幼儿园小孩那样听话。这让我们变成了一台高效的机器，成为可以与历史上最强球队相提并论的团队。”

但我对训练营第一天的印象，却和他们大不相同。虽然我对每个人渴望学习的态度感到高兴，但球员无法长时间保持注意力的问题却让我大为不解。训练营之前，我曾给他们写了一封三页长的信，内容包括三角进攻、正念冥想和其他我打算在训练营期间讨论的主题。当我开始进行第一次正式讲解时，他们很难把注意力集中到我的讲话内容上。他们会盯着天花板看，心不在焉，不停抖脚。这种问题，我在公牛时从未遇到过。

为了解决这个问题，心理学家乔治·曼福德和我为球员设计了一个每日冥想的计划，逐步增加每次冥想的时间，从3分钟开始，逐渐增加到10分钟。我还向球员介绍了瑜伽、太极等东方修行方式，帮助他们在身体、思维和精神三个方面保持平衡。在芝加哥，我们主要使用冥想提高球场上的意识。但对于这支球队，冥想的目标是让球员团结一致，体验我们所说的“同呼吸，共思考”。

佛教思想有一个基本观点，它认为传统上人们将自我视为一个独立个体的观念，其实是一种错觉。从表面上看，人们认为的自我可能确实看上去与其他事物分离而独立。毕竟，我们每个人长相各异，性格也迥然不同。但从更深层次来看，我们都是一个相互联系的整体中的一部分。

马丁·路德·金对这个现象曾有过精彩的阐述：“从某种意义上讲，生命的一切都是相互联系的。所有人都不可避免地被束缚在一个互相关联的网络，由同一种命运所联系。任何直接影响一个人的事情，也会间接地影响所有人。我永远无法成为我应该成为的人，除非你能成为你应该成为的人，而你也永远无法成为你应该成为的人，除非我能成为我应该成为的人。这就是现实相互联系的架构。”

13世纪的日本佛教大师日莲采纳了一种更为务实的观点。在写给遭受幕府迫害的弟子们的信中，日莲写道：“你们应该带着‘身体众多，心志统一’的精神一起诵经，超越彼此之间的差异，成为如鱼与水般不可分割的关系。”他所提倡的团结并非外在强加的机械化统一，而是一种尊重每个人独特性的关联。“如果‘身体众多，心志统一’的精神在民众中间占据主导地位，他们就能实现目标；而如果‘身体统一，心志不同’，则无法取得任何成就。”日莲补充道。

我希望在湖人队培养的正是这种团结。我并不指望把球员培养成高僧，但我认为冥想练习能帮助他们突破以“我”为主导的自我观念，让他们看到另一种与他人和周围世界相处的方式。

当我刚开始执教公牛队时，他们已经开始将自己转变为“心志统一”的团队。印第安部落战士的理念深得他们喜爱，因为他们与底特律活塞之间经历了许多艰苦的战斗。但这种方法在湖人队并没有引起强烈共鸣。他们有许多敌人，而在我看来，他们最大的麻烦，是他们周边的文化氛围。

大多数未来的NBA球员还是中学生时，就已经处在一个不断强化以自我为中心的环境。随着球员逐渐成长并取得成功，他们就会开始被经理人、广告商、球迷乃至其他阿谀奉承的人所包围，这些人不断地告诉他们：“你就是真命天子。”球员很快就会对此深信不疑。更糟糕的是，洛杉矶的文化本身就推崇个人主义。湖人队的每一个成员——不仅仅是超级明星，其他球员也是——都被包装为英雄，他们会得到无数的机会，以及丰厚的报酬，让他们沉浸在自己的光辉中。

我的目标，是在这样疯狂的环境中，为他们打造一个安全的避风港，让他们能接触到自己尚未被完全开发的内心深处，唤醒他们对建立真正情感联系的渴望。想要在未来取得成功，这就是球队关键的第一步。

第十五章

# 八重进攻

伟大是一种精神境界。

——马修·阿诺德

里克·福克斯将我的执教方法形容为一场三幕剧。他认为，在每个赛季的二三十场比赛中，我都会稳坐钓鱼台，让球员自由发挥。“大多数教练一开始就有自己想做的事情，而且会将其强加给球员。”他解释道，“但我一直觉得，菲尔是带着开放的心态来到训练场的。‘让我们看看每个球员是如何表现的，让我们看看这支球队在压力下是如何反应的，他们是否能够解决问题。’在那个时候，他从不显得对球队的表现过于关心，从不恐慌，也不会过度分析任何事情，因为那时候做这些事还为时过早。”

第二幕出现在赛季的中段，大约在全明星赛前后。“那时候他会开始关心球队，特别是当球员感到厌倦的时候。”福克斯补充道，“那时菲尔会花更多时间和我们每个人沟通，给我们推荐书单。我总觉得他在那段时间会对我们提出最高的要求。”

然后，在季后赛前的二三十场比赛，第三幕开始了。根据福克斯的说法，我的整个气质都会发生变化，这包括我的外貌、讲话方式和肢体语言，好像在说：“该我上场了。”在季后赛前的那段时间，我经常限制媒体接触球员，并在球队的宣传方面扮演更为积极主动的角色。“菲尔给了我们新的信心，还赋予是我们以前没有过的团队特质。”福克斯说，“但他还会把压力从我们转移到自己身上。他会与整座城市为敌，让自己成为千夫所指的对象，人们就不再关注球员们。他仿佛在对全世界说‘看看我制造的麻烦’，而我们就能专心做自己的事情，不会受到外界的干扰。”

正如球员们常说的：“听起来不错。”当然，事情并不总是那么顺利。

在我执教湖人队的第一个赛季开始之前，我与奥尼尔、哈珀和科比进行了会面，并告诉他们，这将是奥尼尔的球队，进攻将围绕他展开。但我补充道，科比是场上的领袖，就像当年“魔术师”约翰逊和贾巴尔之间的关系一样。我认为科比还没准备好担任联合队长的角色，因此我将这个角色交给了哈珀，并要求他在科比学习如何成为领袖的过程中充当导师。我希望一开始就明确每个人的角色，特别是科比，以免产生任何模糊不清的地方。

然而，我们并没有机会尝试这种架构，因为科比在季前赛第一场就遭遇右手骨折，直到 12 月才复出。我们签下了布莱恩·肖，一个高大全面的替补后卫，帮助填补科比缺席期间的空缺，球队逐渐开始凝聚起来，在赛季开始的第一个月取得了 12 胜 4 负的成绩。我们的首场失利是不敌开拓者，他们有效地夹击我们的后卫，破坏了我们的进攻，并且在奥尼尔拿到球时立刻犯规。赛后，我问当时已加入开拓者的皮蓬，对我们球队有何看法，他笑着说：“我觉得你们的三角进攻看起来更像个四方形。”

那个月末，在一场对阵篮网的比赛中，我让球队执行一个名为“全垒打”的战术，但霍里没能接到球，战术也因此失败。当我问霍里发生了什么事时，他回答说：“我没听到你的指令。”于是我引用了《圣经》中的一段话，因为我知道霍里来自一个虔诚的家庭。“羊能识别主人的声音。”我说，“打比赛就是要识别好主人的声音，然后回应他的召唤。”塞利觉得我的话有点不正确，问我到底要表达什么意思，我告诉他，那是耶稣用来向他的门徒解释该如何理解上帝旨意的一个比喻——羊认得主人的声音。那件事发生后的几周内，当我叫球员围成一圈准备开始训练时，他们都会调侃我说：“好的，主人。”

科比在 12 月 1 日复出，球队带着连胜势头进入 1 月。但进攻不如以前那样流畅了。科比在融入三角进攻时遇到了困难，常常偏离战术，这让队友们感到恼火。许多人告诉我，他们不喜欢和科比一起打球，因为他不尊重球队体系。我以前在芝加哥也经历过类似的情况，但当时刚满 21 岁的科比，并不像乔丹那样成熟和心胸开阔。

如果孩子们注定要实现父母未竟的梦想，那么科比无疑是一个典型案例。他的父亲“甜豆”乔·布莱恩特，是 20 世纪 70 年代费城 76 人一位 6 英尺 9 英寸的前锋。老布莱恩特认为自己的球风与“魔术师”约翰逊类似，但当时的 NBA 还未准备好接受他的街头风格。因此，辗转效力过其他两支 NBA 球队后，他的职业生涯最终在意大利结束，也就是科比成长的地方。

作为三姐弟中最小的一个，以及家中唯一的男孩，科比是家里的宠儿，无论做什么都不会出错。他聪明、天赋异禀，成绩一直超过所有人的预期，天生就具备打篮球的才华。他花了大量时间练习，通过观看亲戚从美国寄来的录像带，模仿乔丹和其他球员的动作。13 岁时，全家搬回费城，科比很快就在劳尔梅里恩高中崭露头角。那时的 76 人队主教练约翰·卢卡斯二世邀请科比参加球队的夏季训练赛，结果被这位年轻球员的勇气和技术水平所震惊。不久后，科比决定不上大学，直接进入NBA，尽管他有足够高的SAT成绩，可以选择任何他喜欢的学校。杰里·韦斯特曾表示，17岁的科比在选秀前的训练表现是他见过最出色的。韦斯特通过与黄蜂的交易，换到了他们第13顺位选中的科比。正是这一年，韦斯特还用一份为期7年1.2亿美元的自由球员合同将奥尼尔从奥兰多引进。

科比有着远大的梦想。就在我刚开始执教湖人时，韦斯特把我叫进办公室，告诉我科比曾问他，自己是如何在队友埃尔金·贝勒场均30分的情况下，还能同样场均得到30分的。科比下定决心要超越乔丹，成为篮球历史上最伟大的球员。他对乔丹的痴迷是显而易见的。他不仅掌握了乔丹的许多技术动作，还模仿了乔丹的许多举止。那个赛季我们在芝加哥打比赛时，我安排了两位巨星见面，认为或许乔丹能帮助科比改变自己对团队篮球的态度。结果两人握手后，科比的第一句话就是："你知道我能在单挑中打爆你吧。"

我欣赏科比的雄心壮志，但我也觉得，如果他想实现自己跟队友夺下海口的十枚戒指的目标，他必须跳出自己的舒适区，勇敢成长。显然，篮球不是一项个人运动。要取得伟大成就，必须依赖他人的帮助。然而，科比还没有真正去接触队友，也没有花时间去了解他们。比赛结束后，他通常会回到酒店房间研究比赛录像或者和他的高中朋友打电话聊天，而不是与队友们待在一起。

科比在学习新事物上也很固执，甚至是死脑筋。他对自己的能力充满信心，你不能仅靠指出他的错误就指望他改变行为。他必须亲自经历失败，才会开始放下抗拒。这常常是一个痛苦的过程，不仅是对他，对其他人也一样。然后，等他幡然醒悟，他就会找到改变的办法。

其中一个典型时刻发生在2月初。那时湖人状态低迷，让人摸不着头脑。在一场表现不佳的比赛后，我关上更衣室的门，只留下球员在里面，我问他们究竟发生了什么，为什么大家突然之间不再齐心协力。我不是真的要他们给我答案，但我告诉他们，我们将在第二天训练后继续讨论这个问题。我们在球队的临时训练室，洛杉矶社区学院的一个视频教室里集合。房间里有四排座位，每排五张椅子，前排坐着奥尼尔、福克斯、费舍尔、哈珀和肖。科比头上戴着兜帽，坐在最后一排。我回顾了三角进攻对每个队员的要求，然后总结道："你不能是一个自私的球员，这样的话三角进攻就无法为球队带来好处，绝对不行。"随后我让大家畅所欲言，但房间一片寂静，正当我准备结束会议时，奥尼尔突然开口。他直截了当地说："我觉得科比打球太自私，我们赢不了。"这激起了在场所有人的情绪。包括福克斯在内的几名球员点头表示支持奥尼尔，福克斯还说："我们因为这种情况输过多少次了？"房间里没有人站出来为科比辩护。我问科比是否有话要说。他终于开口，用平静而低沉的声音解释，他在意每位队友的话，他只是想成为一支常胜之师的一员。

我对那次会议并不满意。我担心，如果没有任何解决方案就让大家公开抱怨，可能会对球队的和谐产生负面影响。在接下来的几天里，我们输了五场比赛中的四场，其中包括以 81 比 105 的大比分惨败给了马刺。那一周，我有一晚做了个梦，梦见自己打了科比一巴掌，又给了奥尼尔一记耳光。"奥尼尔需要，科比想要——这是湖人的谜团。"我在日记里写道。

球员们开始互相指责，球队出现了动荡，我意识到自己必须正面解决这个问题。我做的第一件事是和奥尼尔一起吃早餐，讨论作为领袖意味着什么。我首先讲了一个故事，关于迈克尔·乔丹如何在 1988/1989 赛季季后赛对阵克利夫兰骑士的生死大战第五场比赛前，用他对自己和队友的信心激励了公牛队。当时骑士刚在主场击败了我们，将系列赛扳平，而乔丹当晚表现并不理想。但这并没有影响他，乔丹坚定不移的信念激发了球队，我们最终赢得了那场比赛——不出意外的是，乔丹在最后一秒投中了神奇的绝杀球。

我告诉奥尼尔，他需要找到属于自己的方式激励湖人队。他需要让队友，尤其是科比，感受到如果与他合作，没有什么是不可能的，他要用这种方式表达自己的信心和享受比赛的乐趣。我解释道，作为球队领袖，最重要的工作是鼓励队友，而不是打压他们。奥尼尔以前可能听过类似的说教，但这次我觉得他终于明白了。

与科比的交流，我采取了不同的方式。我尽量直接一些，在其他队员面前告诉他，他因自私犯下的错误给球队带来了怎样的伤害。在一次录像分析会上，我说：“现在我明白了，为什么大家不喜欢和你一起打球。你必须打得更有团队感。”我还告诉他，如果他不愿意和队友分享球，我可以考虑交易他。我不怕在这种情况下“唱黑脸”。因为我知道哈珀之后会通过更温和的方式向科比解释，如何在不牺牲自己的创造力为前提下，更加无私地打球。

我也和科比谈了作为领袖需要做什么。有一次我对他说：“我猜你希望在你年龄大一点之后成为球队队长，可能大概是 25 岁左右吧。”他回答说他希望明天就当队长。我说：“但如果没有人愿意跟随你，你就当不了队长。”

最终，科比明白了。他开始寻找方法融入团队，更多地与队友协作。他也开始努力在球场外和队友进行更多交往，尤其是我们在外地打客场比赛的时候。全明星赛后，球队开始进入状态，接下来我们取得了 27 胜 1 负的惊人战绩，最终以 67 胜 15 负的成绩结束常规赛，成为全联盟战绩最好的球队。

球员似乎松了口气，因为我们解决了困扰球队三年的问题。正如福克斯所说，科比“以我为先”的态度“就像一颗即将爆炸的地雷。我们都知道有人必须踩上去，但没有人愿意。于是菲尔将它引爆了，现在我们都能走得更自由了”。

在我们为季后赛做准备时，我认为让球员重新学习一遍团队篮球可能有用，不过这次从不同的角度——佛教的角度来看。所以我安排了一次练习课，讨论佛教的思想以及它如何应用于篮球。或许一开始有些球员不太能理解，但至少这次讨论，能帮助他们从即将到来的季后赛压力中解脱出来。

简而言之，佛教教导我们，生活即是痛苦，而我们痛苦的根本原因在于我们渴望的现实与真正的现实不符。事情可能在某个时刻如我们所愿，但转瞬间却不再如此。当我们试图延续快乐或拒绝痛苦时，我们就会遭受痛苦。从积极的角度看，佛教还开出了一个实用的方案，帮助消除欲望和不悦，那就是所谓的“八正道”。这八个步骤分别是：正见、正思维、正语、正业、正命、正精进、正念和正定。

我觉得这些教义，有助于让球员理解，作为一支篮球队该去做些什么。

1. 正见——意味着从整体的角度看待比赛，并作为一个集体合作，就像一个手掌上的五根手指一样。

2. 正思维——意味着把自己融入体系，而不是独立的个体。这也意味着每场比赛都要带着与整体紧密相连的心态投入其中，因为你与每一个队友都有着不可分割的联系。

3. 正语——包括两个方面。一是保持积极的自我对话，在比赛中不断鼓励自己，而不是沉溺于无意义的抱怨，比如“我讨厌那个裁判”“我一定要向那个混蛋报仇”。二是控制与他人交谈时的言辞，尤其是与队友交谈时，要专注于给他们积极的反馈。

4. 正业——意味着根据场上发生的情况做出恰当的举动，而不是一味炫耀或做出破坏集体和谐的行为。

5. 正命——意味着尊重自己的工作，并利用这份工作造福社会，而不仅仅是抬高自己的自我。保持谦逊。要知道，篮球运动员在得到天文数字般的薪水同时，工作内容其实还相当简单，而且有趣。

6. 正精进——意味着无私并尽最大努力完成任务。泰克斯·温特说过，没有什么能替代拼劲，而我要补充一句：如果你不全力拼搏，你就得坐板凳。

7. 正念 —— 意味着每场比赛都带着清晰的战术计划，要了解我们的对手。这也意味着打球要头脑清晰，在恰当的时机做出正确的举动，并保持对比赛的警觉，无论你是在场上还是在场下。

8. 正定 —— 意味着在每个时刻都保持专注，不去纠结过去的错误或担心未来可能发生的坏事。

我对这支球队感到担忧的是，季后赛的往事像梦魇一样萦绕在他们心头。球员一旦压力增大，发现无法仅凭球技取胜，就会失去耐心，甚至开始慌乱。正如我认识的一位佛学老师所说，他们在比赛陷入困境时往往会“自寻烦恼”，也就是说，他们让恐惧或愤怒占据了头脑，分散了他们的注意力。

在湖人队，我发现自己必须比在公牛队时更加冷静和耐心。我必须展示出，内心平静的关键在于信任一切事物之间的内在联系。同呼吸，共思考。这就是在混乱中为你提供力量和能量的源泉。

与萨克拉门托国王的第一轮季后赛给了我们不少启发。国王队是一支快速、爆发力强的年轻球队，他们的传球进攻非常灵活，当球员全速运转时，对手很难阻止他们。最让我担心的球员是克里斯·韦伯，对比我们大前锋 A.C. 格林和罗伯特·霍里，他的速度和力量都有明显优势。这意味着他可以突破防守，帮助弗拉德·迪瓦茨对付奥尼尔的防守。我还对由佩贾·斯托亚科维奇领衔的国王队替补阵容印象深刻，他是个令人恐惧的外线射手。我认为我们的最佳策略是放慢比赛节奏，限制国王队的快攻。

这种策略在前两场比赛中奏效，我们轻松获胜，但当系列赛转到萨克拉门托嘈杂的小体育馆时，国王队利用了裁判偏袒的判罚和奥尼尔的防守不力，将系列赛的大比分扳平 2 比 2。第三场比赛后，一位萨克拉门托的记者问我，这里的球迷是不是我见过最有活力的。我告诉他不是的，“我在波多黎各篮球联赛执教过，那里的情况是，如果你在客场赢了比赛，你的轮胎可能会被割破，你的车窗也会被石头砸破，甚至被人赶出城。”但是在这里，我说，“我们在萨克拉门托遇到的这些不文明行为，某种程度上可能只是跟当地人都是红脖子有关吧。”我本意只是想开个玩笑，但这句话引发了萨克拉门托当地人的强烈不满，这一风波困扰了我们好几年。

在斯台普斯中心球馆进行的生死战我们非赢不可，这对年轻的湖人队来说是一次严峻的考验。“如果你们不赢下这场。”我告诉球员，“你们就不配进入下一轮。你们必须为胜利而战，而不是为了避免失败而战。”他们在关键时刻站了出来。裁判终于开始在韦伯防守奥尼尔使用区域联防吹罚犯规了，这让我们的大个子得以主导比赛，奥尼尔前 8 次投篮命中了 7 次，最终拿下了 32 分和 18 个篮板，帮助我们以 113 比 86 获胜。奥尼尔说：“我们知道，如果我们没有发挥最佳状态，今晚就会创造历史，而我们可不想创造那种历史。”

系列赛第二轮，我们 3 比 0 轻松领先菲尼克斯太阳，但在第四场比赛中，我们大崩盘，太阳队在上半场拿下了 71 分。

半场休息时，我起初没有对球员训话，而是让他们自己发火、互相指责，直到下半场比赛开始前两分钟，我冲进更衣室，把一瓶佳得乐砸向墙壁，把他们吓了一跳。我很少大发雷霆，但他们需要知道，他们在这个关键时刻表现出的不稳定和缺乏纪律性让我多么不满。以 98 比 117 输掉这场比赛后，我进行了一次更为深思熟虑的演讲。“你们有些厌倦彼此，不愿意作为集体合作。”我说，“当漫长赛季来到这个阶段，这种事情是可以理解的。然而，要赢得总冠军，你们必须找到合作的方式，然后去对抗对手。你们必须弄清楚，每天都能赢得比赛需要做些什么。让我们从这场比赛中吸取教训，确保不再发生类似的事情。”两天后，太阳队的进攻完全崩溃，我们以 87 比 65 的比分轻松获胜。

从一开始，我就知道波特兰开拓者是我们在西部决赛的对手。他们拥有联盟身价最贵的阵容，薪资总额高达 7390 万美元。开拓者中有中锋阿维达斯·萨博尼斯，身高 7 英尺 3 英寸，体重 292 磅，比奥尼尔还高大，火爆的大前锋拉希德·华莱士，左撇子控卫达蒙·斯塔德迈尔，全能型外线射手史蒂夫·史密斯，以及皮蓬，几乎无所不能的皮蓬。他们的替补阵容也很有活力，拥有后卫邦奇·威尔斯和格雷格·安东尼，以及 6 英尺 10 英寸的锋卫摇摆人德特雷夫·施伦普夫。为了刺激他们，我将开拓者戏称“花钱能买到的最强球队”。

当然，我最担心的球员是皮蓬。他对三角进攻有着深厚的理解，也知道如何破坏它。为了防止皮蓬骚扰我们的后卫，我们让 6 英尺 9 英寸的霍里顶替哈珀出现在后场的位置，然后让哈珀作为小前锋在场上四处游走。我们还尝试让科比担任传统的控卫，这样就能利用我们的高个后卫与开拓者 5 英尺 10 英寸的斯塔德迈尔形成错位。这些策略比预期有效得多。但我们最大的优势是在中锋位置。尽管萨博尼斯身高出众，但他的机动性不足，无法有效限制奥尼尔，因此开拓者经常对他进行三人包夹，并在比赛后期采取“砍鲨战术”。正如科比所说，开拓者可能比我们更高、更具运动能力，但“奥尼尔能单挑他们四个人”。

第一场比赛我们轻松获胜。我们的替补在第二节表现出色，奥尼尔轰下了 41 分，带领我们以 109 比 94 赢得比赛。但在第二场比赛中，皮蓬开始突破格伦·莱斯的防守，撕开我们的防线，在上半场拿下了 17 分，帮助开拓者取得了两位数的领先。幸运的是，我们在半场结束时仅落后三分。但第三节我们的进攻完全崩溃，仅得了 8 分，创下了季后赛的单节最低得分。这场比赛给了我一个警告信号。我试图让球员从自己的内心找出扭转局势的决心，但没有成功。然而，我只知道，我们必须阻止皮蓬的自由突破。比赛结束后，我告诉科比，他将负责防守皮蓬。

接下来的两场比赛我们在波特兰取胜，取得了 3 比 1 的领先。第一场是一场振奋人心的逆转胜利，哈珀在比赛剩 29.9 秒时投中制胜一球。第二场的亮点是奥尼尔在罚球线上的完美表现，他在罚球上 9 投 9 中刷新了自己在季后赛中的最佳罚球纪录。但之后，大家被胜利冲昏头脑，幻想总冠军戒指了，开拓者连赢两场，成功将系列赛大比分扳成了3比3。

一切都不起作用。在第六场比赛的上半场，我们落后15分，福克斯大发雷霆。“又来了。”他指的是湖人在季后赛中的崩盘历史。“每个人的面无表情。那我们该怎么做呢？我们让裁判决定比赛的节奏吗？我们要为对手的进攻疲于奔命，又一次被打爆吗？还是我们要挺身而出，互相扶持？”

温特对我说：“你最好让他别说了。”

“不。”我回答，“有些话得由队员说出来，而不是教练。”

我是不是有说过，自己多么讨厌第七场比赛？有吧，这次的抢七大战尤其具有挑战性。开拓者队状态正佳，我们在防守中遇到了困难。接着在第三节，他们突然发力，在7次进攻中拿下18分，我们一下子落后16分，局势堪忧。说实话，我觉得我们已经没戏了。于是我叫了暂停，试图为这些迷茫的球员注入一点活力。

然后，奇迹发生了：球队找回了自己。开拓者用高位挡拆摧毁了我们的防线，因为奥尼尔不愿离开舒适区，去补防斯塔德迈尔或史密斯这样的后卫球员。在这样的时刻，奥尼尔有可能陷入自我否定的恶性循环，而这正是过去在关键比赛中曾经拖累过他的东西。这就是最典型的“自寻烦恼”。所以我毫不犹豫地告诉他，这是他的时刻。无论如何，你必须从禁区走出来，开始破解挡拆。他点头表示同意。

我们需要做的另一件事，就是不再试图将球传给奥尼尔，他被包夹得死死的，前三节只投中了两个球。我们有很多空位的球员，开拓者在跟我们打赌，认为我们不敢投出那些他们送给我们的机会。

“忘了沙克吧。”我说，“他周围有四个人。外线投篮机会，该投就投。”进攻从各个角度展开。布莱恩·肖替换哈珀上场，他不仅命中了几个关键的三分球，给奥尼尔送出了一次关键助攻，还在布莱恩·格兰特手上抢走了一个关键的篮板。依靠我们为科比设计的一些战术，科比也逐渐找到了状态。我们的防守，在重新找回信心的奥尼尔带领下，封锁了开拓者的顶级射手。在一段时间里，湖人打出了 25 比 4 的得分高潮。

在比赛还剩不到一分钟时，湖人领先 4 分，科比朝篮筐带球，出其不意地传出一次完美的传球，奥尼尔高高跃起，接球完成了扣篮。看到这两位球员在关键时刻完美配合，帮助我们锁定胜局，真是令人欣慰。那记传球体现出科比和奥尼尔的进步，冬季那次不快的团队会议让他们的自我意识发生了变化。自那时起，他们找到了一种共同的合作方式，这个时刻正是他们合作的巅峰。那一刻对于我们这支全新球队来说，是一个重要的转折点。

总决赛对阵印第安纳步行者的比赛，虽然没有像与开拓者的对抗那么艰苦，但也充满了危险。步行者是联盟中投篮最好的球队，他们有很多办法为我们的比赛制造麻烦。

他们最具威胁的球员无疑是射手雷吉·米勒，他以挡拆配合命中制胜跳投而著称。他们还有小前锋贾伦·罗斯，他是一对一的高手；中锋里克·施密茨，投篮能力出色；控球后卫马克·杰克逊，强大的低位进攻球员；多面手大前锋戴尔·戴维斯和奥斯汀·克罗希尔。步行者替补阵容实力强大，包括三分球专家萨姆·帕金斯和速度惊人的控卫特拉维斯·贝斯特。此外，印第安纳还拥有联盟最好的教练团队，包括防守大师迪克·哈特，进攻教练里克·卡莱尔，以及主教练拉里·伯德。

我们的总决赛开局不错。在洛杉矶的第一场比赛中，奥尼尔拿到 43 分、19 个篮板打垮了步行者，而雷吉·米勒表现低迷，仅仅 16 投 1 中。比赛早早失去胜负悬念。两天后我们又进行了一场比赛，奥尼尔再次上演个人秀，帮助我们赢得比赛，同时莱斯和哈珀分别贡献了 21 分。唯一的缺点是：科比在第一节扭伤了脚踝，看起来他可能还会错过下一场比赛。

步行者在第三场比赛中迎头反击，赢得了比赛，但这并不是最大的新闻。莱斯的妻子克里斯蒂娜在赛后向记者抱怨我限制了莱斯的上场时间，媒体对此大肆报道。她告诉《洛杉矶时报》专栏作家比尔·普拉施克："如果是我，早就像拉特里尔·斯普雷维尔那样了。"她指的是当时金州勇士的拉特里尔·斯普雷维尔锁喉教练彼得·J. 卡莱西莫而引发的事件。这是一番极端的评论，其实我和莱斯早已经讨论过，在某些情况下会限制他的上场时间，莱斯自己也是同意的。他回应媒体方式非常得当，支持妻子但并没有公开为她的言论辩护。

此外，我还有更重要的事情要担心：科比的脚踝。在第三场比赛开始前，尽管脚踝痛得厉害，科比还是恳求我让他上场。在更衣室外的走廊，我看到他艰难地踮着脚走路，我决定让他休息，不让他冒险。

三天后，科比的脚踝仍然很痛，尽管如此，他坚持认为自己能坚持打下去，这场比赛成了他的高光时刻。比赛大部分时间都很胶着，最终进入加时赛，奥尼尔在加时赛的第一分钟就因六次犯规而被罚出场，但科比挺身而出，打进了全队 16 分中的 8 分，帮助我们以 120 比 118 赢得了比赛。赛后，奥尼尔冲上场抱住了那个现在被他称为"小兄弟"的男人。

科比的表现令我印象深刻。这是我第一次看到他是如何忍受剧烈的痛苦的。他不允许任何挫折阻止自己。那晚，他让我想起了迈克尔·乔丹。

然后，一如既往，我们在下一场比赛中以 33 分的分差惨败，这是赛季中最惨的一场失利。比赛完全是一场灾难，让我开始怀疑这支球队是否具备赢得总冠军的实力。福克斯却给这场比赛赋予了更为乐观的解读，他说："像我们今天这样的惨败，反倒让我们之后反弹更有趣。"

在复盘了比赛录像后，我们决定调整防守战术，把哈珀安排去防守米勒，科比防守杰克逊，然后莱斯防守罗斯。我们还让 A.C. 格林防守施密茨，因为施密茨在接越过防守球员头顶的高吊传球时很有困难。果然，施密茨的表现糟糕，8 投只有 1 中。但步行者其他队员却把斯台普斯中心球馆当成了自己的主场。直到第四节，步行者还以 84 比 79 领先，而那时候比赛开始发生转折。

我们有一个叫作"拳胸"的厉害战术，主要由两名球员在边线做挡拆，另一名球员站在底角接球。这个战术的妙处在于，能够吸引步行者三名球员防守挡拆的球员和底角的射手，这迫使他们要么只留一个人盯防奥尼尔，要么让另一个底角的射手可以在无人盯防的情况下投三分球，无论怎么选，结果都很糟糕。

我们在第四节执行了六次"拳胸"战术，成功为我们创造了进攻空间。我们还执行了一些其他的战术，比如"肖 – 沙克的救赎"，由布莱恩·肖高吊传球传给奥尼尔。科比也逐渐找到感觉，投篮、抢篮板，最重要的是传球给奥尼尔。在第四节开始时，我们打出 15 比 4 的小高潮，反超了比分。

当我们以 110 比 103 领先，距离比赛还有 3 分 2 秒时，伯德终于决定采用"砍鲨战术"。在接下来的 21 秒内，他们对奥尼尔犯规两次，奥尼尔四次罚球只命中一次。所以我决定将他替换下场，直到比赛最后两分钟时才重新把他派上场，这时步行者再对他故意犯规就将被判技术犯规。然而，步行者并没有放弃，他们不断缩小差距，并在 1 分 32 秒时将比分追至 109 比 110。

那是他们离胜利最近的一刻。剩下的 13 秒，科比罚中两球，最终以 116 比 111 的比分锁定了胜局。当他走下场时，他指了指自己的无名指，然后挥了挥食指，仿佛在说这只是众多总冠军的第一个。

赛后，巴斯博士调侃我急功近利。"你为什么非得在第一年就赢得总冠军，让这件事看起来如此轻易？"他说，"这让之前没能做到的人看起来像是傻瓜。"

实说话，我从没指望第一年就赢得总冠军。我原以为球员至少需要两年的时间才能学会战术，形成有凝聚力的团队。但这支球队走的是一条通向荣耀的快速通道。看到我们在公牛队时期总结出来的基本原则，能如此有效地帮助这支完全不同的球队变成冠军之师，我感到非常欣慰。显然，奥尼尔的统治力是我们胜利的关键因素，科比无穷的创造力也是如此。令我更为高兴的是，在赛季最后阶段，这两人展现出的协同作用，在他们意识到彼此需要对方来实现唯一目标时，达到了巅峰。

那一个赛季，我也取得了突破。我学会了克服对未知的恐惧，在新城市中创造新生活，同时保持我最珍视的东西。这段时间，我与孩子们建立更深关系——不仅是住在家里的布鲁克，也包括那些经常来访的其他孩子——也是继续在精神上开放自我。在那些困难时刻，冥想帮助我有效应对了所有的不确定性和自我怀疑，而不确定性和自我怀疑，都是在脱离过去，投身新生活时难以避免的。我感觉自己比过去几年更有活力。

不过，最令我高兴的，还是看着这群天赋出众但缺乏纪律性的球员，逐渐把自己塑造成为一股不可忽视的力量。他们仍有很多需要学习的地方，但我很惊讶于他们很快就从以“我”为中心的第三阶段，过渡到以“我们”为中心的第四阶段。缓慢而坚定地，他们逐渐培养出从逆境中反弹的信心，许多人都触及了自己以往从未体验过的内在力量。他们勇敢地面对自己的心魔，从未退缩。

第十六章

# 无为的快乐

静坐无所为，春来草自青。

——禅宗谚语

有时候，在填写表格时，我会把我的职业写成“魔术师”。我并不是想捉弄别人，只是当我想到NBA教练需要平衡自我意识的过程时，变魔术似乎最能形容我们所做的工作。

这在2000年秋天尤其如此，那时我们在洛杉矶重新集结，开始为新赛季做准备。赢得总冠军后的那一年，总是最难的一年。正是那时，每个人的自我意识开始浮现，几个月前团队之间的奇妙化学反应突然消散无踪。

里克·福克斯把赢得NBA总冠军比作获得第一个奥斯卡奖杯。“它定义了你是谁。”他说，“在你的一生中，你的身份就此明确。”但总冠军也改变了你的期待。“赢得总冠军后，大家会都离开团队，享受几个月的赞美。”他补充道。“然后，新赛季归队时，大家会说：‘这才是我希望发生在自己身上的事呀。’”

大多数球员都试图隐藏自己的个人意图，但这些意图并不难察觉，特别是在大家开始一起打球的时候。三角进攻的美妙之处就在于，它无须球员开口，就暴露出每个人的心态。

我首先注意到的是他们失去了动力。球员已经把太多心血和精力投入赢得总冠军上，现在许多人进入了得过且过，消极怠工的状态。但我决定在赛季初期不对他们过于苛刻。我告诉他们，现在他们是总冠军了，是时候开始自己解决问题了。

然而，还是有些东西失去了就无法填补。我们在休赛期失去了几位最具经验的球员：格伦·莱斯作为自由球员去了纽约，A.C. 格林被迈阿密签下，约翰·塞利则选择退役。为了填补这些空缺，我们签下了一些可靠的球员，包括两位前公牛球员——前锋霍勒斯·格兰特和中锋格雷格·福斯特，以及在专注的情况下能够每场贡献超过 20 分的得分后卫 J.R. 雷德。我还说服了罗恩·哈珀推迟一年退役，让里克·福克斯成为联合队长，同时担任首发小前锋。但随着赛季的进行，前两个月的战绩比我预期的要差，我能感觉到，在这个赛季，球员的情绪像过山车般起伏。球队失去了那种团结的精神。

有一个球员的野心一眼就能看出来，那就是科比·布莱恩特。他在夏天努力训练，声称每天投篮 2000 次，表现又有了质的飞跃。球迷喜欢他华丽的新动作，他的人气飙升，甚至在极其重要的球衣销量上大有赶超沙奎尔·奥尼尔之势。科比以令人振奋的状态开始了赛季，领跑联盟得分榜，并且场均投篮命中率接近 50%。12 月初，在对阵猛龙的比赛中，他以 40 分力压得到 31 分的竞争对手文斯·卡特，帮助湖人赢得了比赛，一位当地解说员宣称：“去年，湖人是沙克的球队。今年可不再是了。”

然而，科比的成功是在以牺牲其他队员为代价。赛季初，我曾要求他继续像去年那样打球，通过奥尼尔组织进攻，遵循三角进攻体系，直到比赛的最后几分钟。科比给出的回应却是，几乎在每场比赛都翻倍增加自己的投篮次数，还采取了更为不稳定的传球方式，或者更多时候根本不传球。这让他的队友尤其是奥尼尔感到愤怒。科比的自私和不确定性让队友有种不信任他们的感觉，这进一步破坏了团队和谐。

去年，科比曾经欣然接受三角进攻。他迫不及待地想试试这个让乔丹和公牛队成为冠军的战术。但在本赛季开始时，他告诉我，他认为三角进攻太无聊、太简单，限制了他展示个人才华的机会。我理解他的想法，但我告诉他，我们需要尽可能少犯错地赢得更多的比赛，以减少伤病和赛季末的疲劳。我想他并没有完全理解这一点。

对我来说，挑战的一部分在于湖人队和公牛队是完全不同的球队。我们在芝加哥没有像奥尼尔这样占据主导地位的中锋，因此我们调整了体系，使得进攻能够适应乔丹。在公牛队，我们还拥有一位伟大的场上领袖——斯科蒂·皮蓬，我一直认为是他成就了乔丹。而在湖人队，科比自然承担起了组织者的角色，但他并不愿意成为奥尼尔的皮蓬。他更想为自己创造得分机会。

里克·福克斯在这个时期形容科比是“有主见、意志坚定，就像一头闯入瓷器店的公牛”。在科比刚加入湖人队的头几年，福克斯经常和科比争夺上场时间。他说：“科比性格非常强势。他看待世界的方式就像是‘我懂得比你多’，如果你挡住了他的路，他会一直推搡，直到你反击。如果你不反击，他就会把你吞掉。”

福克斯把科比的竞争精神与迈克尔·乔丹做了比较，他在大学时曾在乔丹的篮球训练营与乔丹一起工作。福克斯说：“我再也没见过像他们那样的人。对他们来说，付出一切代价赢得比赛才是最重要的。而且他们要求身边的人都像他们一样，无论别人是否能做到。他们会说：‘在你自己内心找到变得更好的办法，因为我每天都在这样做，全天候，不停歇。’他们对做不到这样的人没有容忍度，绝对没有。”

但是，福克斯也注意到乔丹和科比之间的不同。“迈克尔什么事都要赢。”他回忆道，“我的意思是，他连从教堂山开车到威尔明顿，都得比一下。不管你愿不愿意参与，他都会跟你竞争。但我觉得科比更多的是与自己较劲。他为自己设定界限和挑战，而他只是恰好需要其他人跟着他走。他穿着队服打自己的篮球，而且要主宰它。可一旦他走下球场，他就不再对你在穿着或开车的竞争感兴趣。他痴迷于追求自己在15岁或16岁时设定的目标。”

这正是让科比变得难以执教的原因。在他的心里已经把一切都想明白了，他的目标是成为历史最伟大的篮球运动员。他确信自己知道如何才能达到那个目标。为什么要听从别人呢？如果按照我的建议减少得分，他就会离自己的最终目标越来越远。

我该怎么让这个孩子明白呢？

最受科比自我为中心风格影响的球员是沙奎尔·奥尼尔。

季后赛结束后，我告诉奥尼尔好好享受夏天，回来时放松且准备好投入新赛季。他理解了第一部分的信息，但不幸的是他在“准备好”这一部分上遇到困难。他以超重和状态不佳的模样来到了训练营，差不多花了半个赛季才能恢复到应有的状态。他看起来非常疲惫，仿佛还在努力从上个赛季恢复过来，那时他不仅是联盟得分王，还赢得了全部三项MVP奖项。

2000/2001赛季初，奥尼尔的投篮命中率下降了，连原本就差的罚球手感也消失了。12月初，奥尼尔在对阵西雅图的比赛中，以11罚0中的成绩打破了威尔特·张伯伦的罚球失准纪录。情况变得如此糟糕，以至于球迷开始给我寄来护身符和水晶，希望能给他带来好运。甚至他的三岁女儿也开始给他提建议。泰克斯·温特试图与奥尼尔合作，但两天后放弃了，说他在罚球方面“无法教化”。于是，我们请来了埃迪·帕鲁宾斯卡斯，他是奥尼尔的经纪人在澳大利亚找到的罚球冠军，结果收到了显著的效果。到赛季结束时，奥尼尔的罚球命中率从37.2%

提高到了65.1%。

12月底，在一场对太阳的比赛后，科比得到了38分，而奥尼尔只勉强得到了18分。奥尼尔告诉总经理米奇·库普切克和我，他想被交易。库普切克接替了在夏天突然辞职的杰里·韦斯特，但他并没有把这个请求当回事。库普切克认为，奥尼尔只是在表达开火权被科比抢走的不满。

这也标志着奥尼尔和科比之间的争斗正式开始，争议的焦点就是谁来领导球队。显然，他们去年建立的同盟关系已经开始瓦解。

我曾鼓励他俩多了解对方，希望能增强他们的关系。但科比对于和奥尼尔过于亲近心存抵触，并且对奥尼尔试图把他当作"小兄弟"的举动感到反感。正如科比所说，他们来自不同的文化，几乎没有共同点。奥尼尔是来自南方的军人家庭孩子，成长于新泽西州纽瓦克，而科比则是前NBA球员的儿子，来自费城，曾在意大利生活过。

他们的性格也截然不同。奥尼尔是个慷慨、爱开玩笑的人，他更感兴趣的是逗你开心，而不是赢得得分王。他无法理解为什么科比总是要让一切变得那么艰难。"这就是沙克让科比受不了的原因。"福克斯说，"在最严肃的时刻，沙克必须找乐子。如果他不开心，他就不想待下去。"

而科比则冷静、内向，并且言语尖刻，极具讽刺意味。尽管他比奥尼尔年轻六岁，但他显得更加成熟稳重。正如前湖人队教练德尔·哈里斯所说："你问科比小时候是什么样的？事实就是，他从来不是个孩子。"但我认为，科比的老练和专注往往容易被误认为是成熟。从我看来，他依然有很多成长的空间，而且，由于他的性格，他得通过最艰难的方式去成长。

在奥尼尔提出半心半意的交易请求后，ESPN杂志刊登了一篇由里克·布彻撰写的关于科比的封面故事，科比在其中暗示自己有兴趣加盟其他球队。文章提到了我和他赛季初的一次对话，当时我要求他收敛一下自己的打法。科比在文章中回应我说："收敛我的打法？我应该提高自己的水平。我进步了，怎么可能反而把我压制住？我如果能去别的球队打球，可能反而会更好。"他还对奥尼尔进行了攻击。"如果沙克的罚球命中率能达到70%。"科比说，"那一切都会容易很多。我们得知道自己的优点和缺点。我信任球队，但我更信任自己。是的，我们去年是通过围绕沙克进攻赢得总冠军。但今年，如果我来掌控进攻，我们将会横扫对手。"

科比意识到这些话可能会激怒队友，于是在文章发布之前，他提前告知了他们。然而，这并没有阻止奥尼尔大发雷霆。"我不明白为什么有人会想要改变，除非是出于自私的原因。"他在下一次训练后告诉记者，"去年我们67胜15负，充满了激情。城市里的人都在欢呼，我们还举行了庆祝游行。现在我们是23胜11负，你们自己分析吧。"接着，他抛出了重磅炸弹。"很明显，如果进攻不围绕我展开。"他说，"我们的篮筐就没人防守了，我说完了。"

通过介入这场纷争，树立自己的权威，是很有诱惑力的。事实上，大多数媒体评论员认为我应该这么做。但我对此持谨慎态度，我不想将荒谬的争执转变为更加严重的冲突。在芝加哥，我曾多次看到，当杰里·克劳斯介入这种不稳定局势时，问题往往会变得更糟。我通常更倾向于借鉴芝加哥另一位杰里——杰里·莱因斯多夫的策略。他曾说过，处理大多数冲突的最好方法就是"睡一觉"。关键是避免出于愤怒而冲动行事，以免制造出更复杂的麻烦。如果运气好，问题或许会自行解决。

我并不反对在必要时采取直接行动，但像莱因斯多夫那样，我发现许多困难可以通过老子所说的无为而治来解决。这种做法常常被误解为消极，实际上恰恰相反。无为并非不作为，而是能够感知团队的状态，并根据情况采取行动——或不采取行动。史蒂芬·米切尔在他对老子《道德经》的改编序言中，将无为与运动表现相比较。他写道："优秀运动员可以进入一种身体意识的状态，在这种状态下，正确的击球或动作将自然而然地发生，不需要有意识的干预。这就是无为的范式：最纯粹、最有效的行动形式。让比赛自发进行；让诗歌自我谱写；我们无法在舞蹈中区分出舞者本人。”或者正如米切尔在书中引述老子的话：

为学日益，
为道日损。
损之又损，
以至于无为。
无为而无不为。

对于奥尼尔和科比，我决定不强行干预。与其试图强迫他们和解，我选择让他们在接下来的几周内自行解决冲突。我认为，升级争斗并分散队员的注意力是不值得的。真正的问题，是让球员重新找回我们第一次夺冠时的专注和自律。

在 ESPN 杂志的文章发布后第二天，我要求媒体不要炒作此事。“这是我们的事。”我说，“与你们无关。”当然，我知道这只是一个徒劳的请求。毕竟，我们身处洛杉矶，世界的八卦之都。媒体怎么能拒绝关于两位年轻超级明星争夺头把交椅的故事呢？

与此同时，我并没有试图压制这个话题，也没有假装不存在。正如布莱恩·肖所说，我让它“显现”出来。“菲尔让沙克做他自己，也让科比做他自己。”肖说，“与此同时，他也让大家知道，他才是掌控全局的人。所以，当事情偏离正轨时，他正是那个带回正轨的人。但只要我们保持在路上，就可以自由地朝任何方向前进。”

在接下来的几周里，奥尼尔和科比把他们的“肥皂剧”演到了荒谬的极点。如果科比注意到奥尼尔跟某个记者接近，他就会拒绝与那位记者交谈，然后承诺给另一个记者独家专访。如果奥尼尔看到科比正在让一个训练师为他绑脚，他就坚持要另一个训练师为他绑脚。就这样，一切如同闹剧般上演。

我对其他球员处理这一局面的方式印象深刻。大多数人拒绝站队。罗伯特·霍里对此事嗤之以鼻，称之为“两位大男孩之间的纷争”。布莱恩·肖曾在奥兰多与奥尼尔一起打球，他说这让自己想起了奥尼尔和崭露头角的球星“便士”哈达威之间的冲突，不过“便士”愿意在奥尼尔身边做“罗宾”，而科比则不愿意。肖喜欢说，湖人队既不是奥尼尔的球队，也不是科比的球队，而是巴斯博士的球队，因为他才是那个支付薪水的人。

里克·福克斯说，奥尼尔和科比的闹剧让他想起了20世纪90年代初他加入凯尔特人时，拉里·伯德和凯文·麦克海尔之间的对立。伯德对一切都非常严肃，而麦克海尔则对比赛持更轻松的态度。麦克海尔在训练时开玩笑，经常在上篮时投些离谱的球，这让伯德难以忍受。队里的每个人都被要求在伯德和麦克海尔之间选边站。这是一场噩梦。

幸运的是，奥尼尔和科比的矛盾没有发展到那个地步。到了2月中旬的全明星赛时，两位球员都对争斗感到厌倦，并告诉记者他们已经放下了。“我准备停止回答这些愚蠢的问题。”奥尼尔说。而科比则表达了他与许多队友相同的看法。他说：“那些不能杀死你的东西只会让你变得更强。”

后来，科比成熟了，并且抚养着两个倔强的女儿，他笑着回忆起当年那个疯狂赛季的自己。“我的两个女儿。”他说，“现在正处于那种觉得自己什么都懂的阶段。这让我想起了我自己。我能想象当时我给菲尔带来了多大的苦恼。”但是，他补充道：“尽管有时看起来我什么都没学到，但其实我一直在学习。”

从科比的角度来看，我在利用他与奥尼尔之间的裂痕来加强球队的团结。“菲尔有两个性格强势的球员，他必须让他们朝同一个方向前进。”科比说，“最好的办法就是对我发狠，因为菲尔知道，这样才能让沙克按照菲尔的想法行事。这没问题，但不要装作我不知道发生了什么。”

在某种程度上，他是对的。我那个赛季确实对科比要求很高，因为他比奥尼尔更具适应性。事实上，连对乔丹最严苛的温特都认为我应该放松对科比的要求。但我认为他需要强有力的指导，教他如何成熟和成长。科比技术非常全面：他能传球、投篮，也能突破。可是，如果他不学会如何正确地使用奥尼尔，并且充分发挥奥尼尔的巨大力量，球队就会迷失。尽管我知道这会在某种程度上限制科比自由奔放的风格，但我认为对我们来说，最好的策略是将球传给大个子，让防守向他集中。篮球和美式橄榄球相似，你必须先建立起地面进攻，再去展开空中进攻。在篮球中，你需要先打内线，然后才能将球传给射手和切入的球员，轻松得分。

科比明白这一点，但他有其他的驱动力。“对菲尔来说，控制我很困难。”科比回忆道，“因为我天生就是一个‘头号人物’。成为‘第二号人物’就是违背我的天性。我知道我能带领一支队伍，但这对我来说是个挑战，因为我从没听说过有‘第二号人物’后来能站出来赢得一切。”

最终，科比表示，他重新定义了这个问题。“我看待问题的方式是，我把自己看作像海豹突击队员一样的人，默默地完成自己的工作。他可能得不到应有的赞誉，但真正的篮球爱好者知道他做了什么。”

全明星赛后，我们开始了一次长时间的客场之旅，我希望这次旅程能够让球队更加团结。作为我每年给球员赠书计划的一部分，我送给奥尼尔一本赫尔曼·黑塞的《悉达多》，这是一本讲述佛祖生平的小说。我想这本书可能激励奥尼尔重新审视自己对物质财富的执着。在故事中，年轻的王子悉达多放弃了奢华的生活，寻求启蒙。我想让奥尼尔明白的观点是，每个人都需要找到自己的精神之路，而积累更多的“玩具”并不是到达那里的道路。这是我用来提醒他探索内心平静之路的一种方式——通过安静心境、专注于自己以外的事情，并对队友，尤其是科比，表现出更多的同理心。

几周后，奥尼尔交给我了一份书评，内容大意是："这本书讲述的是一个拥有权力、财富和女人的人（这点很像我），为了追求圣洁的生活，放弃了这一切（这点不像我）。"如果奥尼尔读了这本书后开始寻求精神上的觉悟，那我肯定很惊讶，但我认为关于同理心的信息对他有所触动。他确实是一个心地宽厚的人。

科比则是另一个故事。我为他挑选的书是《柯莱利上尉的曼陀林》，这是一部以二战期间被意大利军队占领的一个希腊小岛为背景的小说。在故事中，岛上的居民必须接受他们不再控制自己命运的事实，并且必须团结起来，适应新的现实。最终，他们通过"失去"而"赢得"胜利。我希望科比能够得到一些共鸣，并与他在湖人队的挣扎产生共鸣。不幸的是，他对此并不感兴趣。

然而，生活总有办法教会我们需要学习的课题。在赛季下半段，科比遭遇了多次伤病——右脚踝扭伤、右臀部酸痛、右肩膀酸痛和右小指酸痛——这让他不得不直面自己的脆弱。尽管赛季初，科比曾说球队"老将太多"而惹恼了一些资深球员，但到了3月，他身体不适，向布莱恩·肖透露，他最能感同身受的球员是老将哈珀、格兰特和肖本人。在伊丽莎白·凯那本关于湖人2000/2001赛季所写的《没有明天》一书中，探讨了科比的伤病如何改变了他对队友和自己的态度。凯写道："第一次在赛场上，科比无法仅凭体能突破一切。他告诉肖：'以前我总能穿越那些裂缝和空隙，可现在做不到了。我无法像自己想象的那样跃起。'"

"'这就是我每天的感受。'肖对他说。'现在是你成长的时刻。你必须学会减少依赖身体能力，更多依赖头脑。'"

幸运的是，在赛季后期，并非所有球员都因伤无法上场。在因足部应力性骨折缺席了62场比赛后，德里克·费舍尔回归了，他焕然一新，充满自信。费舍尔的回归时机恰到好处。由于哈珀受伤，科比因流感缺席，我们需要一个人激发进攻，并带领球队走出困境。

费舍尔复出的第一场比赛是在主场对阵凯尔特人，我能感受到这是一个不一样的费舍尔。他全力以赴，拿下职业生涯最高的 26 分，外加 8 次助攻和 6 次抢断。不仅如此，他在攻防两端无畏的表现极大鼓舞了全队。那一刻，成了赛季的转折点。

然而，我们仍然面临一些挑战。接下来的一周，就在去密尔沃基的比赛前，《芝加哥太阳时报》专栏作家里克 · 泰兰德发表了一篇报道，其中提及了一个我曾听说的传闻——科比在高中时曾故意在比赛中放水，以便他在最后上演戏剧性的逆转并最终统治比赛。这段不负责任的随口之言，最终被证明是不实信息。科比并不开心，湖人很快收到了他的律师的电话，威胁要以诽谤罪起诉我。我当面向科比道歉，然后又在全队面前道歉。我知道我确实越界了，而我当时并不知道的是，要赢回科比的信任将需要多年时间。

更糟的是，在和雄鹿的比赛中，科比又扭伤了自己的脚踝，接着缺席了接下来的九场比赛。这对我们在季后赛前的准备打击极大。但在他缺席期间，球队的表现更加出色。四月初，我们以一波八连胜结束了常规赛。在这段连胜中，科比复出，在主场对阵太阳的比赛中，显然他已经以“海豹突击队员”的身份登场。那晚，他在比赛的大部分时间里，向太阳队展示了如何打出正确的篮球，尽管队友经常错失投篮机会，他依然不断给他们传球，并且在防守端也表现得异常积极，最终以 106 比 80 大胜对手。赛后，他在接受采访时说道：“这不仅仅是得分问题，而是要阻止对方得分。”

篮球的进程往往是出人意料的。在许多方面，这个赛季是我职业生涯中最艰难的一年，甚至比我在芝加哥的最后一个赛季还要艰难。但谁能想到，这支看似随时可能崩溃的球队，最终在赛季末重整旗鼓，打出一波连胜，甚至能够与历史上最伟大的球队相媲美。

尽管经历了种种动荡，这支球队深知若能克服内部分歧，注定会走向伟大。在崩溃的关键时刻，我常常谈论团队的力量。在洛杉矶，通过传统方式建立团队并不容易，因为球员住得很远，而且这座城市本身充满诱惑，容易让人分心。但我们那一个赛季所面临的所有困难，最终促使我们重新团结。

在《禅之领袖》一书中，作者金妮·怀特劳描述了当人们因强烈的情感而紧密团结时，会迸发出怎样的喜悦。她写道："这种喜悦可能比那种'跳起来欢呼'的喜悦更为微妙。它可能表现为全身心投入所做的事情，和由此产生的平静满足感。它可能表现为一种能量，这种能量会不断地自我更新，就像推动秋千似的，给你带来比你付出的更多的能量。"

这种喜悦具有感染力，且无法伪装。心灵导师埃克哈特·托利观察到："怀着热情，你会发现你不必亲力亲为。事实上，没有什么重要的事情是你可以独立完成的。持续的热情能带来一股创造性的能量，接下来你只需要顺势而为。"

随着季后赛的开始，湖人队正乘着这股能量的浪潮。与去年相比，球员在比赛临近结束时的冷静与放松，这令我印象深刻，似乎没有什么事情能让他们感到惊慌失措。

"现在大家开始注意到我们球队有个特点，那就是冷静。"费舍尔在接受《洛杉矶时报》记者蒂姆·布朗采访时说道，"我们不再失控，也不再频繁失误。我认为这不仅仅是菲尔的功劳，也是我们整个教练团队的体现。他们的个性就是如此。"不管当时科比和奥尼尔之间的纷争如何，教练团队都一如既往地精心准备每场比赛，这让费舍尔深受打动。

显然，球员开始融入教练团队"劈柴担水"的态度。在西部决赛第二场对阵马刺队的比赛中，我在第三节因进入裁判的空间，涉嫌妨碍裁判工作而被驱逐。放到过去，球队可能会因此失去方向，陷入困境，但这一次，球员加强了防守，以一波 13 比 5 的攻击波结束比赛，最终以 88 比 81 的比分获胜。“我们成熟了。”赛后福克斯说，“我们保持了冷静，除了菲尔。”

在第一轮横扫波特兰开拓者后，我们迎战萨克拉门托国王。国王队尝试了几种不同的战术来限制奥尼尔，但收效甚微。在第一场比赛中，弗拉德 · 迪瓦茨直接对位奥尼尔，奥尼尔砍下 44 分并抢到 21 个篮板。接着，国王队在第二场比赛中派斯科特 · 波拉德主防奥尼尔，但这只让奥尼尔的数据减少了 1 分和 1 个篮板。最后，在主场的第三场比赛中，国王队加大了防守压力，不断包夹奥尼尔，并在第四节对他进行恶意犯规。幸运的是，这为其他球员，尤其是科比创造了更多机会，他砍下 36 分，帮助球队在系列赛中取得 3 比 0 的领先。

当天晚上，科比飞回洛杉矶陪伴因剧烈疼痛住院的妻子瓦妮莎，直到她的情况稳定后，他又飞回萨克拉门托参加第四场比赛。在那场比赛中，他得到 48 分和 16 个篮板，帮助球队完成了又一次横扫。科比的狂热表现鼓舞了队友。“我准备好做任何事。”他说，“我要拼了，拼到精疲力竭。这没什么大不了的。”

当我们到达圣安东尼奥参加西部决赛时，连同常规赛我们已经取得了 15 连胜，评论员开始预测我们将成为首支在季后赛完成横扫的球队。然而，击败马刺并不容易。他们拥有联盟中最顶尖的两位大个子——大卫 · 罗宾逊和蒂姆 · 邓肯，并且当赛季取得了 58 胜 24 负的最佳战绩。上一次面对马刺，他们曾在主场击败了我们。但那已经是 3 月的事情，那是在费舍尔复出之前的远古历史了。

罗宾逊和邓肯在防守奥尼尔方面做得相当不错，将他的得分限制在 28 分。但对于科比，马刺队似乎无计可施，他在比赛中砍下 45 分，创下了对阵马刺队季后赛历史上个人最高得分。比赛结束后，奥尼尔兴奋地与科比击掌并感慨道：“你是我的偶像。”后来，奥尼尔对记者说：“我认为他是联盟中最出色的球员。当他打得那样的高得分，还能让每个人都参与进来，又能防守，你无话可说。我一直在努力让他达到这种水平。”

刚开始与科比合作时，我曾试图说服他不要这么拼命，让比赛自然进行。但那时他并不接受，现在则不同了。“就个人而言，我只是尽量从队友那里汲取力量。”他在那场比赛后说，“这是我进步的一种方式，学会利用队友创造机会，保持稳定，让比赛和机会自然地到来。”他说话的方式越来越像我了。

当我们回到洛杉矶进行第三场比赛时，我们以 111 比 72 大胜，在这场比赛中，科比和奥尼尔合砍 71 分，仅比马刺全队的得分少一分。两天后，我们结束了系列赛。这一次，英雄是费舍尔，他三分球 7 投 6 中，得到职业生涯最高的 28 分。

尽管我们尽量低调对待，但一件很难忽视的大事正在发生。“这比奥尼尔更伟大。”福克斯在第三场比赛获胜后说，“比科比更伟大，比任何一两个人的努力更伟大。我以前从未见过这种情况。就好像我们终于开始变成了我们理想中的那支球队。”

所有这些关于创造历史的言论并没有吓倒我们的总决赛对手费城 76 人。那是一支顽强、充满激情的球队，由身高 6 英尺、体重 165 磅的后卫阿伦·艾弗森领衔，他在那一年成为历史上最矮的 MVP 得主。有关横扫的讨论，艾弗森不屑一顾，他指着自己的心脏说：“总冠军是在靠这个来赢得的。”

在第一场比赛中，他在斯台普斯中心的惊人表现似乎印证了他的话。他砍下了 48 分，76 人在加时赛中追上了我们 5 分的领先优势，终结了我们 19 连胜的辉煌战绩。对于媒体围绕连胜纪录的炒作，我实际上如释重负。现在，我们可以专注于在没有干扰的情况下击败 76 人。第二场比赛前，艾弗森告诉记者，76 人将“全面开战”，试图威慑科比和其他队员。当艾弗森的挑衅变成了在中场的垃圾话大战时，科比没有退缩。最终，科比以 31 分和 8 个篮板的表现让艾弗森哑口无言，帮助我们以 98 比 89 赢得比赛。

那仅仅是个开始。第三场比赛在费城再次变成了一场激烈的鏖战，但这次，在比赛还剩两分钟时，奥尼尔和费舍尔都因犯规离场，而湖人队只领先 2 分。没问题，最后时刻，科比和福克斯坚持住了，无处不在的霍里凭借他标志性的三分球和四个罚球，帮助我们拿下了胜利。“76 人有斗志，但那又怎样？”肖在赛后说道，“有斗志也是会输的。我们有斗志，我们有伤病，但我们就是坚持住了。”

接下来的系列赛迅速结束。正如艾弗森所说，我们在第四场比赛中凭借“满血的沙奎尔·奥尼尔”取得了胜利。然后两天后，我们在一场难称精彩的比赛中锁定了总冠军。就像往常一样，霍里完美地总结了这一刻。“这就是结局。”谈到这个艰难的赛季他说，“这么多动荡，这么多问题，很多人都在说我们做不到。现在结束了，归根结底就是这样。”

我松了一口气，这个疯狂的赛季终于结束了。然而，当我回顾这一切时，我意识到那一年我学到了重要的一课，那就是将冲突转化为治愈的力量。甘地曾说：“痛苦若能愉快地忍受，就不再是痛苦，它将转化为一种难以言喻的喜悦。”如果我们试图压制那些冲突，而不是让它自然展开，这支年轻成长中的球队可能永远也不会像最后那样凝聚在一起。没有痛苦，湖人也许永远无法发现他们的灵魂。

第十七章

# 1，2，3，湖人！

被信任，是比被爱更大的赞许。

——乔治·麦克唐纳

2001/2002 赛季的某一天，里克·福克斯告诉我，他不再感觉到那种兴奋的感觉了，这让他感到难受。他所说的是指我们第二次夺冠征程中他所感受到的精神层面的兴奋。福克斯在巴哈马的五旬节教派家庭中长大，当我谈到篮球是一项精神性的运动时，他立刻明白了我的意思。他说，当每个人都在同心协力时，那是一次美妙的体验，让他感觉比他做过的任何事情都要兴奋。可是，突然间，这种感觉像梦一样消失了，他渴望找回那种感觉。

我能理解他在说什么。我自己也经历过这种感觉。福克斯所描述的感觉有时被称为“精神依赖”——一种强烈的联系感和喜悦感，你希望它永远持续下去。问题在于，越是试图抓住这种感觉，它就越变得难以捉摸。我试着向福克斯解释，他在上一赛季的经历，虽然深刻，却只是特定时刻的体验；试图重现它是一场失败的战斗，因为一切都已经改变了，包括福克斯本人。有时候，篮球确实是一场愉快的旅行，正如我们在 2000/2001 赛季末那样，而有时候，它则是一场漫长而艰难的跋涉。但如果你把每个赛季都看作一场新的冒险，它就会拥有独特的魅力。

我从第一天就知道，2001/2002 赛季不会轻松。三连冠从来都不容易。好消息是科比和奥尼尔相处得不错，他们不再互相冷嘲热讽，我经常看到他们在训练和比赛后一起嬉笑。在一次去费城的客场旅行中，奥尼尔和其他几名球员参加了科比在劳尔梅里恩高中的球衣退役仪式，仪式结束后，奥尼尔在舞台上拥抱了科比。

并非所有的变化都受人欢迎，球队也迎来了变动。总体来说，湖人的阵容比公牛队流动性更强。在珍妮的办公室里，有一幅关于我第一次执教湖人时，参与了三连冠的球员合影。画中只有七名球员：奥尼尔、科比、霍里、福克斯、费舍尔、肖和德文·乔治。其余的阵容则由一群不断变化的球员组成，有些人扮演了关键角色，而另一些则从未能找到自己的定位。在这种换位游戏般的环境下，想把强烈的团队凝聚力从一个赛季保持到下一个赛季，实在是充满挑战性。

在休赛期，我们失去了队中最后两位前公牛球员：罗恩·哈珀终于选择了退役，霍勒斯·格兰特转会奥兰多魔术。我们引进两名实力不俗的球员代替了他们：六次全明星后卫米奇·里奇蒙德和来自圣安东尼奥马刺的潜力大前锋萨马基·沃克。但哈珀和格兰特的冠军经验以及他们在球队中的稳定影响力，二人无法替代。

如果第二个赛季有时像一场肥皂剧，那么第三个赛季则让人想起《奥勃洛莫夫》，那本俄罗斯小说的主人公是一个缺乏意志力、大部分时间都躺在床上的年轻人。我们最大的问题倦怠。许多冠军球队都会遇到这个问题，但在湖人队中尤为明显。这个球队成功得太快，球员开始相信他们可以随时切换状态，自动把表现提升到另一个层次，就像我们在前一年做的那样。

福克斯对发生的事情有一个有趣的看法。他认为，球员的自负心在赛季开始时过度膨胀，以至于他们认为自己比教练更了解如何赢得总冠军。他这样说：“第一年我们都是盲目跟随，第二年我们甘愿贡献，到了第三年，我们想要掌舵。”福克斯记得那一年，针对教练的战术决策，他比以往更多地参与讨论。“我不敢说这是无政府状态。”他补充道，“但我开始看到球员更多地表现自己，更多地表达自己的意见，试图找到绕过三角进攻的方法。”他说，结果是球队的步调常常达不到一致。

这并不让我惊讶。我在公牛队实现首个三连冠的赛季中也见过类似的情形。对我而言，湖人队正逐渐演变成一支更成熟的球队，这是我们鼓励球员独立思考、而非依赖教练团队给出答案的必然结果。我总是欢迎讨论，即使这会暂时扰乱球队和谐，因为这表明球员真正参与到了解决问题的过程中。真正的危险是，当大部分球员抛弃了球队基于无私的原则时，混乱便随之而来。

冠军球队常犯的一个错误就是试图重复他们的成功模式。但这通常行不通，因为到下一个赛季开始时，对手已经研究了所有的录像，并想出了如何反制你做的每一个动作。持续成功的关键是保持球队的成长。赢球是进入未知领域并创造新的东西。记得第一部《夺宝奇兵》电影中有一个场景，有人问印第安纳·琼斯接下来打算怎么做，他回答道：“我不知道，我都是走一步算一步。”我把领导球队看成一种处于控制中的即兴创作，像是塞隆尼斯·蒙克的指法练习，一步一步地走下去。

但是自满和膨胀的自我并不是球队唯一的问题。

我最担心的是奥尼尔的健康。在他离队度假之前，他曾承诺会以290磅的体重回来。然而，他回来时体重超过330磅，并且刚刚接受了左手小指的手术，脚趾伤势也很严重。

对于奥尼尔，和其他球员一样，我需要找到最有效的沟通方式。幸运的是，从一开始，奥尼尔和我就能相互沟通，避免了很多矛盾。有时候，我会非常直接。比如在2000/2001赛季总决赛第二场前，我告诉他不要害怕在阿伦·艾弗森冲向篮筐时去防守他。奥尼尔被我暗示他害怕艾弗森的说法吓了一跳，甚至忘记了在赛前喊“1，2，3，湖人”的口号。不过，那晚奥尼尔封盖了8次，实际上化解了艾弗森的威胁。有时候，我会通过媒体间接激励他。在2000/2001赛季中的低谷期间，我通过告诉记者，我认为只有科比和福克斯才在全力以赴，以此刺激奥尼尔更加努力。这番话刺痛了奥尼尔，之后他在场上的表现变得更加积极。

奥尼尔非常尊重男性权威人物，因为他是由继父抚养长大的，他的继父是职业军人，奥尼尔称其为“长官”。事实上，在我与球队的第一个赛季，奥尼尔开始称我为他的“白人父亲”。他对权威的尊重已经深深植入骨子里，以至于他常常让其他人来告诉我自己不愿意做的事情。那个赛季初，我要求他每场比赛打48分钟，而不是通常的40分钟。奥尼尔试着坚持了大约一两周，在几场比赛中几乎打满了全场，但他之后觉得自己需要更多休息。为了避免直接告诉我，他让约翰·塞利作为传话人。有一次，奥尼尔派了训练师来告诉我他那天不打算参加训练。我问原因，训练师说梦想成为警察的奥尼尔在接受警务训练，他熬夜巡逻城市，寻找洛杉矶警局失窃车辆清单上的车辆。这个大个子其实梦想着成为现实版的克拉克·肯特。

湖人队的工作人员称奥尼尔为“大情绪王”，因为当他受伤或对自己的表现失望时，他往往会变得脾气暴躁。他的大部分沮丧情绪都指向了我。在2001/2002赛季早些时候，因为奥尼尔在女儿出生时休了两天假，而不是他之前申请的一天假期，我对他进行了罚款。奥尼尔回应记者时说：“那个混蛋明明知道自己能不开那个罚单的。”不过在下一场比赛对阵火箭队时，他砍下了30分、13个篮板。

在媒体面前表现自己并没有让我太在意，倒是奥尼尔当面对某个队友发火让我感到更为忧虑。那是2002/2003赛季季后赛对圣安东尼奥马刺的比赛，德文·乔治在比赛结束前犯了错误，导致马利克·罗斯抢下进攻篮板并投中了制胜球，奥尼尔对此勃然大怒。

赛后奥尼尔在更衣室里开始冲着乔治发火，但布莱恩·肖制止了他。肖在球队中直言不讳，他非常了解队内微妙的人际关系，我对此相当鼓励他。“我母亲从小就告诉我，我的嘴巴总有一天会惹麻烦。”布莱恩说，“因为如果我看到不对的地方，我就得指出来。我觉得只要我说的是真话，我就没问题。你不能因为真话生气。”

看到奥尼尔在指责乔治时，肖大声喊道：“如果你在篮板下用多一些精力去卡位，你应该能抢到篮板，比赛我们可能就赢了。所以，与其把气出在乔治身上，为什么不为你自己的失误负责呢？”这时，奥尼尔放开了乔治，转而去找肖。肖试图扑向奥尼尔，但最终被奥尼尔拖着在更衣室里四处乱走，直到他的膝盖流血，其他队友才把二人拉开。

“沙克生气是因为我伤了他的自尊。”肖说，“但是几天后，他走到我面前说：‘你知道吗，你说得对，是我错了。我不该那样发火。’”

科比那一个赛季也在经历着困难的转变。前一年春天，他因为与瓦妮莎结婚而与家人发生了矛盾，当时瓦妮莎刚满 18 岁，是刚毕业的高中生。科比的父母乔和帕梅拉曾住在他位于布伦特伍德的家里，他们认为他太年轻了，不适合结婚。但科比迫不及待想开始新的生活。“我做什么事都很年轻。”他说。乔和帕梅拉一直是湖人主场的常客，但那年他们回到了费城，而且没有现场观看在家乡费城进行的总决赛。直到两年后，科比和父母才和解。在此期间，科比和瓦妮莎搬到了新房子，住在她母亲位于纽波特海滩的家附近，并迎来了他们的第一个孩子娜塔莉亚。

为了在 NBA 迅速站稳脚跟，科比错过了上大学的机会，也错过了初次踏入社会时经历的一些成长的烦恼。在与父母决裂之后，他开始努力成为一个独立的个体，有时表现出的方式令人惊讶。科比一直避免与其他球员发生冲突，但在 2001/2002 赛季，他有时变得很有攻击性。有一次，在球队的大巴上，他和萨马基·沃克发生了争执，接着突然向他挥拳。沃克对此一笑而过，还说："看到他这么有斗志还挺好的。"之后，在斯台普斯中心球馆的比赛中，科比因雷吉·米勒的垃圾话而情绪失控，握紧拳头，追着米勒跑，直到他们撞上了记分台。科比因此被禁赛两场。

科比心中积压了很多怒气，我担心他会做出让自己后悔的事。但作为科比知己和导师的肖却认为，这些冲突是科比"迈向成年、确立自己立场的表现"。肖回忆道，看着当年被我任命为联合队长的科比经历这些成长的痛苦，他说："你可以看出，他显然在成熟，变得更像一个好队友，并融入大家。有时他仍然会发火，说些冲动的话，但大多数时候，他更加自在，变得更加自信，知道自己是谁。"

随机应变是我们度过2001/2002赛季的唯一方式。整个赛季没有任何事情是按我以前见过的模式发生的。我们以16胜1负的开局，创下了球队历史上最好的开局成绩，媒体开始窃窃私语，说我们有机会打破公牛72胜10负的单赛季纪录。但这种势头并没有持续太久。12月，我们陷入了令人困惑的低迷状态，一直到2月中旬才有所好转。尽管我们和最强的对手打得旗鼓相当，但在这段时间内，我们竟然输给了六支排名倒数的球队，包括两次败给了正在重建的公牛。此后我们有所回升，但始终未能找到大家都在谈论的那个想象中的"开关"。

我知道这支球队有能力打出更好的篮球。关键是在季后赛开始前，找到保持身体、心态和精神状态的平衡。我最大的失望之一就是没能充分发挥米奇·里奇蒙德的作用。里奇蒙德是个出色的得分手，那个赛季前场均得到22.1分，但他很难适应三角进攻。他也不擅长从替补席出场后迅速进入比赛，因为他需要很多时间热身。幸运的是，布莱恩·肖在赛季末填补了里奇蒙德作为第三后卫的位置。由于替补阵容不够强大，我们不得不依赖首发球员打更多的时间，疲劳的迹象开始显现。为了防止首发球员过早疲劳，我决定在最后阶段稍微放松一下。因此，我们一边寻找着自己的节奏，一边以西部第二的排名进入了季后赛。

我们在首轮横扫了开拓者队，但并没有打出兴奋的表现。直到在西部半决赛第二场输给了马刺，系列赛大比分被扳成1比1时，我们才真正觉醒，开始打出冠军水准。

奥尼尔正在忍受伤痛。除了脚趾问题，他在第一场比赛中划伤了投篮手的食指，在第二场比赛中扭伤了左脚踝。不过，我觉得他需要更有侵略性，便直接告诉了他。当记者在第三场比赛前询问我奥尼尔的情况时，我说："实际上，我和沙克有过一番激烈的对话，我让他更积极地参与抢球……他说，他的脚趾痛。"奥尼尔那一周一直回避媒体，但当一位记者追问时，他回答道："问菲尔，他什么都知道。"

然而，奥尼尔在比赛中确实发挥了我预期的表现。他在食指受伤的情况下仍然得到了22分，尽管双脚不适，依然抢下了15个篮板。他还帮助球队限制了马刺队的最大威胁蒂姆·邓肯，邓肯26次出手只命中9球。

尽管奥尼尔有所反弹，但这场比赛的真正亮点是科比。在比赛剩下6分28秒，湖人领先81比80时，科比在一波11比2的进攻高潮中砍下了7分，帮助球队锁定了胜利。赛后，他的语气就像是刚从冥想工作坊回来一样。"我变得更加专注，更能专注于周围的一切。"他说，"如果你在比赛中过于情绪化，就会忽视那些细节。你必须跳出那个圈子。"

那场比赛让我看到了这支球队在第四节的潜力。在第四场比赛中，我们在比赛还剩4分55秒时落后10分，但科比再次爆发，先是命中两个三分球，然后在最后5.1秒内抢到篮板并补篮得分，最终以87比85锁定了胜局。两天后，我们在最后时刻打出10比4的高潮，最终以4比1的大比分赢下了系列赛。这支球队终于找到了自己的定位，成为篮球历史上顶级的比赛终结者。这个时刻来得不算太晚。

萨克拉门托是我们的西部决赛对手国王队的主场，这里的球迷一直痛恨湖人。几年前，我曾开玩笑说这里都是未开化的牛仔，结果球迷们一直在尝试报复我，除了在我们替补席后面敲响牛铃并大喊脏话外，还采取了其他干扰战术。当然，这也没起什么作用，因为我们已经连续两年季后赛将国王队淘汰。

但这次，国王队的忠实球迷有理由感到乐观。他们的球队以61胜21负的战绩结束了常规赛，在整个季后赛拥有主场优势。国王队是我见过投篮能力最强的球队之一。除了全明星大前锋克里斯·韦伯外，球队还有一支均衡的射手阵容，包括弗拉德·迪瓦茨、佩贾·斯托亚科维奇、道格·克里斯蒂、希度·特克格鲁，此外还有一位不畏强敌的新控卫迈克·毕比，他在突破防线和关键投篮方面表现得十分果敢。

我们在萨克拉门托赢下了首场比赛，创下了季后赛客场十二连胜的新纪录。但国王在第二场比赛中反击成功，利用科比食物中毒状态不佳的机会取得了胜利。第三场比赛的结果更令人意外，在毕比和韦伯带领下，国王大胜湖人，二人联手砍下50分。科比赛后毫不在意，开玩笑对记者说：“好吧，我们现在不无聊了。”

奇迹发生在第四场比赛。上半场形势一片灰暗，我们落后20分，进攻毫无起色。但下半场我们改变了节奏，放慢了他们快攻的步伐，并一点点蚕食他们的领先优势。在比赛还剩11秒时，我们将分差缩小到2分。科比突破篮下未能得分，奥尼尔抢到篮板也错失了补射机会。国王队中锋弗拉德·迪瓦茨将球拍走，球飞到了罗伯特·霍里的手中，霍里站在三分线外，似乎一切都像早已安排好的剧本一样，他摆好姿势，起手投篮，随着响亮的哨声，球稳稳落入篮筐。湖人100比99绝杀国王。

这就是典型的罗伯特·霍里，年轻球员梦寐以求的那种投篮。可我们还有很长的路要走，才能让牛铃声停止。国王队咆哮着反击，在主场拿下了第五场比赛，以3比2领先系列赛。但湖人没有慌张。比赛第六场前的凌晨两点半，科比打电话给他的“新朋友”奥尼尔，说：“大个子，明天靠你了。我们将创造历史。”奥尼尔当然还没睡，也正在考虑即将到来的比赛，二人互相激励。“面对淘汰，这对我们来说没什么。”

科比赛后对记者说道，“他和我有同样的感觉。”

那晚，奥尼尔简直是无法阻挡。他得到了41分、17个篮板，并在内线完全统治了比赛。国王队把所有能派上的人都去防守奥尼尔，在比赛的最后几分钟，迪瓦茨和斯科特·波拉德先后犯满离场，剩下唯一能顶替的中锋是替补球员劳伦斯·范特贝克，他根本无法应对奥尼尔在内线的强势进攻。“你必须犯规才有办法阻止我，我说完了。”奥尼尔赛后说道。科比同样火力全开，得到31分，包括最后几秒罚中的四次关键罚球，帮助湖人以106比100赢得比赛。

接下来的那个周日，当我们抵达阿科体育馆准备第七场比赛时，一群国王队球迷在我们的大巴到达时露出了屁股。球员们大笑了出来。如果说有什么好处的话，那就是这个恶作剧帮助他们减轻了比赛的压力——这可能是他们面临过的最艰难的比赛。我们在客场表现出色，但在对手主场进行抢七大战是最艰难的考验。我上一次遇到这种情况还是1973年，当时我们需要在波士顿打第七场比赛，才能赢得东部决赛。这是我球员生涯中最不安却最兴奋的时刻之一。

湖人队表现得异常冷静。就在当天，我们在酒店一起冥想，当我走进房间时，我很高兴地看到每个人都坐在那里，准备开始。和球员们一起静坐，我能感受到他们开始集中精力，为即将到来的对决做着心理准备。这些人经历了许多事情，彼此之间的联系让他们本能地意识到，正是这种联系能够在比赛压力逐渐加大时驱散焦虑。

他们的直觉是对的。这不仅仅是一场篮球比赛，而是一场持续超过三小时的残酷的马拉松大战。最终，正是湖人队的冷静赢得了比赛。比赛中交替领先的次数多达17次，在比赛剩下不到30秒时，迈克·毕比的两次罚球将比分追至100平，奥尼尔在最后时刻错失了一次14英尺的投篮，比赛进入了加时。那是一次意志的严酷考验，正如费舍尔告诉比尔·普拉施克的那样，我们不得不“比以往任何时候都更加努力”。

我比平时更加激动，因为我想保持球员的专注。科比说他认为国王队打得比我们好，但我们拼得更狠，这也在比赛的最后几分钟得到了回报。福克斯抢下了他在季后赛的生涯最高 14 个篮板，而霍里也抢下了 12 个篮板。与此同时，国王队球员的心态明显感到动摇。通常冷静的他们，在 30 次罚球中竟然错失了 14 次，而我们 33 次罚球中仅有 6 次未能命中。在加时赛的最后两分钟，他们在领先两分的情况下连续五次投篮未中，且失误两次。

这场胜利是球队的共同努力。奥尼尔命中了一记短距离跳投，然后又罚中了两次罚球，费舍尔和科比分别罚进两次，让比赛彻底失去悬念。赛后，球员疲惫不堪，几乎无法庆祝，但他们对结果并不感到惊讶。“我们已经一起打了五年球了。”霍里说，“如果我们现在还不知道该怎么做，那就出问题了。”

奥尼尔在比赛中拼尽全力，打了整整 51 分钟，赛后看起来比平时少了些欢快。但当我们的大巴驶出停车场时，他看到一群国王球迷在对我们大声骂街，于是他脱下裤子，决定给他们送上一个萨克拉门托风格的告别。一位队友形容那叫作“满月升起”。

在我看来，那就是决定性的一场比赛，但我们仍然要迎接总决赛的挑战。我们的对手是新泽西篮网，拥有联盟最强的控球后卫之一，贾森 · 基德，以及出色的大前锋肯扬 · 马丁，但他们没有办法应付奥尼尔。他们试图让新秀贾森 · 科林斯防守奥尼尔，但奥尼尔在场上如同横扫千军，场均 36 分，最终赢得了他的第三个总决赛 MVP。在奥尼尔的带领下，我们横扫篮网队，自 20 世纪 60 年代初湖人队从明尼阿波利斯迁至洛杉矶以来，第一次赢得三连冠。现在，我们可以名正言顺地称自己为王朝球队。

随着这次胜利，我追平了奥尔巴赫的九个总冠军纪录。媒体对此大加宣传，尤其奥尔巴赫曾表示，我从未自己打造一支球队或培养过年轻球员，所以很难将我视为伟大教练。我对此回应道，我将这次胜利献给我的导师 —— 瑞德 · 霍尔兹曼，如果他还在世，看到我追平了他宿敌的纪录，他一定会非常高兴。

然而，对我来说，最重要的并不是这个数字，而是球队的成长。当我刚执教湖人时，我就觉得如果我们能让球员们彼此之间建立足够信任，并承诺为更大的目标而努力，那么我们就能取得伟大的成就。赛季过半时，当我们被孟菲斯灰熊羞辱时，我甚至不确定我们能否创造历史。但在关键时刻，球员咬紧牙关，团结一致，塑造出了以信任为基础的冠军球队。

最能理解这一点的球员——出乎意料的是——是科比·布莱恩特。不久前，他一定会对这种说法嗤之以鼻。但他已经成长，而球队也随着他一起成长。“我们经历了这么多的战斗。”他说，“信任自然而然地得以深化。你一起经历的战争越多，你就越理解与你并肩作战的人。”

同呼吸，共思考，心连心。

第十八章

# 关于愤怒的智慧

心怀怒气，就像拾起热炭扔向别人，最终被烧伤的只有你自己。

——佛陀

那本该是平静的夏天。6 月末，我骑着摩托车穿越落基山脉时，心情舒畅，心想 200/2003 赛季终于过去了。那是一个艰难的赛季，球队充满了伤病，从奥尼尔的脚趾，到科比的膝盖，再到里克·福克斯的脚伤。我们磕磕绊绊跻身季后赛，在第一轮系列赛艰难淘汰森林狼。对于我来说，最糟糕的伤病发生在对圣安东尼奥马刺的西部半决赛中。那时，我得知自己的一条冠状动脉堵塞了 90%，需要紧急进行心脏搭桥手术。结果，心脏手术的结局比与马刺的比赛美好得多。四年来，我和湖人队第一次没能打进西部决赛，更别说赢得总冠军了。

是的，我早就准备好放下那个赛季了。手术后，我的身体比多年来都感觉更好，也非常期待着在骑车穿越山脉的过程中，思考人生的新篇章。尽管休赛期罗伯特·霍里加盟了马刺，但我们引进了加里·佩顿和未来的名人堂球员卡尔·马龙。马龙是典型的大前锋，场均能够得到20多分并抢下接近10个篮板，同时凭借自己强壮的身躯封锁禁区。佩顿不仅是联盟最顶尖的控球后卫之一，还是极具侵略性的防守者，他因此得到“手套”的绰号，我希望他能限制一些小个子后卫。虽然我对如何将这些大牌球星与奥尼尔和科比搭配而不伤及彼此的自尊心有些担心，不过，这是个幸福的烦恼，我对接下来的赛季充满了期待。

我骑着摩托车从洛杉矶出发，穿越亚利桑那州，一路向北经过四角地区，驶进科罗拉多州杜兰戈，在此期间还与一个朋友及表亲见了面。穿过壮丽的山口进入乌雷后，我的下一站是科罗拉多州鹰郡，一个靠近韦尔的小镇。我过去接上一位高中时的朋友，然后与他一起去北达科他州威利斯顿参加40周年同学会。离开鹰郡时，我完全没想到几天后，这里将成为新闻头条，并给我带来一场痛苦的噩梦。

我和朋友刚刚穿过南达科他州枯木镇，来到我家乡威利斯顿的一个汽车旅馆办理了入住手续时，我接到了一个电话。

来电的是米奇·库普切克。他告诉我，科比在鹰郡因涉嫌强奸被逮捕。在没有通知我或其他工作人员的情况下，科比安排自己到韦尔接受膝盖手术。显然，在手术前一晚，他邀请了一名19岁的女性到他在爱德华兹附近的酒店房间，二人进行了他口中的“自愿”性行为。第二天，这名女性向警方声称她遭到强奸了。

接下来几周，事件变得扑朔迷离，我很难评估到底发生了什么。我难以相信科比会做出这种事，证据也显得不太充分。7月18日，科比正式收到指控，于是他与妻子瓦妮莎一同召开新闻发布会。科比强烈否认强奸指控，但泪流满面地承认自己曾与这名女性发生了婚外性行为。

我不是不同情科比，在听到这个消息后，我试图联系他，但没有联系上。对于一个刚满24岁的年轻人来说，这件事实在是太难以承受了，尤其是他常常向队友吹嘘，自己打算一生只爱一个人。现在，他却面临着可能导致自己遭受多年牢狱之灾的罪名。更糟糕的是，科比对自己的公众形象一向非常在意，而现在他却成了小报媒体和深夜喜剧节目的笑柄。

对我而言，这个事件撕开了我心中多年未曾愈合的伤口。几年前，我的女儿布鲁克还在上大学时，在与校队运动员约会时，她曾遭到了性侵。对于自己当时的反应，我一直都觉得愧疚。布鲁克希望我会为这事生气，然后给予她保护。然而，我抑制了自己的愤怒，就像从小到大被教育的那样。说实话，我本来也做不了什么，案件交给了警方，若我插手可能只会适得其反。尽管如此，埋藏我的愤怒，保持外表的冷静，并没有给布鲁克带来安慰，反而让她感到脆弱。最后，在填完警方提供的表格后，布鲁克选择不提起指控。

科比的事件激发了我关于那件事深埋内心的愤怒，也影响了我对他的看法。我与珍妮讨论了自己的内心挣扎，没想到她对这个事件的看法相当务实。她认为这是一起法律纠纷，而科比是我们的明星球员，我们需要尽力为他提供最好的支持，帮助他打赢这场官司。

对我来说，迈过这道坎并没有那么简单。虽然我知道出于职业责任，我必须帮助科比渡过难关，但由于布鲁克的经历，我始终难以摆脱内心的愤怒。

在努力与愤怒和解的过程中，我想起了一个古老的禅宗故事：有一天晚上，两个和尚在回寺庙的路上，看见一位美丽的女子在路上的水坑里艰难地行走。年长的和尚主动提出帮助，背起女子走过水坑。

夜里，年轻的和尚走到年长的和尚面前说：“师兄，作为和尚，我们是不应该接触女人的。”

“是的，师弟。”年长的和尚答道。

“那么，师兄，为什么刚才您要背起那位女士呢？”

年长的和尚微笑着说：“我已经在路边把她放下了，而你还在背着她。”

就像年轻的和尚一样，我心中有个无法释怀的想法，它扭曲了我在2003/2004赛季期间对科比的看法。无论我如何努力消除杂念，那份愤怒仍然在背后悄然燃烧。遗憾的是，这种情绪为之后那个不正常的赛季定下了基调。

当然，科比涉嫌犯罪和我对这一事件的反应并不是影响那年球队表现的唯一因素。9月，我回到洛杉矶，球队正面临一场“完美风景”。我们不仅需要处理科比的法律问题，而且他在赛季结束时也将成为自由球员。这将迫使巴斯博士对球队的未来做出一些艰难的决定。初期迹象表明，科比希望离队他投，去一支把他当作核心人物的球队，这样他就不用再和奥尼尔争夺球队老大的地位。他似乎对湖人的同城死敌快船最感兴趣。在赛季初，他曾尴尬地试图与快船队主教练迈克·邓利维谈论自己的未来，这是违反NBA规定的。值得称赞的是，邓利维并没有让交流太过深入。

与此同时，奥尼尔也在抱怨，球队没有让他感受到应有的重视。在训练营期间，他要求球队提供一份为期两年总值6000万美元的续约合同，而他的原合同将于2006年到期。对于一位已经开始走下坡路的明星来说，这个价格实在太高。巴斯博士一直对奥尼尔非常慷慨，但对这个价码却产生了犹豫。对此，奥尼尔以自己的独特方式表达了不满。在夏威夷与金州勇士的热身赛，奥尼尔扣篮后朝着坐在场边的巴斯博士喊道：“现在你准备给我钱了吗？”

另一方面，我的合同同样在那一年到期。赛季开始前，巴斯博士和我见面讨论了一份续约合同的大致框架，我们商定稍后再敲定细节。我的一部分想法是希望暂时从篮球中休息一下，理清思路，把时间分给其他兴趣。很大程度上，我的决定将取决于与科比和奥尼尔的谈判结果。如果湖人不得不在这两位明星之间做出选择，我更倾向于留下奥尼尔，因为围绕奥尼尔打造冠军球队要比围绕科比更容易。然而，随着赛季的推进，巴斯博士显然并不认同我的看法。

在训练营开始前，我和科比见了面，试图了解他的近况。他瘦了下来，看起来疲惫而憔悴。他身上也多了一种我以前没见过的硬气。我向他保证，我会尽可能让他轻松度过这个赛季。当我问起感觉如何时，科比没有特别多地表达，他处理压力的方式是把自己封闭起来。然而，在谈话快结束时，他露出了坚决的表情，告诉我他不打算再忍受奥尼尔的“胡作非为”了。

科比是认真的。在一场季前赛后期的比赛中，看到科比不稳定的表现后，奥尼尔建议科比应该调整自己的打法，更多依赖队友，直到腿部恢复得更强壮。科比回击道，奥尼尔该关心的是自己的位置，而不是为后卫瞎操心。但奥尼尔并没有罢休。“你去问卡尔和加里为什么来这里。”他说，“一个人，不是两个，只有一个，我说完了。所以他说得对，我不该教他怎么打好后卫的位置，我要教他怎么打好团队篮球。”奥尼尔还说，如果科比不喜欢他发表意见，他可以选择明年跳出合同，因为“我才不走”。

几天后，科比在接受ESPN的吉姆·格雷采访时，针对奥尼尔的领导能力进行了尖锐的批评。科比表示，如果奥尼尔认为这是他的球队，他就必须树立榜样。这意味着不能带着肥胖且不在状态的身体参加训练营，也不能把球队失败的责任推给别人。“不能只在赢球时才说这是‘我的球队’。”科比说，“它意味着在面对失败时，必须像捧起冠军奖杯一样优雅地承受压力。”科比还表示，如果自己决定在赛季结束后离开湖人，其中一个重要原因就是“奥尼尔孩子气般的自私和嫉妒”。

奥尼尔怒不可遏，告诉米奇·库普切克，自己下次见到科比时要“收拾他”。于是，库普切克和我决定在第二天到达训练场时将奥尼尔和科比分开，以防其中一人做出愚蠢的举动。我带走了奥尼尔，库普切克带走了科比。后来，我与科比交谈时，他透露真正让他生气的是奥尼尔决定在上赛季开始前不久才进行脚趾手术，科比认为这让我们赢得第四个总冠军的机会变得渺茫。这是我以前从未听科比提到过的事。

幸运的是，在最终一轮的激烈争执之后，事情暂时平静了下来。球队中有马龙和佩顿这样的老将压阵也有所帮助，他们对这种幼稚的竞争心态毫不关心。还有一个好消息是，我们以19胜5负的优异成绩开始了赛季。可惜的是，我们的成功并没有持续太久。12月，马龙在与太阳队的主场比赛中伤到了右膝，这导致他缺席了几乎整个赛季。我们没有合适的替补顶替马龙，于是球队陷入了低迷，直到赛季末才有所回升。

我给科比留出个人空间的策略似乎没有奏效。我给了他更多的自由，结果他变得更加挑衅和好斗。他的怒火大部分指向我。过去，科比在不愿意做我要求的事时，会表现消极对抗的情绪。现在，他变得攻击性十足。他在训练中说讽刺的言论，还会在其他球员面前挑战我的权威。

我咨询了一位心理治疗师，治疗师向我建议，应对科比这种人的最佳方式是：(1) 减少批评，给他更多的正面反馈；(2) 避免在他同伴面前让他感到难堪；(3) 让他觉得我要他做的事是他自己的主意。我尝试了这些策略，确实有些帮助。但当时的科比正处于强烈的自我保护模式，当压力变得无法忍受时，他的本能反应就是进行反击。

我意识到，我不能改变他的行为。但我可以改变自己对他愤怒爆发的应对方式。这对我来说是一个重要的教训。

控制怒火是每个教练最艰难的任务。这需要极大的耐心和技巧，因为在赢得比赛所需的激烈专注和毁天灭地的愤怒之间，往往没有明显的界线。

过去在一些美洲印第安部落，长老能够识别出村子里最易怒的勇士，然后教导他们将这种不受控制的狂野能量转化为创造力和能量。这些接受教导的勇士日后大多能成为最好的部落领袖。这也是我一直努力尝试做的事情，教导我队中的年轻球员。

在西方文化中，我们往往把愤怒视为一种缺陷，需要消除。这也是我成长过程中所受到的教导。作为虔诚的基督徒，我的父母认为愤怒是一种罪过，应该被驱逐。但试图消除愤怒从来都是行不通的。你越是试图压抑它，它就越有可能以更剧烈的形式爆发。更好的方法，是尽可能了解愤怒是如何影响你的思想和身体，以便将其潜在的能量转化为对自己有益的东西。正如佛学学者罗伯特·瑟曼所写：“我们的目标肯定是征服愤怒，但不是扑灭它所误用的火焰。我们将用智慧驾驭那团火，并将其转化为创造性的成果。”

事实上，最近《实验社会心理学杂志》发表了两项研究，研究证明，愤怒和创造力之间存在着某种联系。在一项研究中，研究人员发现，愤怒的情绪最初能够提高研究对象在头脑风暴中的创意能力。在另一项研究中，同样的研究人员发现，感到愤怒的研究对象比那些感到悲伤或处于无情绪状态的研究对象产生了更多的创意。结论是：愤怒是一种激发能量的情感，能增强解决问题所需的持续注意力，并激发更灵活的“全局思维”。

毫无疑问，愤怒能让人集中注意力。它是一种预警系统，提醒我们自身的福祉将面临威胁。从这个角度来看，愤怒可以成为推动积极改变的强大力量。但直面这些令人不舒服的情绪，同时不被其影响，这需要练习，也需要相当大的勇气。

当愤怒来临时，我的做法是通过冥想与之相处。我只是静静观察它来来往往。随着时间的推移，我逐渐学会了，如果我能与愤怒相处——它常常表现为焦虑——并抵抗住我压抑它的本能反应，这种情绪的强烈程度就会消散，我便能听到它所要传达的智慧。

与愤怒相处并不意味着消极接受。它意味着更有意识、更亲密地触碰自己的内心体验，从而在时机来临时，能够以更加深思熟虑和富有同理心的方式行动。

这绝非易事，但以正念行事，是建立强大信任关系的关键，尤其是当你扮演领袖角色时。佛学冥想导师西尔维娅·布尔斯坦说："未表达的愤怒在关系中创造了一道鸿沟，任何微笑都无法跨越。它是一个秘密，一个谎言。富有同理心的回应能够让关系继续存在，这需要讲述真相。而讲真话可能很困难，尤其是当你处在怒气激荡的心情时。"

从科比被逮捕的那一刻起，那一年我有了很多机会去控制自己的愤怒情绪，科比在此方面就是我主要的老师。1月底的一天，他带着被包扎好的手出现在训练馆，宣布当晚的比赛他无法参加。原来在车库搬运箱子时，他不小心把手伸进了玻璃窗，食指缝了十针。我让他在训练中跑跑步，他答应了，但最终什么也没做。之后我问他为什么骗我，他说他是在开玩笑。

我一点也不觉得好笑。这个家伙到底在玩什么幼稚的把戏？不管是什么，我都不想参与。

训练结束后，我上楼找米奇·库普切克，我们得谈谈在2月中旬交易科比的事。我说："我没法执教科比，他根本不听任何人的，我根本无法与他沟通。"这是一番徒劳的请求。科比是巴斯博士的天才球员，即使可能会危及我们争夺总冠军的机会，他也不太可能被交易离队。

几天后，巴斯博士担心他的年轻明星可能选择其他球队，于是他去纽波特海滩找科比，试图说服科比继续留在湖人队。显然，我没有参与这次会面，但不久之后，在球队集体搭乘大巴时，科比对德里克·费舍尔说："你们的那个人明年不会回来。"他所说的"那个人"就是我。我有点措手不及。显然，巴斯博士在没有与我商量的情况下，已经把有关球队和我未来的情况告诉了科比。这一打击让我深感痛苦，而科比似乎对我的表情变化感到非常得意。内心深处，这件事让我开始怀疑自己是否能信任科比或巴斯博士。那天晚些时候，我给库普切克打电话告诉他，我认为他和巴斯博士正在犯下一个大错。如果他们必须在科比和奥尼尔之间做出选择，我建议他们选择奥尼尔，因为科比简直无法管教。我还说："你可以把这话告诉老板。"几天后，经纪人打电话告诉我，湖人暂停了与我续约的谈判。当湖人于 2 月 11 日正式宣布这一消息时，记者问科比，我的离开是否影响他跳出合同的计划，他冷冷地回答：“我不在乎。”奥尼尔震惊了，他无法理解科比怎么能在经历了这一切之后，还会把我置于不利境地。我请求奥尼尔保持克制，球队最不需要的，就是科比和奥尼尔之间再来一场口水战。

珍妮相信湖人故意在削弱我的地位，她可能是对的。不过，在高层对外宣布我的去留之后，我反而感到解脱。现在，我可以专注于眼前的任务，再赢一个冠军，而不必为自己的未来担忧。结局已经注定。

全明星赛后，我与科比见面，试图澄清误会。显然，我对他的放任态度适得其反，并且给球队带来了负面影响。科比将我与他保持距离的做法误解为冷漠。因此，我决定换个方式，更积极地与他合作。我的目标是帮助他将注意力集中在篮球上，让比赛成为他的避风港，就像迈克尔·乔丹因赌博问题被媒体围攻时一样，将篮球当作心灵的庇护所。

但球队的状况非常脆弱。我要求科比停止发表那些会让年轻球员困惑的分裂言论，否则可能让球队更快地分崩离析。我补充道，既然我的合同问题已经解决，现在我们可以专心于本赛季，而不用再担心其他问题。“你和我可以解决这个问题，对吧？”我问他。他点了点头。我知道我们之间的矛盾不会就此结束，但至少是一个良好的开始。

科比的自由球员问题像一片乌云笼罩着球队。没人知道他会做出什么决定。更复杂的是，他经常身心都不在队里。当他在场时，他看起来很冷漠，常常按老习惯行事，试图单打独斗。我们并没有如一些体育记者赛季初预测的那样，成为“梦四队”。

科比并不是我们唯一的问题。加里·佩顿也面临着自己的适应问题。佩顿习惯了将球掌握在自己手中，但现在他不得不与其他几个也渴望持球的球员分享球权，这使得他在寻找节奏时遇到了困难。在超音速打控卫时，他习惯了运球突破背身单打小个后卫。现在他不得不在三角进攻体系中打球，他觉得自己的创造力受到限制。更糟糕的是，他的防守速度下降了，专栏作家马克·海斯勒开玩笑说，他的绰号应该从“手套”改成“隔热垫”。

好在，卡尔·马龙在3月回归后，球队重新开始获胜，并且取得了十一连胜。在这段时间里，我开始给费舍尔更多的出场时间，因为他比佩顿更适应体系。我还让科比担任球队的指挥官，负责掌控比赛节奏。

但是科比与其他队员之间的裂痕越来越大。科比一向不畏惧出手，但赛季的最后一周，他却在对阵萨克拉门托国王的比赛上半场只投了一次，导致国王取得了19分的领先并轻松获胜。媒体普遍认为科比故意在比赛中放水，以此来提高他在巴斯博士面前的谈判地位。科比解释说，他只是按照教练的要求去做，更多地传球，但没人相信这一说法。一名球员在匿名接受《洛杉矶时报》记者蒂姆·布朗采访时说：“我不知道我们该怎么原谅他。”

这导致第二天的训练中出现了难堪的一幕。科比怒气冲冲地冲进训练馆，逐一盘问每位队友，试图找出谁向媒体泄露消息。这严重打击了球队的士气。

赛季开始时，有记者称湖人是“历史上最强的阵容”，然而现在我们最终在西部排名第二，跌跌撞撞地闯入季后赛。我感觉球队已经开始支离破碎，伤病不断增加，马龙扭伤了右脚踝，德文·乔治拉伤了小腿，费舍尔拉伤了腹股沟肌肉，福克斯因为右手大拇指脱臼也受到影响。

直到在西部半决赛中以0比2落后圣安东尼奥马刺时，我们才开始真正觉醒。在第三场比赛中，比赛在斯台普斯中心球馆进行，我们恢复了常规的取胜法则——严密的防守和给内线的奥尼尔传球——并以105比81击败了马刺。接下来的比赛，科比表现惊艳，他从科罗拉多的出庭受审后飞回洛杉矶，在比赛中拿下42分、6个篮板和5次助攻，带领湖人从落后中逆转获胜，将系列赛大比分扳成2比2平。赛后，兴奋的奥尼尔称科比为“史上最佳球员”——比迈克尔·乔丹更厉害。这并不是科比第一次在从科罗拉多法院接受审判后飞回并帮助球队取胜，但这是最鼓舞人心的一次。科比说：“篮球有点像心理医生，它让你暂时忘掉很多事情，忘掉太多事情了。”

第五场比赛，真正的奇迹发生了。我们在第三节领先16分，但马刺顽强反击，在最后时刻重新取得了领先。在比赛还剩11秒时，科比投中了一个20英尺的跳投，帮助我们以72比71领先。比赛还剩5秒时马刺队的蒂姆·邓肯在失去平衡的情况下投出一个18英尺的后仰跳投，还奇迹般地命中。这为比赛的最后一球埋下了伏笔。

马刺队开始跳跃庆祝，仿佛比赛已经结束。我在暂停时告诉球员，尽管比赛剩下不到半秒钟，但我们仍然会赢得比赛胜利。佩顿发边线球，而罗伯特·霍里识破了我们最后一投的战术，封住了传球线路。结果，佩顿不得不请求再次暂停。这次暂停，我让佩顿找出空位的球员，不管他是谁。他在左侧空位找到费舍尔。倒计时仅剩毫秒，费舍尔接到传球，投出一个奇迹般的转身跳投，球进了。比赛结束。

我们在第六场比赛中战胜了马刺，随后又在西部决赛中以六场比赛击败了森林狼。但马龙在最后一场比赛中再次伤到了膝盖，这打乱了我们的节奏，并且给即将到来的对阵底特律活塞的总决赛蒙上了一层阴影。

即使在马龙受伤之前，我就已经对与活塞队交手感到紧张了。活塞是一支年轻而团结的队伍，正处于巅峰状态，在刚刚赢得的东部决赛中，他们战胜了联盟战绩最佳的印第安纳步行者。我们的球员没有太认真看待活塞队，因为他们没有大牌明星，但他们有最出色的教练之一拉里·布朗，而活塞也为我们制造了许多棘手的对位问题。强壮且极具创造力的组织后卫昌西·比卢普斯，可以轻松地过掉佩顿或费舍尔；身高6英尺9英寸的泰肖恩·普林斯，这位臂展巨大的防守悍将，会给科比带来麻烦；我们对他们的内线双人威胁拉希德·华莱士和本·华莱士也没有什么应对办法。布朗的战术是通过让内线球员在沙奎尔·奥尼尔背打时摔倒来制造进攻犯规。在每一轮系列赛开始前，我都会花很多时间构思出新方法来化解对方的进攻。但对于活塞队，我却一时无计可施。

一切始于洛杉矶的第一场比赛。活塞在防守端巧妙制约了我们，尽管奥尼尔和科比合计得到了59分，他们还是拿下比赛夺回了主场优势。我们在第二场比赛中反弹，并在加时赛中艰难取胜。但当系列赛移师底特律时，我们开始表现挣扎，而且未能恢复过来。马龙的膝伤继续困扰着他，球队的引擎也开始运转失灵。活塞仅用五场比赛就赢得了总冠军。

这个赛季最让我失望的是，未能排除干扰，把这支球星云集的球队打造成应有的强队。虽然科比、马龙等球员有些出色的个人表现，但最终我们依然是一群大多已经年迈的老将，双腿疲惫，难以追赶上一支年轻、饥渴、充满活力的球队，而这支球队与几年前的湖人队非常相似。

对于福克斯来说，我们失败的原因很简单。“一支球队总是能战胜一群球员。”他说，“我们在错误的时间，成了一群球员。”

对费舍尔来说，湖人队的衰败从我们的第三次总冠军之旅中就已经开始了。一旦成功成为球队文化的一部分，他说：“球员开始更多地为球场上发生的事情争夺功劳。所以，大家开始更关注这是谁的球队，而不是教练组对球队所做出的贡献。是奥尼尔的球队还是科比的球队？我们阵容中的哪些球员需要站出来提升自己？这些问题开始渗透进更衣室，这真的改变了最初几年球队的凝聚力和能量。”

球队的解体来得很快。季后赛刚结束不久，巴斯博士确认了米奇·库普切克早已告诉我的消息。他说球队正在朝不同的方向发展，不会和我续约。不出所料，他打算交易奥尼尔，并希望重新续约科比。我告诉巴斯博士，失去奥尼尔可能意味着将至少把一个总冠军送给得到他的球队。他说，他愿意为此付出代价。

我的预言成真了。7月中旬，湖人将奥尼尔交易到了迈阿密热火，奥尼尔两年后带领热火赢得了总冠军。奥尼尔交易的第二天，湖人宣布科比已与球队续约。科比在科罗拉多的审判于 8 月 27 日开始选陪审团，9 月 1 日结束。法官在检方撤销案件后驳回了指控。显然，他们的关键证人，也就是科比的指控者，拒绝作证。

传奇教练科顿·菲茨西蒙斯曾说过，在教练被解雇之前，你无法知道他的执教水平如何。我不确定这对我意味着什么，但无论如何，我已经准备好从篮球中休息一下，寻找其他方式来滋养我的心灵和精神。我有一些工作要做，写一本关于我在湖人队时光的书——《终极赛季》。之后，我计划远离洛杉矶，进行一场为期七周的旅行来放松头脑，目的地是新西兰、澳大利亚和南太平洋的一些地方。

尽管经历了这么多戏剧性的波折，尽管希望能重写最后的结局，我还是对自己在湖人队五年的成就感到满意。在我离开时，我和科比之间的关系也有了积极的转变。面对愤怒总是充满风险的，这不可避免地让你直面自己内心的恐惧、脆弱和偏见。但我和科比在那个赛季采取的每一步，无论是各自以何种方式，都在为未来建立更强、更有意识的联系打下基础。

回顾这段时光，我觉得它标志着我人生中一个章节的结束，以一种积极的方式。执教湖人就像与一位美丽的女人发生了一段狂野而热烈的恋情。现在，是时候继续前进，尝试新的事物了。

## 第十九章

# 砍柴担水

忘掉错误，忘掉失败，忘掉一切，只要记住你现在准备要做的事情，然后放手去做。今天会是你的幸运日。

——威尔·杜兰特

接到珍妮的电话时，我在澳大利亚的休假刚刚开始。她说湖人的情况非常严峻。球队陷入了恶性循环，新任主教练鲁迪·汤贾诺维奇已经辞职了。她问我能否回来拯救球队。

我不能说自己对此很意外。汤贾诺维奇是一位优秀的教练，他曾带领休斯敦火箭赢得了两次总冠军，但他在洛杉矶接手的是一个根本无法逆转的局面。而且，汤贾诺维奇刚刚完成了癌症治疗，无论是身体上还是情感上，他都无法胜任这份工作。

球队的状况也并不理想。在休赛期，球队的实力大幅削弱。奥尼尔被交易离队，卡尔·马龙退役，里克·福克斯被凯尔特人签下并在几个月后退役，加里·佩顿和德里克·费舍尔以自由球员身份离队。新来的几名球员是从奥尼尔交易中得到的——前锋拉玛尔·奥多姆、后卫卡隆·巴特勒和有膝伤的内线球员布莱恩·格兰特。科比试图独自带领这支尚未成型的球队前进，但他做不到。

我告诉珍妮，重回洛杉矶目前是不可能的。我不准备放弃接下来的旅行，我还要和兄弟们一起骑摩托车环游新西兰。我也不想尝试拯救一支已经无法挽回的球队。"那下个赛季呢？"珍妮问。

"再考虑吧。"我答道。

我想我可能有那么一瞬间闪过幸灾乐祸的念头，实际上，湖人的衰退并没有让我感到高兴。我曾努力将这支球队打造为冠军之师，看到我以前的助理教练弗兰克·汉伯伦在2004/2005赛季末期徒劳地试图稳住局面，我也确实相当难过。这是湖人自20世纪90年代初以来第一次无缘季后赛。

回到家后，我和一些有空缺教练职位的球队进行了交流，包括纽约尼克斯、克利夫兰骑士和萨克拉门托国王。但没有哪个工作比重建湖人更吸引我——那是我在第一次执教时没有机会做的事情。但在我答应之前，我需要确认一下，科比是否还愿意和我再次合作。

自从一年前我们在赛季结束时的紧张会面以来，我就没有再和科比联系过。从那时起，我已经出版了《终极赛季》一书，书中我公开了自己在动荡的2003/2004赛季里与科比共事时的挫折感。我不知道他会对我做什么样的回应，但当我打电话给他时，并没有感觉到敌意。科比唯一的要求是，希望我在媒体面前更加低调，不透露关于他的私人信息给记者。这似乎很合理。

我想我俩都意识到，为了取得成功，我们需要彼此的支持和善意。在2004/2005赛季之前，科比曾吹嘘，只要他为湖人效力，球队的胜率就永远不会低于五成。但事实恰恰相反，湖人以34胜48负的战绩并列太平洋赛区倒数第一。这对科比来说是一记沉重的警钟。他之前从未经历过如此的失败，这迫使他承认，如果还想赢得更多的总冠军，他必须全心全意与他人合作。

我知道，如果我接受这个工作，我的首要任务就是恢复球队失去的自豪感。在我看来，体育评论员和球迷把科比推到了风口浪尖，指责他破坏了湖人队伟大的冠军阵容，虽然这不公平。我认为我的回归可能有助于平息这些声音。比起奥尼尔，我也对以科比为核心打造一支新冠军球队的可能性更兴奋。但要实现这一目标，科比和我必须建立更深、更协作的关系，他也必须成长为与过去不一样的领袖。我知道这需要时间，但我暂时也没有看到其他无法克服的障碍。科比似乎和我一样，急于忘掉过去，向前看。

当我和巴斯博士会面，敲定三年合同的细节时，我需要他的保证：我在人员决策方面拥有更大的话语权，而不是像2003/2004赛季奥尼尔与科比对立时那样被排除在外。巴斯博士同意了，但拒绝了我另一个要求——成为球队的部分股东。相反，他提出给我加薪，并向我解释，这是因为他计划将湖人的控制权交给他的六个孩子。作为这个计划的一部分，他让儿子吉米进入管理层，学习篮球运营，以便他最终接管湖人的篮球事务。而珍妮将继续负责销售、市场营销和财务工作。

当我在2005年回归湖人时，吉米·巴斯已被晋升为球员事务副总裁。他渴望选中安德鲁·拜纳姆——来自新泽西的天才高中生中锋，并请我在拜纳姆来到洛杉矶试训时看一看。我唯一对拜纳姆的顾虑是他的跑步姿势，后来这导致了严重的膝伤问题。但除此之外，我认为他有潜力成为强大的内线球员。我同意了这个选秀操作，我们用第十顺位将他拿下。年仅17岁，他成为NBA历史上最年轻的选秀球员。

对于从高中招募球员，我最大的担忧一直是NBA生活带来的诱惑。许多年轻球员被金钱和名声迷惑，以至于他们没有成长为成熟的年轻人，也没能兑现自己作为运动员的潜力。在我看来，成为“职业”的NBA球员关键不是学习最炫酷的动作，而是学会控制情绪，保持专注于比赛，如何面对逆境，如何在球队中找到自己的角色并始终如一地执行，如何在压力下保持冷静，并在痛苦的失利或欣喜的胜利之后保持内心的平衡。在芝加哥，我们有一句话来形容这种情况：从一个篮球运动员变成一个"职业"NBA 球员。

对于大多数新秀来说，他们通常需要三四年的时间才能达到这个水平。但我告诉拜纳姆，我们会加速他的成长，因为我们期望他在球队中扮演关键角色。我向他解释，如果他承诺全身心投入这项任务，我也承诺全力支持他。拜纳姆向我保证，我不用担心他的成熟度，他已经准备好承担起责任。他没有食言。到下个赛季，他就会成为湖人队新的首发中锋。

拜纳姆不是唯一需要这种训练的球员。我们有几名年轻球员需要从基础开始学习，包括斯马什·帕克、卢克·沃顿、布莱恩·库克、萨沙·武贾西奇、冯·韦弗、德文·格林和罗尼·图里亚夫。我并不把这看成一个劣势，而是一个机会，可以让我从最基础开始打造新的球队，培养一群能一起学习战术并为我们带来活力的年轻球员。鉴于球队的构成，我发现自己不像以往那样专制，而更像是一个耐心的父亲。这是一支正从起步阶段艰难成长的球队——对我来说是一次全新的经历——我必须小心翼翼地培养球员们的信心。

这支新球队面临的主要障碍是，除了科比之外，球队缺乏稳定的得分点。我原本希望拉玛尔·奥多姆能够承担这个任务。奥多姆曾是四号秀，场均能得 15 分以上，身高 6 英尺 10 英寸的他是一位高大、灵活的前锋，打球风格自由奔放，令我想起了斯科蒂·皮蓬。他在抢篮板和推动进攻上非常出色，能够利用快攻打破防守。凭借他的身高、敏捷和组织能力，奥多姆能给许多球队带来了错位的麻烦，我曾认为我们能够将他培养成强力"控球前锋"，正如皮蓬那样。然而，奥多姆在学习战术体系时遇到困难，在我们最需要他的时候，他的表现经常令人崩溃。我发现最好的方法是给他自由，让他能自己根据场上的情况随机应变。每当我试图把他固定在某个角色时，他的斗志似乎就会消失。

还有一些球员的表现没有达到我的预期。我回归后不久，湖人通过与华盛顿的交易引进了夸梅·布朗，期望为我们的内线增加一些硬度。我们知道布朗在奇才队的表现令人失望，作为状元，他未能兑现自己的潜力，但他身高6英尺11英寸，体重270磅，有着不错的单打能力，以及防守联盟顶级大个子的力量和速度。直到很久以后，我们才知道他对自己的外线投篮毫无信心。在一场对阵活塞队的比赛中，科比走到替补席笑着对我说："菲尔，你不如把布朗换下去吧。他刚刚告诉我不要传球给他，因为他可能会被犯规，那还得罚球。"

另一个看起来起初很有潜力但缺乏心理韧性的球员是斯马什·帕克。尽管从纸面上看，老将阿龙·麦基和来自欧洲的新秀萨沙·武贾西奇都比帕克更强，但帕克在训练营中表现出色，甚至在前四场常规赛中有三场得到了20分，因此我们任命他为首发控卫。帕克是一名身材瘦小、机灵的球员，他擅长突破防守攻击篮筐，并且能够进行强硬的全场防守。他的投篮不稳定，但充满活力的表现帮助球队在那个赛季强势开局。

然而，帕克童年艰辛，在感情上非常脆弱，这限制了他与他人建立情感联系的能力。在他年轻时，母亲因艾滋病去世。如果一切顺利，帕克会是场上最有活力的球员。但压力加大时，他很难保持冷静。他就像一颗随时可能爆炸的定时炸弹。

与此同时，科比继续表现出色。在赛季的前半部分，我告诉他可以尽情发挥，因为球队还没有完全掌握战术体系——他回应的方式是创造历史。科比在常规赛中有23场比赛得分超过40分，场均35.4分，创下了个人职业生涯的新高。最精彩的表现是他在1月对阵多伦多猛龙的比赛中拿下81分。这场比赛中，第三节猛龙领先18分时，科比爆发了，他下半场拿下55分，帮助球队以122比104赢得胜利。科比的81分是NBA历史上第二高的单场得分，仅次于1962年威尔特·张伯伦的单场 100 分。科比的表现与张伯伦的不同之处在于，他从场地的各个位置都能投篮，包括 7 个三分球 —— 张伯伦那时候还没有三分线。为了让大家更好地对比科比的表现，迈克尔 · 乔丹生涯单场得分最高也“只有”69 分。

从新秀赛季开始，科比是否成为“下一个迈克尔 · 乔丹”就一直是外界讨论的话题。如今，科比的比赛风格已经成熟，这个问题似乎不再是轻率的揣测。即便是乔丹也曾说，科比是唯一可以与他相提并论的球员，我也同意这一点。两人都拥有极其强烈的竞争欲望，几乎不受伤病的影响。乔丹和科比都曾在极其艰难的情况下打出最佳表现 —— 从食物中毒到骨折，这些伤病足以让其他球员休息几周，但他们依然能够在这种情况下完成逆转比赛的关键投篮。尽管如此，他们的风格还是有很大区别。乔丹更倾向于通过力量和身体素质突破对手，而科比则更喜欢通过灵活的技巧穿越人群。

作为他们的教练，我更感兴趣的是两人之间的差异，而不是相似之处。乔丹更强壮，肩膀更宽，体格也更加坚实。他的手也很大，这让他在控球和做出微妙假动作时占有优势。而科比则更为灵活 —— 这也是他最喜欢的绰号“黑曼巴”的来源。

两人对待自己身体的方式也有所不同。曾经和两人都合作过的训练师奇普 · 谢弗尔说，科比像对待一辆精细调校的欧洲跑车一样对待自己的身体，而乔丹则更随意，不太有规律，偶尔还会沉迷于雪茄和美酒。不过，谢弗尔至今仍然惊叹于乔丹在场上动作的优雅。“我从事的工作是关于运动员的动作展开的，但我从未见过别人像迈克尔那样移动。”他说，“唯一能形容的词就是美妙。”

乔丹和科比的投篮风格也有显著差异。乔丹的投篮准确度比科比高，他职业生涯场均投篮命中率接近 50%，这个数据相当惊人，巅峰时期通常在 53% 到 54% 之间。科比的命中率是 45%，虽然也不错，但他的状态往往持续更久。乔丹更倾向于让比赛自然进行，而不会过度强求，而科比则常常在比赛不顺时强行出手。如果科比的投篮不准，他会不断尝试，直到手感回暖。反之，乔丹则会转向防守、传球或掩护，帮助球队取得胜利。

毫无疑问，乔丹是一个更强硬、更具威慑力的防守者。凭借他极具压迫性、高度专注的防守，他几乎可以突破任何掩护，并成功限制住几乎任何球员。而科比则通过学习乔丹的防守技巧，逐渐成为我们在逆转比赛时的秘密武器。总的来说，科比更多依赖自己的灵活性和技巧，但他在防守时常常冒险，有时付出的代价也很大。

在个人魅力方面，乔丹比科比更加外向和亲和。他喜欢和队友、安保人员一起打牌、抽雪茄、开玩笑。科比则不同，尽管他从小就比较内向，部分原因是他比其他球员年轻，没能像大学球员那样发展社交技能。当科比加入湖人时，他避免与队友过多交往。但随着他成长，他开始越来越投入与队友的社交，尤其是在客场比赛时。在我们第二次获得总冠军时，他成了球队的“派对灵魂”。

尽管乔丹和科比的篮球智商都很高，但我不会称他们为传统意义上的“知识分子”。乔丹曾在北卡罗来纳大学读书，数学方面很有天赋，但他对我给他推荐的书籍并不感兴趣。在这方面，科比也是如此，尽管现在他经常向我请教关于书籍的建议，尤其是关于领导力的书籍。科比本可以去任何大学，但他跳过了这一环节，因为他太急于征服 NBA 了。然而，他一定曾经疑惑过自己是否做了正确的选择，因为在 1997 年夏天，他曾背起书包，去加州大学洛杉矶分校上了一门高级意大利语课程。

从我的角度来看，乔丹和科比之间最大的区别在于乔丹作为领袖的卓越能力。尽管他有时对队友很严格，但乔丹在控制球队情绪方面无与伦比，他能够用自己的存在感引导队员。而一旦他接受了三角进攻战术，他就本能地知道如何调动队友的积极性，让战术得以实施。

科比还有很长的路要走，才能达到这一点。虽然他说得很有信心，但他还没有像乔丹那样深刻体会领袖的艰难。很快，这一切也将发生改变。

在2005/2006赛季的中期，球员们逐渐适应了战术体系，并且开始赢得比赛，即便科比没有再打破任何记录。我很高兴看到球队比预期进展更快。我们在常规赛收官阶段取得了11胜3负的成绩，并以45胜37负的战绩进入季后赛，比上赛季多赢了11场。

随着势头持续增强，我们在首轮意外地以3比1的大比分领先分区冠军太阳队。我们的战术是让科比吸引双人防守，然后将球传给布朗和奥多姆，战术奏效了。在第四场的逆转胜利尤为精彩。比赛还有0.7秒时，借助帕克关键的抢断，科比在底线投篮扳平比分，然后在加时赛的最后0.2秒，命中一个17英尺的后仰跳投，帮助我们赢得比赛。赛后，科比说：“这是我经历过的最开心的时刻，因为我们全队和洛杉矶这座城市一起分享这个时刻。”

然而，我们并没有庆祝太久。在第五场比赛的几个小时之前，我们得知布朗因涉嫌性侵在洛杉矶遭到调查。虽然最终指控被撤销了，但这些报道分散了球员们的注意力，导致我们未能在第五场结束系列赛。随后，形势转向了太阳队。第六场比赛中，帕克在进攻端越来越不敢出手，科比鼓励他专注于防守太阳队控卫纳什，不用担心进攻。科比上演了50分的英雄表现，我们还是在加时赛中落败。比赛结束后，12次投篮仅得5分的帕克情绪崩溃。我们返回菲尼克斯，在第七场比赛中面对太阳队。比赛并没有太多悬念。中场休息时，我告诉科比回归我们的最初的战术，把球传给奥多姆和布朗打低位。于是他调整了自己的打法，第二节只投了三次。可惜奥多姆和布朗失误连连，尽管获得无数得分机会，两人合计仅得20分。最终，比赛以90比121的大比分失利收场，这是湖人队在抢七大战中遭到的最惨失利。我再次意识到，赢得关键比赛不仅仅是技巧的较量，更多的是心态的胜负。我们需要更多的斗志。

不仅球队有问题，我也面临着问题——严重的髋关节问题。在2006/2007赛季训练营开始前，我进行了髋关节置换手术。这限制了我在训练中四处走动观察每个球员的表现，我不得不学习坐在专门设计的椅子上指挥比赛。有趣的是，尽管我担心行动不便会削弱我的权威，但结果正好相反。我学会了如何以不显得过于强硬的方式去展现我的权威——又一次让我意识到“少即是多”的道理。

2006/2007 赛季开局不错，但随着赛季后期几名球员都受到伤病困扰，局势变得艰难，包括奥多姆、布朗和卢克·沃顿等球员因伤缺阵。在某个阶段，球队的阵容变得非常薄弱，甚至不得不让身高 1.96 米的后卫阿龙·麦基打大前锋，安德鲁·拜纳姆则顶替中锋位置。到了 2 月，球队陷入了低谷，16 场比赛输了 13 场。到 3 月中旬，科比已经受够了，决定亲自出手。他的表现确实有效，连续七场比赛有五场得分超过 50 分，我们赢下了其中五场。然而，其他球员抱怨自己根本得不到球权，于是我让科比适当放慢进攻节奏。

我通常会尝试在赛季末调整状态，让球队在季后赛前达到巅峰状态。但这次显然无望。球队的化学反应崩塌，我们无计可施。最终，我们以 4 胜 8 负的战绩结束了常规赛，我也决定放弃帕克，改用新人乔丹·法玛尔，他更灵活，防守也更可靠。

但在季后赛首轮，要跟上太阳队的节奏，我们需要的远不止是速度。太阳队那年实力比之前更强，连续三年赢得太平洋赛区冠军，他们拥有 NBA 最强控卫之一——史蒂夫·纳什，他曾连续两年获得 MVP。太阳队显然非常自信。在第一场比赛前，《洛杉矶时报》刊登了一篇文章，其中引用了《体育画报》作家杰克·麦卡勒姆的书《不足七秒》中的一段内容，太阳队主帅迈克·德安东尼批评了我们几名球员的防守弱点。“夸梅糟透了。”他说，“拉玛尔是个很普通的防守球员，武贾西奇谁也防不住，科比在快速反击中经常做出不明智的选择。”

虽然我并不完全同意德安东尼的看法，但我对太阳队无所畏惧的胆量印象深刻。不过，我认为只要我们保持专注，还是有可能再次给他们点颜色瞧瞧。

然而，这个“只要”的前提很难实现。整个系列赛中，我给球员们放映了电影《川流熙攘》的片段，因为我认为他们需要更多的拼劲，才能战胜太阳队。显然，他们并没有领会我的意思。前两场比赛，我们在菲尼克斯的比赛中表现得无精打采，第三场在洛杉矶有所回升，赢得了比赛，但随后的比赛又回到了低迷状态，最终以1比4输掉系列赛。第四场比赛结束后，我因球队低迷的表现大发雷霆，甚至提前结束了第二天的训练。可惜，缺乏拼劲只是问题的一部分。我们还缺乏一些经验丰富、有实力的球员，才能让球队真正有竞争力。那些我曾希望能成为冠军级球员的年轻人，在关键时刻并未展现出足够的担当。

我不是唯一失去耐心的人。自从交易奥尼尔后，球队没有做出任何实质性补强，科比感到愤怒。在第五场比赛后，他对记者表示自己已经厌倦了"单打独斗"，得分50分却输掉比赛。"我不愿意这样。"他说，"我想赢，我想赢得总冠军，现在就赢。所以，湖人队必须做出决定。"这可不是虚张声势的威胁。季后赛后，他问我关于引进新球员的进展。我告诉他，我们已经讨论过自由球员的情况，正在考虑可能签下的球员，但到目前为止并没有达成交易。"看来，我得亲自做点什么了。"他说。

几周后，科比因《洛杉矶时报》记者马克·海斯勒的一篇报道愤怒不已，报道中一位"湖人队内部人士"称科比应对"后奥尼尔时代的混乱"负责。科比在接受ESPN记者斯蒂芬·A.史密斯的电台采访中公开表示不满。他批评巴斯博士没有坦诚地向他说明球队未来的发展方向，并要求将自己交易离队。在接受其他记者采访时，科比确认了自己的交易意向，并表示愿意放弃合同中的交易否决权，帮助交易达成。事实上，在2008年夏季奥运会的训练期间，他并未向记者明确自己是否会继续穿上紫金战袍参加训练营。

休赛期时，有一笔强有力的交易机会，可能让科比改变心意，留在湖人队。那就是与明尼苏达森林狼交易凯文·加内特。我希望加内特能成为科比的好搭档，帮助平息科比的情绪，并激励他重新留守球队。更重要的是，加内特的加入可能会让我们再度具备争夺总冠军的实力。但这笔交易在最后一刻告吹，波士顿凯尔特人提出了一个让森林狼和加内特更感兴趣的交易报价。多年后，加内特承认他拒绝与湖人达成交易，主要是因为科比对球队的不满。

我们没有人乐意看到交易科比这种情况发生。交易像他这样的球员几乎不可能获得等值回报。最好的情况就是能换来两名可靠的首发球员，或者一个有潜力的选秀权，但不可能找到一个同等级的球员。然而，巴斯博士还是与科比进行了会面，并同意只要科比不再在媒体上公开谈论交易，他愿意评估其他球队对他的报价。经过几周的谈判，科比和他的经纪人请求获得允许，开始自己联系交易的下家，并与芝加哥公牛进行了几次谈判，但都未能达成任何协议。

2007/2008 赛季开始前，巴斯博士、吉米·巴斯、米奇·库普切克和我与科比及其经纪人举行了几次会议，讨论潜在的交易。但没有一笔交易从商业角度来看是合理的，因此巴斯博士要求科比坚持下去，等待更合适的报价。他解释了自己的理由："如果我有一颗价值连城的四克拉钻石，我会为了四颗一克拉的钻石而放弃它吗？不，没有任何交易能带来与你相匹配的价值。"

我给了科比几天时间休息，让他好好考虑自己的选择。我并非不理解他的困境，尽管我依然相信我们能够让湖人重回巅峰。毫无疑问，失去科比将对球队乃至我个人是巨大打击。过去两个赛季，科比和我一起经历过许多困难，我们之间的关系也愈发密切。

是否继续留队的问题像一团乌云笼罩在整个球队上空，其他球员也因此感到焦虑。我劝告他们不要担心，因为科比的决定并不在我们的掌控之中。我们能做的就是重新投入球队，做好准备，迎接接下来的赛季。无论科比是否留队，我们都要以最好的状态应对一切挑战。

就像对待生活中的一切，我们遵循的指示都是一样的，尽管环境在变，你只管砍柴担水，各司其职。

第二十章

# 天命之子

联系是我们活着的原因。它赋予生命存在的目标和意义。

——布琳·布朗

在我们处于困境时，发生了一件有趣的事情：一支全新而更具活力的球队开始崭露头角。

在斯台普斯中心球馆的揭幕战中，比赛进展不顺。我们以 93 比 95 输给了火箭，科比在出场仪式时遭到了球迷的嘘声。但三天后，我们在菲尼克斯 119 比 98 大胜宿敌太阳队。这场比赛得分最多的球员是新加盟的弗拉迪米尔·拉德曼诺维奇，他得到了 19 分，另外四名球员也得分上双。德里克·费舍尔在赛后表示："那场胜利在我们心中播下了一个小小的种子，如果我们按照正确的方式打球，我们也可能非常强大。"

到 1 月中旬，我们的战绩是 24 胜 11 负，击败了大部分顶级球队。我们成功的一个重要原因是安德鲁·拜纳姆的成长，他通过与贾巴尔和科特·兰比斯合作，提升了自己的脚步和传球技巧，让自己成长为一个不可忽视的得分点。科比注意到了这一点，开始和他打挡拆，这为拜纳姆创造了很多轻松的投篮机会。在前三个月里，拜纳姆场均得到13.1分、10.2个篮板，创下职业生涯新高。

我们成功的另一个原因是几名年轻替补球员注入的活力，包括拉德曼诺维奇、乔丹·法玛尔、卢克·沃顿和萨沙·武贾西奇。虽然这些球员仍有许多需要学习的地方，但他们进步神速。最重要的是，他们充满活力，改善了球队的化学反应。尤其是当他们状态火热时，他们能将进攻提升到快速流畅的新维度，令对手难以防范。11月末，我们还通过与奥兰多的交易，得到了一名才华横溢的年轻球员——特雷沃·阿里扎。他是一位速度性、技术全面的小前锋，能够攻击篮筐，还能在快速反击中命中外线投篮。

第三个，可能也是最为重要的原因——德里克·费舍尔的回归。费舍尔是我们三连冠时期的功臣，他在金州勇士和犹他爵士效力三年后回到湖人，为我们带来了一个成熟、经验丰富的领袖，能够指挥进攻，给球队带来急需的秩序感。

正如我之前提到的，我们执教方法的关键之一是给球员自由空间，让他们在球队框架内寻找自己的位置。费舍尔不像史蒂夫·纳什或克里斯·保罗那样是富有创造力的组织者。但他利用自己的优势——坚韧的心理素质、关键时刻的外线投射能力以及冷静应对压力的能力——为自己创造了一个适合他又对球队产生深远影响的角色。

“这听起来比实际情况更神秘。”他谈到自己所经历的过程时说，“教练的目标是为我们设定一些基本的指导方针，告诉我们如何作为团队一起打篮球。然后，对其他方面，就期望你能自己去规划。这是一种奇妙的形式，能够在不做过多组织干预的情况下创造出秩序感。这不像许多教练那样，他们认为你应该做什么，而是他们退后一步，让你自己找到适合自己的方式。”

在第一次效力湖人时，费舍尔从替补后卫起步。但他是一个勤奋好学的球员，不断为自己的技能库增加新的武器，直到2001年罗恩·哈珀离队后他进入了首发阵容。尽管刚开始他在防守上难以阻止对手挡拆，但他很快就学会了利用自己强大的身体力量绕过大个子防守球员。他还练出了致命三分球，在比赛最后时刻，当对方将防守重点集中在科比身上时，费舍尔可以趁机投篮得分。到了实现三连冠的那个赛季，费舍尔已经成为湖人队的第三得分手，仅次于沙奎尔·奥尼尔和科比·布莱恩特。

他也是我所执教过的最无私的球员之一，是其他球员的榜样。在2003/2004赛季开始时，我让他放弃了首发位置，腾出空间给加里·佩顿，他毫无怨言。然而，随着赛季的进行，我还是增加了他的出场时间，尤其是在比赛的关键时刻。因为费舍尔在场时，进攻更加顺畅。

在那个赛季之后，他成为自由球员，并与金州勇士签下了一份丰厚的五年合同，但他在勇士队并没有找到合适的角色。两年后，他被交易到犹他爵士，在球队冲击西部决赛的过程中，费舍尔担任替补后卫角色，发挥了关键作用。但后来费舍尔女儿被诊断出患有眼癌，他向我提出了回洛杉矶的请求，以便让女儿能接受更好的治疗。最终，他与米奇·库普切克达成协议，跳出了与爵士的合同，并降薪与湖人签下了新合同。

当费舍尔回来时，我让他成为球队的联合队长。我还告诉他，我希望让替补控卫乔丹·法玛尔每场打超过20分钟，因为法玛尔擅长从替补席上挺身而出，凭借自己的速度和敏捷帮助进攻。费舍尔对此没有异议，他们两人合起来场均贡献20.8分。有一次，我问费舍尔需要做些什么来提升自己的比赛水平。他回答说，他希望能获得更多的投篮机会，但他知道自己必须接受现状，因为总得有人来组织进攻，而那个人不可能是科比或奥多姆。

费舍尔是科比完美的领导搭档。他们从新秀赛季起就一起成长，彼此完全信任。费舍尔比科比更有耐心，解决问题时更加平衡。尽管科比为球队注入了强烈的胜利欲望，费舍尔却有能力通过言语鼓舞队员，让他们保持脚踏实地和专注度。“每次费舍尔发言时。”卢克·沃顿说，“我觉得应该配上音乐，像是那些史诗般的体育电影。当他讲话时，我想把它写下来，因为没人能比他说得更好。”

有时，费舍尔也会充当科比和我之间的调解人。有一次，我在一次球队会议上批评科比投篮过多，扰乱了进攻节奏，他愤怒地冲出会议室，说他不参加当天的投篮训练了。但费舍尔巧妙地介入，私下劝科比，帮他冷静了下来。

当费舍尔回到湖人时，他迅速意识到，他和科比必须采用不同于第一次三连冠时的领导风格。那时，球队中有其他经验丰富的冠军球员，如罗恩·哈珀、约翰·塞利和霍勒斯·格兰特。而这一次，球队中没有这些球员。所以费舍尔意识到，如果他们想打动这些年轻且缺乏经验的球员，他和科比必须站在年轻球员的角度来看问题。“我们不能从万尺高空来领导这支队伍。”他现在说，“我们必须回到地面，与队员一起成长。随着这个过程的进行，我们开始感受到真正的团队凝聚力和兄弟情谊。”

1月是球队的转折点。月中，拜纳姆在与灰熊的比赛中左膝盖脱臼了，这是一个沉重的打击，导致他整个赛季报销。但第二天，在一次广播采访中，科比向拜纳姆表达了敬意，这结束了关于科比可能被交易的猜测。在休赛期，科比曾调侃拜纳姆的不成熟，但现在他听起来像是拜纳姆的最忠诚支持者，他还称湖人队在拜纳姆的阵容下“是一支有冠军实力的球队”。

两周后，我从库普切克得知，他和灰熊达成了一笔交易，将全明星中锋保罗·加索尔带到了洛杉矶。作为交换，孟菲斯得到夸梅·布朗、阿龙·麦基、贾瓦里斯·克里滕顿以及保罗·加索尔的弟弟马克·加索尔的签约权。后来，马克成为灰熊的全明星中锋。这笔交易让我想起了

1968 年尼克斯通过交易从活塞引进戴夫·德布斯切尔的时刻，曾有记者将这笔交易形容为"篮球界的路易斯安那购地条约"。像德布斯切尔一样，加索尔成熟且聪明，深谙篮球之道，并且愿意在必要时降低自己的球队地位，以提升球队的胜算。他是那个时刻最适合的球员。加索尔的到来让我们从一支艰难争取每场 100 分的球队，迅速转变为一支快节奏的得分机器，场均超过 110 分，而且享受比赛的乐趣。

作为西班牙国家队的明星球员，加索尔从小就熏陶于更具协作性的欧洲篮球风格中，这使得他能迅速适应三角进攻。加索尔的比赛风格非常适合三角进攻：他不仅是个拥有多样的中距离投篮、勾手以及强硬的假动作后上篮动作，身高 7 英尺、体重 250 磅的内线球员，还是出色的传球手和篮板手，速度也足够快，可以启动快速反击。他的主要弱点是下肢力量，面对一些更强壮、更具攻击性的内线球员时，他常常被挤出禁区。

在加索尔加盟之前，我们正经历一段小的失利期，一些年轻球员开始以负面的方式表现出自己的沮丧，影响了球队的士气。但当加索尔到来后，所有问题瞬间消失。一方面，交易送走了两名最叛逆的球员——布朗和克里滕顿。更重要的是，加索尔的优雅举止改变了球队的情绪氛围。当联盟中最出色的球员之一与你并肩作战，他还愿意做任何事情来赢得比赛时，你就很难去抱怨了。

加索尔的到来也让几名球员以意想不到的方式开拓了自己的比赛。比如拉玛尔·奥多姆，他多年来一直在努力成为出色的二当家却没有成功。加索尔的存在减轻了压力，让奥多姆恢复到更自由、奔放的比赛风格，这是他更为舒适的打球方式。

科比的比赛风格也发生了积极变化。科比为能和一位"有一双好用的手"的大个子球员搭档而感到兴奋，他说，两人很快发展成了联盟中最出色二人组之一。加索尔的加入还让科比有更多机会专注于组织进攻，将投篮机会交给其他球员。这让他成为更好的团队球员，从而也成为更好的领袖。科比对我们本赛季引进关键球员感到兴奋，尤其是费舍尔、特雷沃·阿里扎和加索尔的加入。“得到了新的控卫，得到了新的侧翼球员，得到了一个西班牙人，一切都很美好。”他说，“我提前收到了很多的圣诞礼物。”

科比在赛季前的那种让球队感到不满的情绪，现在已成历史。最重要的是，打造一支冠军兄弟之师所需的品格和心态已得到恢复。

突然之间，一切开始朝着对我们有利的方向发展。加索尔加入后，我们打出了 26 胜 8 负的成绩，最终以 57 胜 25 负的战绩结束常规赛，成为西部最佳战绩球队。而科比则被评为常规赛 MVP，部分原因是他已经成长为全能球员。唯一战绩更好的球队是凯尔特人，他们在休赛期引进了加内特和三分射手雷·阿伦，创下了球队历史第三好的战绩——66 胜 16 负。

通常来说，在季后赛中是实力更胜一筹的球队获胜，有时候，胜负也由偶然因素决定。对我们来说，两者兼而有之。我们在首轮和次轮分别击败了掘金和爵士，打出近年来最具战斗力、最为团队化的篮球。接下来，当我们等待决赛对手时，一连串意外事件让胜利的天平倾向了我们。上赛季总冠军马刺队在新奥尔良通过一场艰难的生死战获胜后，结果却在赛后被困在机场。球员被迫在一架飞机上过夜，等另一架飞机到达。结果，他们的航班直到太平洋时间早上 6 点半才抵达。波波维奇教练虽然拒绝将球队的低迷表现归咎于这次噩梦般的旅行，但我相信这确实是有影响的。他们在第一场比赛中曾一度建立起 20 分的领先，但在第四节却出现了疲软，我们趁机偷走了比赛，以 89 比 85 获胜。三天后，他们看起来疲惫不堪，我们在第二场比赛中以 30 分的巨大优势战胜了他们。马刺队在主场追回一场胜利，但科比接管了接下来的两场比赛，我们以五场比赛结束了系列赛。

这为我们与凯尔特人的对决铺平了道路。湖人与凯尔特人之间的对抗是体育史上最传奇的恩怨之一。事实上，巴斯博士曾如此痴迷于战胜凯尔特人，以至于把超越他们赢得更多总冠军写在了人生愿望清单上。那时，我们的总冠军数以 14 比 16 落后于凯尔特人，在总决赛的正面对阵中，我们的战绩糟糕，是 2 胜 8 负。这是自 1987 年后两队首次在总决赛碰面，当时湖人 4 比 2 战胜了凯尔特人。

我不确定我们的球队是否准备好再次击败凯尔特人。他们有强大的锋线，由加内特、保罗·皮尔斯和肯德里克·帕金斯组成，我担心他们可能在篮下强压我们，特别是在拜纳姆缺席的情况下。我也担心我们的球队取得的成功来得太快，早期的系列赛并没有给予我们足够的考验，无法承受像凯尔特人那样强硬、具有身体对抗性的球队。

凯尔特人赢得了第一场比赛，比分为 98 比 88，部分受到皮尔斯在第三节因看起来严重的膝伤离场后，第四节又重回场上，这极大鼓舞了球队士气。然后，他们在三天后以 2 比 0 领先。他们防守科比的方式给我留下了深刻印象。他们并没有对科比进行包夹，但安排了几名防守球员轮番换防并协防，这常常限制了科比的突破，迫使他大多数时间停留在外线。加内特作为联盟年度最佳防守球员，成功限制了奥多姆，他紧盯奥多姆的左手，迫使奥多姆只能依赖跳投。随着比赛进行，奥多姆逐渐缺乏信心。加内特甚至在某些时候选择放掉奥多姆，转而协防加索尔，帮助帕金斯有效阻止了加索尔在篮下的发挥。

我们短暂反弹，在主场赢下了第三场比赛，但在接下来的比赛中，我们在下半场崩盘，浪费了 24 分的领先优势，最终大比分以 1 比 3 落后。在第五场比赛避免了尴尬后，我们返回波士顿，却在最后一场比赛中以 92 比 131 的大比分惨败，这场失利让我们整个夏天都难以忘怀。

比赛基调在第一节就已定型，加内特强行冲进内线，将加索尔撞倒在地，并在加索尔试图避免被撞的过程中把球扣入篮筐。理所当然地，裁判没有吹罚犯规。

比赛结束后，科比和我把自己关在波士顿棕熊队（他们也在同一个球馆比赛）使用的一间更衣室里，科比显得情绪低落，拖了很久才进淋浴间。就在我们坐在那时，当时效力萨克拉门托国王的罗恩·阿泰斯特路过，他表示希望有一天能加入湖人队。谁也没想到，在两年后我们与凯尔特人的总决赛中，阿泰斯特扮演了关键角色。

离开球场后，噩梦继续。街上已满是喧闹的凯尔特人球迷，他们诅咒湖人，在我们的球队大巴车因交通堵塞动弹不得，还试图掀翻大巴。有球迷站在车头，盯着我，朝我竖起了中指。我对波士顿警方没能采取任何措施驱散人群感到愤怒，但最后我为这场骚乱感到庆幸，因为它激励了车上的每个人都下定决心，要返回波士顿，狠狠地回敬凯尔特人。

没有什么比一次耻辱性的失利更能让人集中精神了。

回到家后，我在尼克斯时的队友威利斯·里德打电话来安慰我，关于波士顿那场惨败。我告诉他，我认为我们的球员需要成长起来，为总决赛发生的事情承担责任。

“我猜你是故意在第七场比赛中让你的球员们在场上自生自灭，让他们体验那种糟糕的感觉，好让他们学到点什么。”他说。

“没错。”我说，“因为只有亲身经历过，才知道那种感觉有多糟。”

从那时起，我再也不需要说服球员了。当他们在2008/2009赛季的训练营中返回洛杉矶时，我从他们眼中看到了一种我从未见过的斗志。“没有什么经历比打进NBA总决赛却输了更让人心碎。”费舍尔说，“我们进入休赛期时质疑一切，因为我们如此接近，却仍然如此遥远。我认为那次失利迫使我们每个人都问自己：‘我们真的想要这个吗？’”答案毫无疑问是肯定的。从第一天开始，这就是一支充满斗志的球队。“没有什么能阻挡我们。”费舍尔补充道，“不管我们面临什么，不管经历多少起起落落，我们都知道我们足够坚韧，无论是心理上还是身体上，都能解决问题。我们确实做到了。”

在季前训练营期间，我们讨论了从季后赛中学到的东西，如何帮助我们未来的发展。球员表示，他们意识到自己有多强，但也意识到我们没有以赢得总冠军所需的那种身体对抗强度去打球。当我们被凯尔特人压制时，加索尔被贴上了“软弱”的标签，虽然我们知道这并不是真的。尽管如此，如果我们想赢得冠军，我们必须改变人们这种看法。

我对球员们冷静的决心印象深刻。前一年，他们在掌握体系方面取得了质的飞跃。现在，在共同的失落感的激励下，他们更加致力于相互合作，使他们成为一支更加团结并且战无不胜的球队。

这就是我常说的与精神共舞。所谓“精神”，我并不带有任何宗教含义。我指的是当一群球员做出承诺，站在一起去追求超越自我的目标时，那种深厚的情谊。不管面临什么风险，这种承诺通常意味着在必要时弥补队友的弱点，或者在需要时犯规，或者保护队友不被敌人骚扰。当一支球队像这样紧密团结时，你能在球员的身体动作和场上场下的互动中感受到这种精神。他们以愉悦的心情打球，即便是争吵，也充满了尊严和尊重。

2008/2009 赛季的湖人队就是这样一支球队，他们的精神随着赛季的推进变得愈加强大。这不是我执教过的最具天赋的球队，也不是最具身体优势的球队。但球员之间有着深厚的情谊，使他们偶尔能在赛场上创造奇迹。我尤其喜欢这支湖人队的一点是，许多球员一起成长，他们学会了以正确的方式打篮球。到那个时候，他们已经足够了解彼此，能够将彼此的动作融合在一起，以至于常常让对手迷惑不解。

有一位体现球队精神的球员是卢克·沃顿。卢克·沃顿是名人堂成员比尔·沃顿的儿子，从小便浸润在篮球智慧中。大学时期，卢克·沃顿在亚利桑那大学毕业后，于 2003 年被湖人选中，但因为不符合标准的小前锋形象，他在球队中的角色一直很难确定。他没有精准的投篮，也不擅长自己创造投篮机会，但他喜欢传球，并且以正确的方式打球。他也擅长将进攻节奏从场地的一边转换到另一边，这在三角进攻体系中是至关重要的。许多教练并不看重这种技巧，但我鼓励卢克·沃顿朝着这个方向发展。最终，他成长为球队中最出色的组织者之一。

和许多年轻球员一样，卢克·沃顿情绪化，经常因为没有打好或是犯错导致球队失利而情绪低落，几天都不与任何人说话。我试图告诉他，最好的方式是走中庸之路，在赢得比赛时不要过于兴奋，在比赛失误时也不要过于沮丧。随着时间的推移，卢克·沃顿变得更加成熟，冷静了下来。

有些球员需要温和的指导，而另一些，如卢克·沃顿，需要更多激励来唤醒他们。有时我会故意触及他的痛点，看看他如何反应。有时，我会将他置于艰难的训练场景中，以测试他是否能承受压力。

“这很让人沮丧。”沃顿回忆道，“因为我并不总是清楚菲尔在做什么，或者为什么这么做。而他不会解释。他希望你自己去弄明白。”经过几年后，沃顿意识到他已经吸收了我们所教的一切，并开始以更加自然融洽的方式打球。

在这段时间里，另一个逐渐成为更具团队融合能力的球员是科比。自从费舍尔回归以来，科比一直在培养一种更具包容性的领导风格，并且在2008/2009赛季达到了巅峰。

过去，科比主要是通过以身作则带领球队。他比任何人都努力，几乎从不缺席比赛，并要求队友们达到他的水平。但他并不是那种能够有效沟通并让每个人保持一致的领袖。如果他和队友交谈，通常是“把球给我，我不在乎被包夹”。

这种方式通常适得其反。正如沃顿所描述的：“科比在场上对我大喊把球给他，而菲尔在场边告诉我，不管发生什么，都要做出正确的传球。所以我不仅要关注场上的局势，还得听着科比的喊叫，同时记住教练告诉我。结果让我更难做出决定。”

但随后科比开始改变。他接纳了团队和队友，开始在外出时主动给他们打电话，邀请他们一起吃饭。就像其他球员不再是他的跟班，而是他的合作伙伴。

沃顿注意到了这个变化。突然间，科比开始以更加积极的方式与他交流。如果沃顿因为连续投失三球而沮丧，科比会说：“来吧，伙计，别担心这些，谁都有连续三投不中的时候。继续投，下一球肯定进。”沃顿说：“当你的领袖这样告诉你，而不是给你一个死亡凝视时，下一个投篮就变得容易多了。”

赛季一开始，我们以17胜2负的战绩开局，一直到2月初才有所放缓，那时在击败凯尔特人和骑士后，我决定放慢节奏。我想尽一切办法让球员避免在季后赛前筋疲力尽。尽管如此，我们最长的连败也不过是两场，分别输给了马刺和魔术。最终，我们以西部最佳65胜17负的战绩结束常规赛，除非面对克利夫兰骑士，不然我们打任何球队都有主场优势。

为了激励球员，我开始在季后赛比赛中佩戴我的2002年总冠军戒指。那枚戒指见证了许多历史，它陪伴我经历了两次未能夺冠的总决赛和三次失败的季后赛。就像我告诉《洛杉矶时报》记者麦克·布雷斯纳汉：“我得把那枚戒指摘掉。”

我最担心的是球队缺乏紧迫感。常规赛一切都进展得太过顺利，而且季后赛首轮我们以4比1轻松淘汰了犹他爵士。我担心球队在面对一支能与我们对位得当，并且打得更强硬的对手时，能否应对得了。这种情况在季后赛第二轮对阵休斯敦火箭时发生了。

休斯敦火箭的纸面实力看起来并不那么强大。他们缺少了两位主力球员——特雷西·麦克格雷迪和迪肯贝·穆托姆博，而且我们有信心通过拜纳姆和加索尔的二人包夹限制他们的另一大威胁——姚明。但在第三场比赛中，姚明脚部受伤，无缘季后赛，火箭主教练里克·阿德尔曼决定改用小阵容，由身高6英尺6英寸的查克·海耶斯担任中锋，前锋是罗恩·阿泰斯特、路易斯·斯科拉，后卫由阿隆·布鲁克斯、肖恩·巴蒂尔组成。这个战术奏效了。在第四场比赛中，我们的防守松懈，火箭将系列赛大比分扳成了2比2。奥多姆称那是“我们这一年最糟糕的比赛”。

尽管球队的斗志似乎有所减弱，但在第五场比赛，我们在斯台普斯中心球馆强势反弹，以118比78大胜火箭，取得自1986年以来季后赛最大分差的胜利。然而，随后的第六场我们再次失去状态，最终失利。科比后来形容球队是“双重人格”，他并没有说错。似乎湖人队有两种截然不同的性格，我们从来不知道哪种性格会在某个晚上出现——是“杰基尔博士”还是“海德先生”。

在第七场比赛中，情况终于发生了变化——我们决定从一开始就积极防守，这让我们的比赛水平提升了一个层次。突然间，加索尔开始反击并做出关键封盖；科比打出了像乔丹一样的防守，切断传球路线并抢断；费舍尔和法玛尔合作限制布鲁克斯；拜纳姆在禁区内无坚不摧，得到14分、6个篮板和2次盖帽。最终，我们将火箭的投篮命中率限制在37%，篮板以55比33占优，最终以89比70取胜。

赛后，科比把目标放得更远。“去年这个时候，每个人都认为我们是无法战胜的，但我们在总决赛中被扫地出门。”他说，“我宁愿我们是一支在总决赛最后阶段仍然还能拼搏的球队，而不是现在就被看好。”

我们还有一些教训需要吸取，才能到达那个最终的目标，但我很感激我们终于从“双重人格”的状态中醒来。或者，我们真的醒来了吗？

西部决赛的对手丹佛掘金带来了另一种威胁。他们拥有许多出色的投手，包括科比称为“小熊”的卡梅隆·安东尼，还有两名曾在过去给我们制造麻烦的球员：控卫昌西·比卢普斯和大前锋肯扬·马丁。

掘金队在第一场比赛中对我们发起猛烈进攻，我们靠科比在最后时刻的英雄表现险胜过关，他第四节独得18分，全场得到40分。接着，在第二场比赛中，我们让14分的领先优势溜走，最终以103比106失利。我对拜纳姆在那场比赛中缺乏拼劲和防守不力感到失望，因此我在第三场比赛中把拉玛尔·奥多姆提拔为首发，增加前场的运动能力。这个调整起到了作用，但更让我印象深刻的是球队在比赛最后时刻展现的韧性。在比赛的最后阶段，费舍尔召集全队，发表了他最鼓舞人心的讲话之一：“这是你们可以定义自己的时刻。”他说，“这是你们可以迈向命运的时刻。"

他的讲话产生了效果。在比赛的1分09秒时，科比无视J.R.史密斯的防守命中一记三分球，使我们96比95领先。接着，在比赛的最后36秒，阿里扎抢断肯扬·马丁的发球，锁定胜局。

然而，系列赛远未结束。掘金在第四场比赛中击败了我们，并且在下一场的比赛中继续强势进攻。转折点出现在第五场比赛的第四节，当时我们采用了一个策略，将掘金的侵略性转化为我们的优势。我们不再让科比和加索尔回避包夹，而是让他们主动引诱防守者向自己靠拢，为奥多姆和拜纳姆创造进攻空间。然后，一旦掘金试图堵住这个漏洞，科比和加索尔就开始发起进攻。我们以103比94获胜，并在两天后于丹佛结束了这个系列赛。

我们原本希望能在总决赛中再次与凯尔特人交手，但奥兰多魔术在东部半决赛中经过七场激战击败了凯尔特人，然后又战胜了骑士，最终与我们对决。魔术队拥有23岁的中锋、年度最佳防守球员德怀特·霍华德，还有一群由拉沙德·刘易斯领衔的强大三分射手。虽然我对魔术战胜没有加内特的凯尔特人和有勒布朗·詹姆斯的骑士感到惊讶，但我仍然认为他们还没有准备好迎接真正的挑战。

科比也有同感。在第一场比赛中，他轻松地拿下了40分，这是他在总决赛中的单场最高得分，同时我们的防守也成功限制了霍华德，只让他得到了12分，最终我们以100比75取得了胜利。第二场比赛中，篮球之神似乎眷顾着我们，考特尼·李错失了最后时刻的绝杀空接，我们在加时赛中再次获得锁定胜局的机会，最终拿下了胜利。

当我们转战奥兰多迎战魔术时，魔术队迎来了爆发，他们以62.5%的命中率创下了NBA总决赛的单场投篮命中率纪录，最终以108比104取得了胜利。这为费舍尔在季后赛中的最佳时刻埋下伏笔。

费舍尔向来能够打进关键制胜球，但在第四场比赛中，他的投篮状态并不好。事实上，当比赛进入常规时间最后4.6秒，我们落后三分时，他之前已经错失了五次三分球尝试。然而，这并没有阻止他再次起身准备投三分球，当防守他的球员贾马尔·尼尔森愚蠢地撤退去补防科比，而没有选择犯规时，这个错误给了费舍尔投三分球的机会，最终将比赛拖入加时赛。接着，在比赛的31.3秒时，费舍尔再次投中关键三分球，使湖人队以94比91的比分领先，并锁定了胜局。

这就是纯粹的个性使然，纯粹的费舍尔。

如果这是部电影，故事应该就在这里结束。但我们还有一个大难关需要跨越。

在第五场比赛开始前，媒体已经在更衣室里询问球员，有没有想象赢得总冠军戒指的感觉。走进训练室时，我看到科比和奥多姆在互相考问对方总决赛的相关知识。于是，我关上了门，试图营造一种不同的氛围。

我没有像往常一样进行赛前讲话，而是拉过一把椅子坐下，说：“让我们调整好心态。”我们静默了五分钟，调整呼吸节奏。

接着，助理教练布莱恩·肖开始讲解魔术队的战术。但当他转过战术板时，战术板上什么都没有写。“我什么都没写。”他说，“因为你们已经知道如何击败这支球队了。上场去吧，带着为彼此而战的信念打球，我们今晚就能结束季后赛。”

这种方式为最终一场比赛设定了基调。

比赛一开始，科比就引领进攻，他拿下了30分，我们在第二节反超并且一直保持领先。随着终场哨声响起，科比跳了起来，与队友在中场庆祝。然后他走到场边，抱住了我。

我不记得我们具体说了什么，但他眼中的那一瞥深深触动了我。那是我们胜利的时刻，一个彻底和解的时刻，是经过七年漫长的等待后才迎来的时刻。这一刻，科比眼中的骄傲与喜悦，让我觉得所有一起经历的痛苦都是值得的。

对科比而言，这是一次救赎。他再也不用听那些体育评论员和球迷说他没有奥尼尔就无法再赢得总冠军了。那就像是遭受凌迟般的折磨，他对失去球迷信任的感觉做出如此形容。

对我而言，这是一次复仇的时刻。那天晚上，我超过了瑞德·奥尔巴赫的总冠军纪录，这在某种程度上令人满意。但对我来说，更重要的是我们是如何做到的：作为一个完全融合的团队。

最令我感到欣慰的是看到科比从自私、苛刻的球员转变成了队友们愿意跟随的领袖。为了达到这一点，科比学会了付出，才能换取回报。领导力不是强迫别人按照自己的意愿行事，而是掌握放手的艺术。

第二十一章

# 解脱

跌倒七次，也要站起来八次。

—— 日本谚语

这是我们所有人都期待的时刻。经过九个月的漫长赛季和 104 场比赛，2009/2010 赛季终于来到了这一天：在总决赛第七场比赛中，我们与波士顿凯尔特人再度交锋。当我们下午到达斯台普斯中心时，毫无疑问，球员们正为两年前在北岸花园球馆发生的那场惨败寻求复仇。

当时凯尔特人在 2007/2008 赛季总决赛的最后一场比赛中羞辱了我们。这场比赛他们以经典的波士顿风格结束，赛季最后一刻在终场哨响前，教练道格·里弗斯被一桶佳得乐浇了个透彻，而我们只能坐在板凳上痛苦地看着，工人们在擦地板，成千上万的主场球迷在看台上朝我们大声辱骂。接着，当我们以为一切已经结束时，我们还不得不忍受一次地狱般的赛后车程，面对一群肆意妄为的球迷，他们企图推翻我们的球队大巴。这场噩梦已经在我们脑海中挥之不去，持续了整整两年。

如果是其他球队，或许我们能够一笑置之。但这是凯尔特人，自1959年凯尔特人在NBA总决赛中以四场横扫当时的明尼阿波利斯湖人夺冠以来，他们就一直在困扰着湖人。凯尔特人在20世纪60年代的统治力如此强大，以至于杰里·韦斯特不再穿任何绿色衣服，因为那让他想起了湖人在那个年代所经历的挫败感。

最令人尴尬的失败发生在1969年，当时由比尔·拉塞尔带领的老凯尔特人，在他作为球员兼教练的最后一年，从2比3落后的局面中反扑，将胜利从湖人队手中抢走，并在湖人主场完成了逆转。湖人队当时对第七场比赛充满信心，老板杰克·肯特·库克让工作人员挂上了成千上万紫金色的气球，准备在赛后庆祝时放飞。可是，这一切并没有发生。在比赛的最后一分钟，韦斯特在防守时把球打飞，结果却打到了唐·纳尔逊手中，后者在罚球线附近起跳投篮，球碰到了篮筐的后沿，高高弹起后奇迹般地掉进了篮筐，帮助凯尔特人最终以108比106领先并最终夺得了胜利。

尽管韦斯特在整个系列赛中表现得非常出色，并成为唯一来自败方的总决赛MVP的球员，他还是感到非常震惊。“我觉得不公平，你能付出如此多，甚至拼尽全力，却没有赢得胜利。”他多年后在接受作家罗兰·拉赞比采访时回忆道，“我不认为人们真的能理解那种失败带来的创伤。没人能明白失败后有多痛苦，尤其是对我来说，简直糟透了。那时候我甚至想放弃篮球。”

但韦斯特并没有放弃。三年后，他终于赢得了属于自己的总冠军戒指，虽然那场比赛的对手不是凯尔特人，而是我的球队——纽约尼克斯。然而，凯尔特人的诅咒像未放飞的气球一样，始终笼罩着湖人队，直到20世纪80年代中期，“SHOW TIME”那一届湖人队在总决赛中两次击败了凯尔特人。这两支球队之间的竞争早已成为湖人传奇队史的一部分，“魔术师”约翰逊曾透露，当凯尔特人没有与湖人对战时，他会为凯尔特人加油，因为正如作家迈克尔·威尔本所写："只有凯尔特人知道处在篮球世界顶峰的感觉。"

在2009/2010赛季总决赛第七场前，从历史战绩上看，这场对决对我们不太有利，几十年来，湖人曾在总决赛抢七大战中与凯尔特人交手四次，每次都败北。但这一次我们是在主场作战，并且两天前我们已经在第六场比赛中以89比67大胜凯尔特人。此外，我们的阵容也比2007/2008赛季更强，特别是中锋安德鲁·拜纳姆，他因膝伤错过了2007/2008赛季的总决赛。我们还引进了前锋罗恩·阿泰斯特，他是联盟中最出色的防守球员之一。我最担心的是凯尔特人的拉希德·华莱士，他顶替了受伤的中锋肯德里克·帕金斯。华莱士的防守不如帕金斯强，但他在进攻端的威胁依然很大，过去曾给我们造成过不少麻烦。我并没有掉以轻心。

以湖人队的标准来看，2009/2010赛季相对平淡。最大的打击发生在赛季开始前，当时在2008/2009赛季总决赛中发挥了重要作用的特雷沃·阿里扎，选择离队成为自由球员。阿里扎是一位速度快且敢于挑战的防守悍将，经常通过抢断或迫使对手失误为我们创造快攻机会。他还是一位关键时刻能在底角或场上其他位置投中三分的射手。然而，在休赛期，阿里扎的经纪人与湖人队的谈判陷入僵局，米奇·库普切克开始认真与阿泰斯特谈判，当时阿泰斯特与火箭的合同即将到期。交易完成前，阿泰斯特提前通过社交媒体宣布自己将加盟湖人，阿里扎对此感到非常困惑，最后他签约火箭，并随后被交易到新奥尔良。

我欣赏阿泰斯特的是他的体格（身高6英尺7英寸，体重260磅）、他的力量以及他密不透风的防守表现。在最近一项联盟总经理的调查中，阿泰斯特被评为"最强硬球员"，足够强硬且灵活，能够看防住像凯尔特人保罗·皮尔斯这样的强壮且灵活的前锋。但阿泰斯特在进攻端可能有些不稳定，也不如阿里扎快速，这意味着我们可能需要把快攻转换为较慢的半场进攻。

我还担心阿泰斯特的乖张个性。他最著名的事件是在2004年效力印第安纳步行者时发生的“奥本山宫殿事件”，在对阵活塞的比赛中，阿泰斯特在防守本·华莱士上篮时犯规，被华莱士用力推了一把，随即爆发了冲突。混乱中，一位底特律球迷向阿泰斯特投掷了一杯饮料，阿泰斯特冲进看台与球迷发生冲突，导致他被禁赛73场，这也成为NBA历史上与毒品或赌博无关的最长禁赛纪录。华莱士和其他球员也受到了处罚，但没有阿泰斯特那么严重。

在2007/2008赛季季后赛与休斯敦的系列赛中，当时效力于火箭队的阿泰斯特，在第二场比赛中因与科比争抢篮板发生冲突被驱逐出场。他还错过了两趟前往斯台普斯中心的球队大巴，最终只能搭上了第三辆大巴——那辆大巴是火箭队管理层乘坐的，只有阿泰斯特穿着运动服。

阿泰斯特在纽约市环境糟糕的皇后桥街区长大，他在右腿上有字母“Q”的文身，在左腿上有字母“B”的文身，以此提醒自己不忘本。回忆起自己在街头球场上的日子，他曾经在球场上听到枪声。他还亲眼见过一次年轻人在球场上的斗殴中被杀害的场景，凶手拆掉记分桌的桌腿刺死了受害人。“我依然是街头的人。”阿泰斯特曾在《休斯敦纪事报》上说道，“这不会改变。我永远不会改变我的文化。”

篮球是阿泰斯特的救赎。12岁时，他已经足够优秀，可以加入美国业余体育联合会（AAU）的球队。他和拉玛尔·奥多姆、埃尔顿·布兰德一起加入了布鲁克林皇后快车队，这支球队那年夏天的战绩为67胜1负。三位球员后来在高中和大学里都取得了成功，并且在1999年NBA选秀中被选中。公牛队分别以状元签和第16顺位选中了布兰德和阿泰斯特，快船队则以第四顺位选中了奥多姆。从1999年开始，阿泰斯特效力过四支球队——公牛、步行者、国王和火箭，但如今他将与童年好友奥多姆一同为湖人效力。对阿泰斯特来说，这就像是回家。

尽管拥有如此背景，并且在比赛中以凶猛著称，阿泰斯特在场外是个性格温和的人，他做了许多不为人知的慈善工作，尤其是帮助贫困儿童。有一次，他遇到一个年轻球迷，这个孩子连教科书都买不起，更别提买阿泰斯特的签名篮球鞋了。于是，阿泰斯特把自己价值4.5万美元的手表拍卖了，所获款项全部用于支付这个孩子的教育费用。

阿泰斯特向来有些出其不意的举动。在效力国王队时，他曾提出放弃全部薪水，以保住他的朋友、队友邦奇·威尔斯的位置，不让他转投他队，不过最终没有成功。2011年，他更是改名为“Metta World Peace”[1]，他说：“这是为了启发并团结世界各地的青少年。”显然，阿泰斯特自加盟湖人以来已经成长了许多，最初他曾告诉《圣迭哥联合论坛报》记者马克·齐格勒：“我不知道‘禅’是什么意思，但我期待成为一个有禅意的人。”

我对阿泰斯特的主要担忧是他是否能足够快地掌握三角进攻。就像丹尼斯·罗德曼一样，阿泰斯特很难保持专注。罗德曼的解决办法是夜以继日地在健身房训练，以消耗多余的精力。但阿泰斯特在保持训练计划方面遇到了困难，他通常选择练习跳投。问题是，他每天的投篮风格都不一样，这也影响了他在比赛中的表现。有时他投得很顺利，球应声入网；有时候，谁也不知道结果如何。

在一次训练中，我建议阿泰斯特选定一种投篮风格并坚持下去，但他误解了我的意思。“为什么你总是挑我毛病？”他说。

“我没有在挑你毛病。”我回答道，“我只是想帮你。”

我们并没有生气，但助理教练布莱恩·肖把我拉到一旁说：“菲尔，你走得太近了。”我很吃惊，认为自己是在尽力提供支持。然而，肖担心阿泰斯特可能会误解我的肢体语言——靠得太近，语气太低——将其视为一种挑衅行为。

那次事件后，我意识到与阿泰斯特沟通的最好方式是用积极的方式，不仅仅是我说的话，还包括我的手势和表情。最终，阿泰斯特融入

1　中文译为“慈爱·世界·和平”，简称“慈世平”。——译者注

了这个体系，并在科比和其他队员的帮助下，逐渐融入了球队的DNA。

阿泰斯特并不是2009/2010赛季唯一的不确定因素。另一个令人担忧的问题是科比在整个赛季中的身体状态下降。12月，他在与森林狼的比赛中弄断了投篮手的食指，但他决定不做手术，强忍伤痛，这一决定后来让他感到后悔。不出所料，这次伤病对他的投篮命中率产生了负面影响，多项数据项也出现了下降。

2月，科比脚踝的扭伤加剧，他同意休息三场比赛以便恢复。科比为自己的铁人般的坚韧感到自豪，并且讨厌缺席比赛。事实上，他在之前的两个赛季中参加了全部208场比赛。但他确实需要恢复，这段时间也给了球队一个机会，可以在没有他的情况下进行配合训练，结果他们赢下了三场面对强敌的比赛。

就在科比开始找回节奏的时候，困扰他多年的右膝开始肿胀，迫使他在4月缺席了两场比赛。这个伤势在季后赛期间一直困扰着他，也导致了他赛季末投篮低迷。

科比膝盖问题的唯一好处是它促进了我们之间关系的改善。去年，当他的膝盖开始出现问题时，我给了他在训练时适度放松的自由，甚至如果有必要，也可以跳过某些训练，以帮助他保持腿部的力量。科比对我关心他的身体状况很受触动，我们之间的关系变得更加紧密。我们常常在训练时交换想法，并在飞机上一起仔细研究比赛录像。随着时间的推移，我们建立起了那种亲密的合作关系，就像我曾与迈克尔·乔丹所享有的关系一样。但与科比的关系更加随性。与乔丹在一起时，我通常会提前安排会议讨论战术，而我和科比则是随时随地都在交流。

科比喜欢跟别人说，他关于领导力的知识，有百分之九十是通过观察我的实际行动学到的。“这不仅仅是篮球的领导方式。”他说，“而是一种生活的哲学。活在当下，享受每一个到来的时刻。让我的孩子们按自己的节奏发展，而不是试图强迫她们做一些她们不太舒服的事情，而是给予她们养育和引导。我从菲尔那里学到了这一切。” 我为科比的这番话感到荣幸。

当我们进入季后赛时，科比将有许多机会来检验他的领导能力。在常规赛期间，球队遭遇了伤病困扰，除了科比，保罗·加索尔和安德鲁·拜纳姆各自因伤缺席了17场比赛，卢克·沃顿也因严重的背部疼痛缺席了赛季大部分时间。但整个赛季，我们的团队化学反应还是非常不错，这使得我们尽管在赛季末出现了4胜7负的低迷期，仍然以57胜25负的战绩稳居西部第一。

我们的首轮对手是俄克拉荷马城雷霆，这支球队比我们预期的更加顽强。为了扰乱他们崭露头角的前锋凯文·杜兰特的心态，我告诉记者，我认为裁判过于照顾他，给了他很多轻松的判罚，仿佛他是超级巨星。他在赛季中罚球最多，这在很大程度上是因为他常常用投篮手臂挂住防守球员的手臂，这一动作后来被NBA禁用。杜兰特对我的这番言论进行了反驳，这正是我想要的效果，但NBA对我罚款了3.5万美元，这就超出了我的计划。结果，杜兰特真的在系列赛中表现不佳，但我认为是阿泰斯特对他的防守起到了更大的作用，而非我使用的心理战术。

雷霆的策略是放空底角的阿泰斯特，让他投三分，等他失手后抢下篮板并发动快速反击。阿泰斯特也确实未能命中，前四场比赛他23次三分出手仅命中三球。雷霆快速的进攻和我们缓慢的转防让他们在主场赢下两场比赛，将系列赛扳平2比2。

科比在前四场比赛中的表现低迷，但在第五场比赛后，他的膝盖经过大规模抽液处理后有所好转，状态开始复苏。我们的一项重要举措是让科比防守雷霆的快速控卫拉塞尔·威斯布鲁克，后者在我们其他后卫面前大放异彩。科比不仅将威斯布鲁克限制到13投4中仅得15分，还通过组织进攻带动了球队的进攻，将球传给加索尔（得了25分）和拜纳姆（得了21分）。最终，湖人以111比87战胜雷霆。

第六场比赛中，真正的主角是阿泰斯特，他将杜兰特的投篮命中率限制到21.7%，这是季后赛历史上最差的投篮命中率之一。不过，比赛直到最后一秒才分出胜负，科比错失绝杀，加索尔补篮命中，最终湖人以 95 比 94 获胜。

接下来的两轮比赛则没有那么紧张。一个好消息是，科比的膝盖问题有所缓解，状态恢复，突然间他的场均得分接近 30 分。我们先是轻松战胜了犹他爵士，之后在西部决赛中遇到了自全明星赛以来状态最火热的球队 —— 菲尼克斯太阳。太阳队的前场球员不如湖人高大，但他们有史蒂夫 · 纳什和阿马雷 · 斯塔德迈尔组成的二人组，还有强悍的替补阵容和充满活力的全场紧逼防守。

转折点出现在洛杉矶的第五场比赛。当时系列赛战成 2 比 2，比分接近。比赛接近尾声时，湖人领先三分，阿泰斯特抢下进攻篮板，但他没有选择消耗时间，而是匆忙出手三分球并未命中，导致太阳通过三分球追平了比分。幸运的是，阿泰斯特在比赛最后几秒钟救赎了自己，他成功抢下科比偏离的投篮并补篮得分，为湖人赢得了比赛。

两天后，我们回到菲尼克斯并顺利结束了系列赛。阿泰斯特再次爆发，他三分球命中四个，得到了 25 分。看起来他终于找到了自己的节奏 —— 这时爆发也不算太晚。

当总决赛与波士顿凯尔特人队的对决开始时，我非常担心凯尔特人强硬的防守策略。他们的计划是用大个子球员封锁内线，对我们的后卫施加压力，迫使奥多姆和阿泰斯特投篮。这个策略很有道理，在过去的比赛中取得了成功。但我们比 2008 年更加顽强，进攻选择也更加多样。

在第一场比赛中，我们表现强劲，加索尔带领我们取得了胜利，他迫切想向全世界证明自己不是 2008 年被媒体描述的“软弱”球员。但凯尔特人在第二场比赛中迎头反击，射手雷 · 阿伦爆发，得到了 32 分，其中包括创下总决赛纪录的 8 个三分球。费舍尔受到媒体的诸多指责，因为他没有限制住阿伦，但科比也同样未能限制住控卫拉让 · 朗多，让后者送出了三双。突然间，系列赛变成了 1 比 1，接下来我们要去波士顿进行三场比赛。

第三场比赛是费舍尔的回击。首先，他在防守上彻底封锁了雷·阿伦，迫使雷·阿伦全场13投0中，差一点就创下总决赛历史最差投篮纪录。接着，费舍尔在第四节上演了11分的爆发，帮助湖人夺回了主场优势。赛后，他进入更衣室时眼含泪水，因自己完成的这一壮举而激动不已。然而，凯尔特人没有放松，他们接着赢下了接下来的两场比赛，大比分3比2领先，为洛杉矶的经典对决奠定了基础。

泰克斯·温特曾经说过，我们成功的总冠军之路通常是由一场比赛开启的，那场比赛中我们从头到尾完全压制了对手。第六场比赛正是这样的一场比赛。我们在第一节就确立了优势，最终以89比67大胜凯尔特人，将系列赛大比分再次扳平。

然而，凯尔特人的斗志丝毫未减，他们在第七场比赛开始时迅速恢复，并在半场时领先6分。第三节中段，凯尔特人的领先优势一度扩大到13分，我决定打破常规，叫了两次暂停。这一次，我不能坐视不管，等着球员自己找到解决办法了，我需要立刻改变场上的气势。

问题在于，科比太渴望胜利，以至于他放弃了三角进攻，恢复了过去单打的方式。但他过于急功近利，结果频频投失。我告诉他要信任进攻体系。“你不必什么都自己做。”我说，“让比赛自然地发展。”

这正是一个典型的例子，说明在这种情况下注重场上的气势比注重比分更加重要。之后，我偶然听到费舍尔和科比商量，二人决定等费舍尔替补上场后，科比就重新回到球队进攻体系中。

科比做出调整后，局面开始回到正轨，我们逐渐缩小与凯尔特人的分差。关键时刻出现在比赛还剩6分11秒时，费舍尔投中三分球，帮助湖人追平64比64，这激发我们打出一波9比0的小高潮，反超了6分。凯尔特人通过拉希德·华莱士的三分球一度将差距缩小到3分，但阿泰斯特迅速还以颜色，命中三分球，我们最终以83比79获胜。

这场比赛的精彩之处在于其原始的激烈程度。就像两位经验丰富的重量级拳手，再次站上擂台，用尽全力，直到最后的铃声响起。

比赛结束后，球场每个人都百感交集。在胜利的喜悦中，科比称这场胜利是“迄今为止最甜美的一次”，他跳上了技术台，张开双臂，接受着观众的欢呼，紫金色的五彩纸屑如雪花般洒落在他身上。平时一贯冷静的费舍尔在更衣室里再次眼含泪水，拥抱着湿漉漉的保罗·加索尔。曾参与五次总冠军庆祝活动的“魔术师”约翰逊，告诉《洛杉矶时报》的麦克·布雷斯纳汉，他从未见过湖人更衣室里有如此强烈的情感宣泄。“我想他们终于理解了这场宿敌之战的历史意义，以及战胜凯尔特人的艰难。”他说。

对我而言，这是我职业生涯中最有意义的一场胜利。整个赛季充满了不稳定和伤病困扰，但最终球员们展示了非凡的勇气与团队精神。我为看到加索尔摆脱了“软弱”标签，费舍尔在被雷·阿伦击败后重新振作而感到自豪，也很高兴看到阿泰斯特成长为关键时刻的得分手。“我以前没想到赢得那个奖杯会有如此大的感觉。”他后来感慨道，“但现在我觉得自己变得不一样了。”

除了再次夺得总冠军戒指的喜悦外，将凯尔特人的“诅咒”留在身后，尤其是在自己的主场赢得这场胜利，给我带来了深深的满足感。确实，湖人球迷在这场比赛中发挥了巨大的作用。尽管湖人球迷常因他们的冷静态度而被调侃，但今天他们比以往任何时候都更加投入。

这仿佛是他们也本能地理解这个时刻的象征意义，不仅对球队而言，也对整个洛杉矶社区而言。在这座梦想之城里，这是唯一的真正意义上的“真人秀”。

第二十二章

# 比赛结束

我们都曾失败过，至少我们中最优秀的人也不例外。

——詹姆斯·巴里

也许我应该就此退场，听着人群的欢呼声响彻全场，看着五彩纸屑从天而降。但生活从来不会如此完美地按剧本发展。我本来对是否回归 2010/2011 赛季有些犹豫。首先，我的右膝出现了问题，我急于进行膝关节置换手术。其次，虽然大部分核心球员都会回归，但我们可能会失去一些关键球员，特别是后卫乔丹·法玛尔和萨沙·武贾西奇，他们的离开将很难弥补。再次，我内心深处渴望逃离繁重的 NBA 旅行日程以及一直处于公众视野之下所带来的压力。

在西部决赛期间，我曾在菲尼克斯与巴斯博士共进午餐，讨论即将到来的赛季。他告诉我与球员工会的合同谈判进展不顺，预计在 2010/2011 赛季结束后，老板们将会实施停摆措施。因此，湖人队需要立即采取一些措施来削减开支。他还私下透露，其他老板对我的薪水提出了不满，声称我的合同条款迫使他们不得不给自己的教练掏更多的钱。他们的底线是，如果我决定回归，就要接受降薪。

我告诉他，我将在7月给出答复。当然，说是这么说，我知道如果我们赢得总决赛，我很难拒绝科比和费舍尔的请求。果不其然，在我们战胜凯尔特人后不久，他们通过短信开始恳求我留下来，"再赢一个三连冠"。

于是，我与巴斯博士谈了一份为期一年的合同，并开始与米奇·库普查克一起筹划新阵容。我将这次赛季称为"最后的战役"，不幸的是，这个名字准确地描述了这一充满挑战的赛季。

我们面临着替换上赛季近四成阵容的问题。法玛尔和武贾西奇在12月中旬被交易到篮网队，我们还失去了替补中锋D.J.姆本加以及前锋亚当·莫里森和乔什·鲍威尔。我们用一批老将和年轻球员替代了这些离队球员，其中最有潜力的是前锋马特·巴恩斯和后卫史蒂夫·布雷克。但巴恩斯膝盖受伤，错过了约三分之一的赛季，而布雷克在赛季末得了水痘，导致他在季后赛中的出场时间减少。此外，我们引进了37岁中锋西奥·拉特利夫替补安德鲁·拜纳姆，但他受伤了，上场时间不多。尽管如此，我并不担心我们的锋线。球队缺乏年轻人和活力才是更大的问题。法玛尔、武贾西奇和鲍威尔总是激励老将们，让他们在训练中提升能量。失去了他们，意味着我们的训练强度将不如以前，这并不是一个好兆头。

另一个问题当然是科比的右膝。他在休赛期再次进行了关节镜手术，后来他说自己的膝盖软骨已经磨损严重，医生告诉他现在几乎是"骨碰骨"。科比在比赛和高强度训练后恢复困难。因此，我们减少了他比赛前一天训练的时间，希望更多的休息能让他的膝盖更快恢复。这减少了训练的强度，但更重要的是，这也让科比与球队的联系变得疏远，这导致了赛季末领导力的真空。

尽管存在这些问题，球队还是以13胜2负的良好开局表现强劲，直到在圣诞大战中80比96不敌拥有强力新援勒布朗·詹姆斯的迈阿密热火，我们的连胜纪录才被终结。接下来，我们在全明星赛前的客场之旅中，又遭遇了奥兰多、夏洛特和克利夫兰三场令人担忧的失利。

在与骑士的比赛中——当时骑士是联盟中战绩最差的球队——科比在与后卫安东尼·帕克的对抗中陷入犯规麻烦，而罗恩·阿泰斯特试图挽回局面，却犯了一些错误，导致我们在半场结束时落后五分。科比和费舍尔都很不高兴，他们表示没人能理解阿泰斯特在场上到底在做什么，尤其是在防守端，这让我们很难组织起有效进攻。

我在全明星赛期间召开了队内会议，讨论如何让球队重回正轨。新任助理教练查克·珀森建议我们尝试一种防守体系，他认为这能帮助我们应对一直以来的难题——挡拆，并且有助于我们在整体配合上更紧密。这套体系具有逆向思维，需要球员们放弃他们从高中以来就用惯的防守动作。其他助教认为，在赛季中期引入这样彻底不同的防守体系存在风险，但我认为值得一试。

最大的难点是，科比由于膝盖问题，没法有足够的时间与球队一起练习新防守体系。我认为这只是一个小障碍。科比应对挑战的能力很强，学习新事物的速度很快。但当我们开始在比赛中应用这套新体系时，科比经常对队友感到沮丧，开始给他们指示，而这些指示和我们训练时的内容相矛盾。这种脱节在之后一直困扰着我们。

尽管如此，这套新体系最初运作良好，我们在全明星赛后打出了17胜1负的战绩。但到了4月初，我们遭遇了五连败，其中一场败给了可能是联盟最擅长挡拆的球队——丹佛掘金。为了保住西部第二的位置，我们必须在赛季最后一场比赛中战胜萨克拉门托国王，并且是加时赛胜利。我们曾经也经历过赛季末的低谷，最终仍然能够取得胜利，但这一次感觉不一样。我们不应该在这个时候还如此艰难地挣扎。

更糟糕的是，我们在季后赛首轮的对手是新奥尔良黄蜂，他们的明星控卫克里斯·保罗在我们的新防守体系中几乎没有遇到任何困难，轻松突破并在场上制造混乱。黄蜂队还有前湖人球员特雷沃·阿里扎，他决心向我们证明放弃他是个错误。阿里扎做得相当不错，不仅在防守上给科比制造麻烦，还命中了几个关键的三分球。很快，黄蜂就以 109 比 100 在洛杉矶偷走了首场比赛，我们不得不拼尽全力，才艰难地在预列赛中夺回 2 比 1 的领先。

黄蜂队并不是我们唯一的障碍。在第四场比赛前的周六，库普切克分别与我的工作人员开会，告知他们 7 月 1 日到期的合同将不再续签。包括所有的助理教练、训练师、按摩治疗师、体能教练和装备经理，除了体能训练师加里·维蒂，他的合同是两年期的。考虑到预计会出现的 NBA 停摆，库普切克的意图是给工作人员一些时间寻找新工作。但这个宣布的时机——正好在激烈的首轮系列赛中间——对球员和工作人员的影响都很大。

如果这还不够糟糕，那个晚上，新秀球员德里克·凯瑞科特因涉嫌在 IHOP 餐厅袭击并推搡女收银员而被逮捕，面临殴打罪、公共场所酗酒和拒捕的指控。周日他保释后被释放，未被起诉，但他未能参加第四场比赛，黄蜂队因此赢得比赛，将系列赛扳成 2 比 2 平。

在系列赛的早期，我们一起观看比赛录像，观察到克里斯·保罗经常突破防守，迫使我们的某位大个子换防，而这正是他想要的情况。

我关掉了投影仪，问："你们觉得怎么样？我们的防守完全混乱，我们根本不知道自己在做什么，而这正好落入了他的圈套。"

费舍尔首先发言："我觉得这里面有问题。我知道我们经历了很多，有些球员也因伤缺阵了。也许是我们的态度问题或者是缺乏专注。但有些地方不对劲。"

听到这些话后，我坐下来面对球员们，告诉他们一个我这两个月来一直在努力应对的个人问题，显然他们在某种非言语的情绪层面上已经察觉到了这一点。今年 3 月，我被诊断出患有前列腺癌。接下来几周，我一直在考虑如何应对才是最好。最终，我决定等到季后赛结束再进行手术，医生向我保证，我们至少可以通过药物暂时控制癌细胞的生长。

“这段时间对我来说很艰难。”我解释道，“我不知道这是否影响了我像往常那样全身心投入你们身上的能力，但我知道有时候我比平时更沉默了。”

当我说这些话时，我开始哽咽，球员似乎真的被触动了。然而，回头看，我不确定这是不是正确的决定。尽管说出真相从来都不是错的，但它可能带来严重的后果。时机也很重要。我在想，我的坦白是否能帮助球队凝聚力量，还是只是让球员对我产生同情。他们从未见过我如此脆弱。我本应是那个“禅师”，是他们在压力面前可以依赖的冷静人物。那么现在，他们会怎么看待我呢？

事后看来，我应该预料到接下来会发生什么。但我从未见过我的球队以如此奇怪又令人不安的方式崩溃。毕竟，球队终于回到了夺冠的状态，我们在接下来的两场比赛中轻松击败了黄蜂。事实上，我对球队在第六场比赛中的表现印象深刻，我告诉记者，我认为这支球队“有潜力成为我执教湖人以来最强的球队之一”。

不用说，我说得太早了。

问题不在于我们接下来的对手达拉斯小牛（后改名为独行侠）有多么强大。小牛是一支有天赋的老牌球队，本赛季以和我们相同的战绩（57 胜 25 负）结束常规赛。但我们过去一直不惧他们，而且在 3 月轻松击败了他们，在 3 场常规赛中战成 2 比 1，在季后赛中拥有了主场优势。

然而，小牛在阵容对位上给我们制造了不少麻烦。首先，我们没有人能跟上小牛速度奇快的矮小控卫 J.J. 巴里亚，他就像克里斯 · 保罗一样，出乎意料地擅长突破我们的防守。我们原本希望史蒂夫 · 布雷克能在后卫线上充当防守尖兵，因为他比费舍尔更快速和灵活，但他在患过水痘后并没有恢复到最佳状态。其次，小牛通过德肖恩 · 史蒂文森这个强壮的后卫成功消耗了科比的体力，泰森 · 钱德勒和布兰登 · 海伍德这对"内线双雄"，几乎完全限制住了安德鲁·拜纳姆。此外，由于巴恩斯和布雷克都没有完全恢复健康，我们的替补阵容也很难跟上达拉斯的第二阵容，尤其是他们的替补第六人贾森·特里，他在三分线上的表现非常出色。

其中最令人失望的事情之一是保罗·加索尔的表现，他过去对阵小牛时一直打得不错。但裁判允许小牛前锋德克·诺维茨基推搡加索尔，限制他在低位进攻的站位，这对我们进攻造成了很大的困扰。我一再催促加索尔予以反击，但他正面临着一个严重的家庭问题，导致他心思涣散。像往常一样，媒体编造了关于加索尔表现不佳的种种故事，包括他与女友分手以及与科比闹僵的传闻，但这些都不是真的。尽管如此，这些谣言还是困扰了加索尔，影响了他的专注力。

第一场比赛对我来说简直是个谜。我们早早确立了优势，在第三节建立了看似坚固的 16 分领先优势。然而，不知为何，我们突然停止了在攻防两端的发挥，场上形势转移到了小牛那边。到比赛结束时，我们依然有机会取胜，但我们未能抓住多次关键机会。最后五秒，小牛领先一分，科比在尝试绕过贾森·基德时脚底打滑，接加索尔传球时出现失误。接着，基德被犯规并罚中一球，科比在比赛哨响前错失了空位三分，最终我们以 94 比 96 输掉了比赛。

第二场比赛的形势变得更加不妙。我们带着昂扬的斗志进入比赛，但这种感觉很快消失了。并不是因为小牛的表现特别出色 —— 其实并没有 —— 而是因为他们在进攻上更具侵略性，并且能够利用我们防守反应慢的弱点。最大的意外是巴里亚，他几乎无法阻挡，轻松地穿越防守拿下 12 分（与我们的整个替补阵容得分相同）和 4 次助攻。诺维茨基也轻松压制了加索尔，拿下 24 分，帮助独行侠以 93 比 81 获胜。比赛临近结束时，试图在后场施压的阿泰斯特因情绪沮丧将巴里亚拉倒，最终被停赛一场。这可不是阿泰斯特值得骄傲的时刻。

失去阿泰斯特确实让我们受到了影响，但算不上灾难性的打击。在第三场比赛中，我们用奥多姆替代了他，并努力将球传入内线，充分利用我们的高大阵容。这种策略在大部分时间内奏效，帮助我们在比赛还剩五分钟时建立了 7 分的领先。然而，拥有许多优秀三分射手的小牛，开始利用我们在外线防守上的薄弱，尤其是当我们使用大阵容时。在诺维茨基带领下（他拿下了 32 分，三分球 5 投 4 中），小牛以 98 比 92 轻松获胜。

在那场失利之后，我的儿子查理打电话告诉我，他和他的兄弟姐妹切尔西、布鲁克和本打算飞到达拉斯观看接下来的比赛。

“你们疯了吗？”我问。

“不，我们不会错过你的最后一场比赛。”他说。

“我的最后一场比赛？我们周日会赢的。”自从我在大陆篮球协会执教以来，我的孩子们就一直会到场看我的重要比赛。在那些日子里，我们可以从伍德斯托克的家开车去看许多比赛，而琼则负责把这些旅行变成家庭冒险。加入公牛队后，孩子们还读初中和高中，他们会在总决赛期间随队远赴客场。等我来到洛杉矶时，他们已经长大，能够享受与系列赛相关的各种聚会。到 2011 年，他们已经看过了 13 次总决赛，他们喜欢说，NBA 每年 6 月都会为他们举办一场盛大的派对。

我最喜欢的时刻，是他们在 2009 年总决赛期间出现在奥兰多，为我赠送了一顶湖人队的黄色篮球帽，上面刺绣着罗马数字“X”，以纪念我的第十个冠军。这次会有“XII”的帽子吗？

那些等着看笑话的人已经蠢蠢欲动了。当我看到我的朋友、NBA 摄影师安迪 · 伯恩斯坦到达达拉斯时，我半开玩笑地跟他打招呼，说他是“行尸走肉”（指的是他来见证我的失败）。不过，尽管现在看来可能有些不切实际，但我真的相信我们会赢得第四场比赛，将系列赛带回洛杉矶。说实话，我并没有多少考虑过我的职业生涯应该如何结束，也没想过接下来我会做什么。我只是在努力保持专注，争取赢下下一场比赛。

这就是我传递给球员们的信息：赢得比赛，把系列赛带回我们的主场，然后把压力交给对手，让他们在接下来的比赛中承受压力。也许我忽略了什么，但我并不觉得球员们已经放弃或者认为系列赛已经结束。我也不认为他们已经厌倦了作为一个团队一起打球。

当然，当你是教练时，你的心理压力不同于球员。当你是球员时，你会担心自己犯错，做出可能导致比赛失利的决定。但当你是教练时，你想的是，如何让这些球员保持专注并打出最佳状态？我能给他们什么样的见解，让他们能更加自发地发挥？我能做什么样的战术调整来给他们提供优势呢？

我在第四场比赛中的担忧是如何让保罗·加索尔回击诺维茨基，并在低位占据更好的位置。我们获胜的关键是强势的内线进攻，而这需要从加索尔开始。在第三场比赛中，我看着他被推来推去，感到十分疲惫，所以在他走下场时，我拍了拍他的胸口，就是想激起他的反应。媒体对此大肆渲染，但加索尔理解我当时的意图。不幸的是，这一切仍然不够。

我不确定在第四场比赛中，是否有什么神奇的执教调整能产生多大影响。小牛从头到尾都保持着极高的命中率，整个比赛命中率高达60.3%，三分球命中率为62.5%，他们像跳舞、嬉闹、开派对一样，以122 比 86 的悬殊比分轻松获胜。大部分得分来自小牛的替补球员，尤其是贾森·特里，他投中 9 个三分球，追平季后赛纪录，并拿下 32 分；佩贾·斯托亚科维奇，他三分球六投全中；还有巴里亚，他得到了 22 分，像动画片《BB 鸟和歪心狼》里机智的 BB 鸟戏耍歪心狼那样在球场上飞奔。

上半场的比赛几乎可以用可笑来形容。半场结束时，我们以 39 比63 落后，但我拒绝放弃。我告诉球员，他们所需要做的只是防守几次，进几球，扭转局面。他们开始做到了这一点。然后在第三节中段，费舍尔抢断后长传给单独快攻的阿泰斯特。这本可以是改变比赛的关键进攻。但当阿泰斯特起跳准备投篮时，看起来犹豫不决，不知道该怎么处理，结果球从他手中滑落，撞到篮筐底部。随后，特里投中三分，彻底结束了我们最后的反击机会。

接下来的比赛进程令人痛心。第四节时，奥多姆恶意犯规诺维茨基，被驱逐出场。紧接着，拜纳姆用危险的右肘撞击巴里亚，将他击倒在地。拜纳姆被驱逐出场，并且后来被停赛五场。当他走下球场时，他撕下球衣，向球迷露出胸膛——这是一种难堪、不成熟的举动。

一切都结束了。

已故的湖人广播员奇克·赫恩经常说，当他认为比赛已经决定时，他会这样宣布：“这场比赛已经稳了，冰箱门关了，灯熄了，鸡蛋在变凉，黄油变硬了，只有果冻在晃动！”

这些话此刻应验了。不仅仅是比赛，而是这次总冠军征程，还有我作为湖人队主教练的职业生涯。

一切都已尘埃落定。

我向来不擅长应对失败。像许多有竞争意识的人一样，我生活中的主要驱动力不仅仅是为了赢得比赛，更是为了避免失败。然而，出乎意料的是，这场惨败并没有像之前经历过那些篮球生涯中的失利那样影响我。部分原因是，这并不是总决赛。在季后赛早期淘汰赛比输掉一场即将夺冠的比赛要好受得多。更重要的是，达拉斯的最终一战展开的方式如此荒诞，让我很难太过认真地看待。

我对球员们在比赛结束时的表现并不满意。不过，这是我们最后一次聚集在更衣室，我觉得进行关于NBA礼仪的训话并不合适。我对他们说：“今晚我们的表现不符合平常的水平，我不知道为什么会在这个特别的时刻发生这种事。媒体可能会大肆报道，但你们不应该把这场比赛当作衡量你们能力或竞争力的标准。你们比这更出色。”然后我走遍整个更衣室，逐一向每位球员表达感谢，感谢这些年来我们共同做出的伟大努力。

一般来说，球员们比教练更容易应对失利。他可以进去洗个澡，然后出来说："我又累又饿，去吃点东西吧。"但教练就没有那种通过激烈身体对抗得到释放的方式。在场馆清空后，我们的神经系统往往仍然持续紧绷。

对我来说，这种紧张情绪通常在半夜进入高峰状态。我会睡上几小时，然后 —— 砰的一下 —— 我的大脑开始转动。"我是不是应该这样做，应该那样做？天哪，第四节的那个决定太糟糕了。或许我该叫个不一样的战术？"等等。有时候，我得坐下来冥想很久，直到那股躁动平息，我才能再次入睡。

做教练就像坐上了一趟情绪的过山车，起伏难以停息，即使你已经努力练习放下心中那些"事情本应不同"的执念。似乎总是还有东西需要放下。禅宗大师孔威廉建议大家成为"失败的积极参与者"。他说，我们习惯于只追求得到、快乐并满足所有欲望。但即使我们在某种程度上明白失败是成长的催化剂，大多数人仍然认为失败与成功背道而驰，并且尽可能避免失败。若说我在多年的禅修和篮球执教中学到了什么，那就是明白我们抵抗的东西会一直存在。有时，放下发生得很快；有时则可能需要几夜无眠，甚至数周。

和球员们谈过后，我走下走廊，来到美航中心球馆的另一个房间，我的孩子们在那里等我。他们非常难过，有人眼里还含着泪水，其他人则处于一种难以置信的状态。"我简直不敢相信发生了这种事。"切尔西说，"这是我们看过的最难熬的一场比赛。为什么偏偏是这场比赛？"

这个问题我后来问过自己好几次。当意想不到的灾难发生时，人们常常倾向于寻找某人来背负责任。专栏作家得到了大把的写作素材，将责任归咎于科比、加索尔、费舍尔、阿泰斯特、奥多姆，当然也包括我。拜纳姆告诉记者，他认为球队存在"信任问题"，或许这有一定的道理。但我认为有许多因素阻止了这支湖人队像以往多次那样，团结成一支整合的、赢得总冠军的强队。

疲劳是一个重要因素。赢得总冠军需要巨大的韧性，无论是身体上、心理上，还是精神上。等到你冲击三连冠时，已经打了那么多比赛，越来越难从内心深处调动那种让你获胜的内在力量。而且，球队中许多关键人物，包括我自己，都被个人问题所分心，这让我们难以以曾经那种无敌的精神去比赛。正如奥多姆赛后简单地说："我们就差一点东西。"

佛教的圣贤们说，天与地之间"一寸之差"。我觉得这话也可以用来形容篮球。赢得总冠军是微妙的平衡，需要极大的技巧，而你所能做到的也仅仅是通过意志力去努力。作为领导者，你的任务是尽你所能，为成功创造完美的条件，放下自我，激励球员们以正确的方式打比赛。但到了某个时刻，你需要放手，把一切交给篮球之神。

成功的精髓就是在于接受现实。

后记

# 人生如公路

人们总是走遍世界寻找自己需要的东西，最后回到家却发现它就在家里。

——乔治·摩尔

我最初的想法是上路旅行。一旦身体恢复，我打算养只狗，像约翰·斯坦贝克那样，开着一辆面包车穿越美国。我觉得这是个完美时机，让我可以去探索美国那些自己从未见过的隐秘角落。

自高中时代，我就是一个喜欢四处游历的人，那时我和队友们会开车行驶在平原上，前往下一个比赛地点。我喜欢在开阔道路上那种自由自在的感觉。我喜欢那种不确定性，你永远无法完全确定下一个拐角会有什么等着自己。正如斯坦贝克所说："旅行就像婚姻。要是你以为自己能控制它，那你就犯大错了。"

对我来说，在公路行驶是一种冥想的形式。在我人生的很多混乱时刻，我都会选择驾车远行。长途驾驶让我更能专注于当下，把我带入一种更平静、更能沉思的状态。当我在二十多岁时开始尝试冥想时，我受到了另一位著名“公路战士”——罗伯特·波西格的启发。他在《禅与摩托车维修艺术》里写道：“你看着你要去的地方和你现在所在的地方，它们从未能对得上，但当你回头看看你走过的路时，总能发现某种固有的模式。”

然而，这一次，我的身体并不配合。2011年季后赛结束后，我不得不接受前列腺手术，这让我在大部分夏天都卧病在床。然后，我不得不减肥，为一次艰难的膝关节置换手术做好准备。手术很顺利，但恢复过程极其痛苦。更糟糕的是，第二年夏天我在蒙大拿州拉伤了跟腱，经过几个月断断续续的锻炼后，我依然一瘸一拐。灰心丧气的我将旅行计划搁置，并在秋天回到了洛杉矶，决心把康复当作我的首要任务。

2012年9月底，湖人队总经理米奇·库普切克邀请我共进午餐，看看我近况如何。他问我是否打算重新回去执教，我告诉他，我没有那个打算，尤其是如果执教意味着要搬到其他城市。那个时候，我更有兴趣去探索一些稳定的球队管理层职位，也有几个别的机会在考虑中。

所以11月初，我的未婚妻珍妮回家后，说她和她的哥哥吉米——湖人篮球运营总裁见过面，并请我“至少听他讲一讲”关于我回去执教球队的事时，我感到很惊讶。那个夏天，吉米和库普切克已经与两位超级明星——控卫史蒂夫·纳什和中锋德怀特·霍华德签约，组成了一支“梦之队”，人们预测他们有很大的机会赢得总冠军。然而，前一年接任的迈克·布朗在2012/2013赛季开始时，没能让球队迅速融为一体，球队在季前赛中以八连败开局，并在常规赛前五场比赛中输了四场，吉米决定换掉他。

那次会面是在我家里进行的，时间是周六早上。吉米带着库普切克一起来，我们主要讨论了我是否愿意接下这个工作。到那时，我已经从跟腱问题中恢复过来，我告诉他们我感觉自己足够健康，能够应对旅行的疲劳。然而，老实说，我对重新回到教练岗位上还是有些犹豫。现在我已经开始从手术中恢复过来，终于感到足够强健，可以开始享受退休生活了，我并不热衷于再次成为NBA赛程的“奴隶”。

尽管如此，和科比、加索尔以及其他以前的球员一起争取再拿一枚总冠军戒指的想法还是让我感到很有吸引力。我最担心的是，这支球队是否能战胜前一个赛季的总冠军迈阿密热火。对我来说，没有什么比一路打进总决赛却输掉比赛更糟糕的了。临走时，我告诉吉米和库普切克，我需要时间考虑，但我会在周一给他们答复。

大部分球迷都知道接下来发生了什么。周日午夜，库普切克打电话告诉我，他们决定聘请另一个教练——迈克·德安东尼。我一开始有些震惊，但回想起来，我明白了事情为何如此迅速地告吹。我当时认为这个工作只是一年的短期任务，但吉米和库普切克则希望找一个能够帮助他们长期重建球队的教练。他们还渴望将湖人队重新打造成类似“魔术师”约翰逊“SHOW TIME”时代那样节奏快、得分高的进攻型球队，而德安东尼无疑是一个能够实现这一目标的教练。

然而，最重要的问题是老板杰里·巴斯的健康状况。过去几个月里，他因前列腺癌和其他疾病反复住院，但最近他的情况变得更加糟糕，他的家人希望湖人的命运有所好转，能为他带来一些喜悦，甚至有可能帮助加快他的康复。几周后，有消息透露，决定聘用德安东尼的实际上是巴斯博士，而不是吉米。鉴于巴斯博士的健康状况，在我看来这似乎不太可能，更不用说吉米一贯冲动的决策方式，但无论如何，这个说法无法得到验证。最终，这一切也并不太重要。我已经准备好向前看了。

接到库普切克的电话后，我意识到自己必须和湖人队保持距离，于是开始和其他几支球队商讨工作机会，包括布鲁克林篮网、多伦多猛龙和菲尼克斯太阳。由于要还底特律活塞老板汤姆·戈尔斯的一个人情，我还在帮助他们的总经理乔·杜马斯寻找新教练。

但最吸引我兴趣的事情并不是关于执教。2011 年 12 月，我的儿子查理介绍我认识了克里斯·汉森，他是一位成功的对冲基金经理，组织了一批投资者，打算将一支 NBA 球队带回西雅图。汉森的计划是购买一部分萨克拉门托国王的股份，然后说服 NBA 允许他将球队搬到这座曾经是超音速队主场的城市。

我欣赏汉森的原因是他对体育和社区的创新思维。他希望我帮助他打造一种新的文化，专注于球队本身，而不是个别超级明星。他的目标是让球迷感到，他们也是球队这个大家庭的一部分。汉森的一个想法受西雅图海湾人的启发，是在每场比赛前举行大型的助威集会，激励球迷们在前往体育馆的路上就兴奋起来。另一个想法是设置一个低价的站立席区域，位于篮筐后方，并配备震撼板，来提高球迷的噪声。汉森甚至希望将球员的名字从球衣上去掉，移开人们对单个球员的关注。我告诉他，NBA 的市场推广部门可能会对此有异议。

我的职责范围较为宽泛，工作是传承球队精神，监督关键球员招聘并确定团队合作的基调。我不会成为亲力亲为的总经理——不会负责招募球员、策划交易或谈判合同。相反，我将专注于大局，确保所有环节都能配合得当，推动建立一种积极、统一的文化。这是我在湖人队时曾做过的事，但在西雅图，我们讨论的不仅仅是球员，还包括整个组织的文化。

这个想法之所以吸引我，还有一个原因，那就是它似乎可以应对 NBA 在最近与球员工会签订的集体劳资协议所带来的转型。这份协议的目的是增加联盟的竞争平衡，对球队在人才上的开支设定了严格的限制——对超过工资帽的球队征收不断递增的罚款，而对低于薪资线的球队则给予奖励。其目的是让一些小市场球队（其中一些正在亏损）有更多机会与像湖人队这样的豪门球队竞争。

作为回应，大多数球队已经开始改变招募人才的方式。例如，俄克拉荷马城雷霆将明星后卫詹姆斯·哈登交易到了休斯敦，因为根据新协议，球队在支付凯文·杜兰特和拉塞尔·威斯布鲁克的薪水后，已经无法再承受哈登的薪水。同样，湖人队也重新调整了他们的阵容，确保到2013/2014 赛季末，只有三位球员的合同到期，这样他们就能在自由球员市场上做出重大投资。

遗憾的是，这一转变不可避免地摧毁了长期以来球队之间的延续性。新协议不仅使得球队（无论多么富裕）几乎不可能组建拥有两三位超级球星的阵容，而且还大大减少了球员们能够在同一支球队度过大部分职业生涯的机会。当我在尼克斯时，我们的几位关键球员，包括比尔·布拉德利、威利斯·里德、沃尔特·弗雷泽和戴夫·德布斯切尔，都在球队待了六年或更久。现在这种情况可能永远不会再出现了。相反，我们将看到许多由一两位明星球员组成的球队，并且配备一批替补球员，他们签的是短期合同。这样一来，建立起一种强大的团队意识变得更加困难。唯一的解决办法是创造一种文化，赋予球员们权力，并为他们提供一个坚实的基础，否则他们会感到不安，无法集中精力凝聚成一个团队。

但由于命运的安排，汉森和他的合作伙伴最终未能完成交易。2013年1月，他们成功地安排收购了国王队的控股权，但时任萨克拉门托市市长，也是前 NBA 全明星球员凯文·约翰逊与联盟达成了协议，允许有意将球队留在本地的投资者提交竞争性出价。约翰逊还说服了市议会批准了一项融资计划，为市中心建设一座新体育馆筹集 4.47 亿美元(其中包括 2.58 亿美元的公共补贴）。5 月，NBA 董事会投票决定禁止汉森及其合作伙伴搬迁球队，而同月，马洛夫家族接受了由软件大亨维维克·拉纳戴夫领导的本地团体报价。这一切终结了我的梦想。

在西雅图交易谈判结束之前，珍妮和我还必须面对一个更加沉重的个人损失。2012 年末，巴斯博士给珍妮列了一份他希望在去世前见到的人名单，包括"魔术师"约翰逊、卡里姆·阿布杜尔·贾巴尔、杰里·韦斯特等人。10 月，珍妮曾希望她的父亲能恢复到足够的健康，来斯台普斯中心球馆观看一场比赛。但到12月时，巴斯博士的病情就恶化到需要长时间的守夜。

在那段时间，我决定向珍妮求婚。婚姻是我们之前聊过的话题，但我们总是在找借口推迟。求婚的念头是感恩节期间，在我女儿布鲁克位于圣巴巴拉的家里产生的。那时，除了住在弗吉尼亚州的大女儿伊丽莎白和她的家人，我其他的孩子和他们的家人都聚在一起。看到珍妮和大家在一起感到如此自在，我开始想着，是时候向她求婚了。心里，我也想着，我们的订婚或许能给巴斯博士带来一些平静，帮助他在最后的日子里放下牵挂。

巴斯博士喜欢用珍贵的宝石宠爱女性，经常拿我在珠宝方面的拙劣表现打趣珍妮。所以回家后，我决定弥补之前的“亏欠”，买一枚订婚戒指，表达我对珍妮的爱。圣诞节早晨，我将戒指送给了她，她非常高兴，之后还将戒指展示给了她父亲巴斯博士，看到她如此开心，我也感到非常欣慰。

2月，我去了医院，向巴斯博士道别。尽管那天他几乎没有意识，但我觉得有必要向他保证，他不需要再为珍妮担忧了。“我们都会好好的，杰里。”说罢，我轻轻拍了拍他的肩膀，“你为你家人的未来做了周全的规划，安心地离开吧。”

几天后，他去世了。

直到巴斯博士去世，我才意识到有多少人依赖于他。这个名单不仅包括他的六个孩子，还有他的前合作伙伴、忠诚的个人员工以及整个湖人队。巴斯博士是个温暖、心胸宽广的人，他在怀俄明州度过了穷困的童年，从未忘记别人给予的善意，正是这些善意帮助他摆脱贫困，实现了成功。

巴斯博士最让人敬佩的一点，是他与球员建立的珍爱关系。“魔术师”约翰逊曾称自己为巴斯博士的“养子”，在悼念仪式上，“魔术师”

动情地回忆起1991年他被诊断为HIV阳性时，巴斯博士给予的无私支持——当时得知消息的巴斯博士哭了，他为约翰逊找到最好的医生，并督促“魔术师”每天按时服药。巴斯博士与科比也建立了深厚的关系。当科比在2007年要求交易时，我们与他和他的经纪人进行了会谈，最终，巴斯博士成功说服科比留下来。

巴斯博士留下了详细的指示，说明了他希望孩子们在自己去世后如何经营湖人的意愿。他指定珍妮负责商业运作，吉米负责篮球事务，另一个哥哥约翰尼担任高级顾问。然而，葬礼之后，吉米和约翰尼才惊讶地发现，巴斯博士已经任命珍妮为湖人队在NBA董事会的投票代表。这个决定实际上将湖人队的最终决策权交给了珍妮。

当年晚些时候，珍妮的书《湖人的女儿》的修订版摘录出现在《洛杉矶时报》，这些内容曝光了她对于教练选聘过程的强烈不满，这导致吉米和珍妮进行了多次情绪激烈的对话，所幸对话也具有建设性，最终他们达成了更加有效的沟通。这些对话至少让他们对各自的角色有了更清晰的认识。

当然，湖人队整个赛季都在为打进季后赛而苦苦挣扎，这无疑让情况变得更遭。史蒂夫 · 纳什因左腿骨折缺席了赛季初的比赛，而德怀特 · 霍华德在经历了严重背部手术后，状态也令人担忧。更糟糕的是，保罗 · 加索尔难以融入全新的快节奏进攻体系。全明星赛期间，湖人队在西部季后赛最后一个名额的竞争中，落后火箭队三个半胜场。赛季后半段，在科比的领导下，湖人队取得8胜2负的战绩，终于使胜率超过了五成。然而，赛季结束前五天，科比在对阵金州勇士的比赛中撕裂了跟腱，湖人队最终通过加时赛击败火箭队，勉强进入季后赛。但没有了科比，他们在首轮面对圣安东尼奥马刺时毫无还手之力，被横扫出局。

在这一切发生的过程中，朋友们问我是否有幸灾乐祸的情绪，我的回答是绝对没有。湖人就像我的家人一样，最重要的是，我希望球队能成功。

季后赛结束后，米奇·库普查克来到我家，讨论湖人队吸引德怀特·霍华德留下的策略。竞争非常激烈，包括他的家乡球队亚特兰大老鹰、充满天赋的年轻球队金州勇士、曾经的冠军球队达拉斯小牛，以及强大的冠军争夺者休斯敦火箭。作为霍华德的现东家，湖人队有优势，可以提供比其他球队多出3000万美元的总薪资，还能多签一年合同，但这并不意味着一切都能顺利。

在季后赛结束后的采访中，霍华德要求得到我将重新执教球队的保证，但库普切克迅速澄清了这一点。库普切克请求我支持他的说法，不要发出相互矛盾的信息。我同意了，并告诉库普切克，我会联系霍华德并鼓励他与湖人队签约。然而，霍华德没有回复我的任何信息。

有人嘲笑湖人队的宣传活动，活动包括在整个城市张贴霍华德身穿湖人队紫金色球衣的巨大照片，上面写着一个词："留下。"但其他球队的宣传也没好多少。达拉斯老板马克·库班为他的宣传制作了一个以霍华德为主角的动画短片，休斯敦火箭的总经理则制作了一段视频，视频里包括他的女儿在内的几位当地孩子恳求霍华德加盟火箭的场景。

湖人队邀请了科比和纳什参加最终的游说会议，以帮助说服霍华德留队。这个主意听起来不错。在会议前，纳什发了一条幽默的推特："德怀特·霍华德，我们来找你了。你会喜欢20年后我们为你在斯台普斯球馆外建的雕像的！"科比则在游说会议上发表了动情的演讲，承诺教给霍华德他从最顶尖的球员那里学到的总冠军心得。

如果会议在这里结束，或许会奏效。但在演讲之后，霍华德问科比，等他从跟腱伤病中恢复后，会计划做些什么。这会是科比的最后一个赛季吗？"不。"科比回答，"我计划再打三四年。"

就在那时，根据房间里的其他人的描述，霍华德的眼神变得空洞，心思已然飘走。他心里已经决定，一切都结束了。几天后，他宣布签约火箭队。

珍妮听到这个消息后很不高兴。她坚信，如果她的父亲还活着，而且足够健康参与谈判，结果会有所不同。在他与湖人队的所有岁月中，巴斯博士只失去一位主力球员：1993年，转投菲尼克斯太阳A.C.格林。她说，如果父亲在场，他会与霍华德建立一种相互支持关系，能将谈判引导到正确的方向。

这或许是真的，但我不确定这一事件的结果是完全的灾难。事实上，我认为这不仅为吉姆和库普切克敲响警钟，也为他们提供了更多的预算灵活度，可以组建他们一直想要的年轻、快速的球队。然而，短期内，球队的表现却令人失望。在科比、加索尔、史蒂夫·纳什等人都因伤缺席的赛季后，湖人队未能进入季后赛，这是自2005年以来的第一次。不出所料，迈克·德安东尼随后宣布辞去主教练职务。

2013年秋天，我与纽约协和神学院院长共进午餐，我们长时间讨论了如何为那些认为自己有精神信仰，但不一定是宗教信仰者的人群创造一种社区。她忽然看着我说："你知道吗，你真的就像一位牧师。"

她的话让我有些吃惊。这让我想起了小时候父母对我的期望。小时候，我总认为在篮球生涯结束后，有一天我可能会回归那个使命。曾经在我待业期间，我甚至探讨了去神学院读研究生的可能性。但是当我访问位于密苏里的一个神学院时，看到这个行业已经变得如此世俗化，我不禁打消了这个念头。那次参观校园时，带我参观的年轻人平淡地说："你在这个领域真的能赚很多钱，甚至每年能挣15万美元。"

总体而言，我在精神追求上一直独来独往，这在一定程度上是因为我四处奔波的旅行安排，但更重要的是因为我对组织化的宗教有着深深的反感。但也许这位女士看到了我需要关注的一面。

最近，我的禅宗老师请我考虑接受菩萨戒，这意味着以后追求精神发展，就是为了所有众生，而不是仅仅为自己。正如创巴仁波切所说："接受菩萨戒意味着我们不再紧紧捍卫自己的领地，而是开放自己，迎接我们所生活的世界。这意味着我们愿意承担更大的责任。"

这种使命与传统基督教的"生活在恩典中"的概念有些相似。10

月，我参加了洛约拉马里蒙特大学关于苦行生活的座谈会，讲座由我的朋友、作家凯瑟琳·诺里斯主持。她讲了一个中世纪的故事，关于一个修道士前往附近的城市，拜访一位著名的苦行者，结果却发现他是一个住在繁华市场区的商人。那天晚上，当他们在祈祷时，修道士被街上醉汉和妓女的喧哗声打扰，便问商人："你每天晚上怎么能忍受这些噪声？"商人回答："我只告诉自己，他们都会进入天国。"

凯瑟琳是一位虔诚的基督徒，她分享这个故事是因为她常常在自己的修行中实践它。一次，她在芝加哥的一家私人俱乐部住下，隔壁的男人带着一个应召女回房，两人开始制造不堪入耳的噪声。"我必须做出选择，是被打扰还是不被打扰。"她说，"然后我想起了这个故事，于是我告诉自己，'我们都会进入天国的'。"

我内心深处一直都渴望过上更简单的苦行生活。但是，我不得不在这种渴望和始终处于公众视野中的现实需求中找到平衡。当我从教练岗位上退休后，珍妮要求我保持对篮球界的关注——我也做到了——但我的第一反应却是回归内心，成为自己心中的那个小牧师。我幻想着放慢生活节奏，活得更有意识，把更多的时间投入服务他人。我很享受做家里的大厨兼杂工，花很多时间买菜、做饭、操持家务。我曾教过一些企业高管冥想，也曾幻想着在纽约协和神学院指导学生。只要他们不叫我"牧师"，我觉得就可以。

然后有一天，欧文·阿佐夫邀请我参加他的生日派对。

阿佐夫是音乐行业的一位杰出高管，他负责管理老鹰乐队、克里斯蒂娜·阿奎莱拉、Steely Dan 乐队等明星。他还一直是位湖人球迷，我常常看到他和老鹰乐队的格伦·弗雷一起坐在场边，靠近我们替补席的位置。阿佐夫的妻子谢莉，因在洛杉矶霍姆比山举办盛大的"只属于我们女孩"的派对而闻名。不甘示弱的阿佐夫决定为约 150 位男性朋友举办一场类似的生日派对，来庆祝他 12 月初的生日。嘉宾名单中包括老鹰乐队的几位成员、演员拉里·大卫、CBS 总裁莱斯特·穆恩维斯，以及纽约尼克斯总裁吉姆·多兰。阿佐夫提醒我，多兰想和我谈谈他的球队。

这场对话有很多内容可以讨论。几个月前，多兰在季前训练营开始前就把尼克斯的总经理格伦·格鲁沃德换掉，找来了前麦迪逊广场花园公司高管史蒂夫·米尔斯。然而，球队在10月的赛季开局并不顺利，事情变得更加糟糕，主力中锋泰森·钱德勒在11月初骨折。我告诉多兰，他需要有耐心。"赛季才刚开始五六周。"我说，"你的球队还没来得及磨合。"在我看来，尼克斯需要加快进攻节奏，更有效地传球，并打出更强硬的篮球风格。我和多兰在阿佐夫的办公室里讨论了尼克斯的困境，大约聊了一个小时，差点错过了晚餐。我们决定圣诞节后再继续讨论这个问题。

我们的下一次会面是在马里纳德尔雷一家纽约风味的餐馆，离我家不远。多兰刚刚和阿佐夫的公司合作成立了合资企业，叫作阿佐夫MSG娱乐，他来洛杉矶讨论如何改造湖人曾经的主场——大西部论坛球馆，那时它已成为麦迪逊广场花园公司的一部分。

多兰问我，如果加入尼克斯，我会怎么做。"如果我真要参与其中，我得非常投入。"我说，"我需要了解每天的运营情况。"

"那你想要什么样的角色？"多兰问。

"好吧，我知道我不想做总经理。"

阿佐夫从房间另一侧的包厢里听着。

"让他做总裁。"阿佐夫对多兰说，"他应该做总裁。"

就这样，一周后，史蒂夫·米尔斯飞到洛杉矶来，我们开始拟定如何合作的计划。我欣赏米尔斯的商业头脑，也感激他愿意辞去总裁职务，转为担任总经理来与我合作。我认为我们能够成为一个好团队。

我对这份工作的兴趣在于，我能够有机会从头开始重塑球队文化，就像我之前在西雅图的失败尝试一样。多兰承诺将篮球事务全权交给我，并给予我自由进行必要的变革，只要我们的共同目标是将一座新的总冠军奖杯带回纽约。

然而，我还是有些犹豫，不知道在球队因新的劳资谈判协议而陷入严重薪资困境的情况下，自己能派上多大用场。尼克斯在2014/2015赛季已经有八名签约球员，包括钱德勒、斯塔德迈尔和安德里亚·巴尔尼亚尼，总薪资约为5000万美元，而当时的薪资上限是5870万美元。而且，球队唯一的超级球星——卡梅隆·安东尼——已经宣布将在休赛期试水自由市场。此外，尼克斯没有选秀权可以操作，而且许多主力球员都在恢复伤病。这将是一场有趣的冒险。

我们的最后一次会面是在3月2日，在位于加州棕榈沙漠附近的拉金塔度假村。多兰是个天生的冒险家，也是资深的豪华帆船赛选手，他请我为他、米尔斯以及自己设计一场户外冒险。我请了一个向导，带我们驾驶全地形车穿越沙漠，看看我未来的同事们如何应对这片险恶的环境。他们表现得很不错，反倒是我迷路了。或者说，正如丹尼尔·布恩曾经说的："我从没迷过路，但曾经有三天完全迷失过。"

这次旅行彻底消除了我对继续前进的任何疑虑。在明朗的沙漠天空下，多兰和我达成了共识，我们定好，我将在3月中旬重返尼克斯。

到达纽约后，我的首要任务是稳定尼克斯的方向，明确我们的未来发展方向，让队内每个人都对我们目标达成一致。我不是说要迅速扭转局面，而是要为球队建立一个基于团队合作和无私精神的强大可持续的未来，这些理念在本书中已有阐述。

对我来说，关键是建立信任。我不想成为那种只和总经理私下商议，对其他人无可奉告的总裁。在我的新角色中，我不会像做教练时那样亲自参与球队管理，但我可以开放思维，让每个有好主意的人都有机会被听见。我们组织里有一些非常有才华的人，但他们需要更多的指引。我们的球探和分析师也需要将每天处理的大量潜在球员信息，与我们球队的长期愿景对接起来。为此，我们计划分析联盟中每支球队，了解它们的驱动力，以便我们能在现在做出一些决策，可以在三五年后发挥作用。

纽约是一个媒体压力巨大的地方，尼克斯过去经常因为不当的媒体泄露而遭受损害。然而，我并不喜欢对媒体实施严格的限制。相反，我更倾向于在团队内部建立信任，确保每个人都承诺保护球队最重要的秘密。这有时是一件微妙的事情。我在纽约的最初几周里，花了很多时间澄清那些关于我将做出哪些决策的谣言。每当媒体浮现出一些虚假报道时，我都会对员工说："别担心，我们没有偏离我们的长远计划。关键是要互相信任。如果有人背叛了这种信任，我们会处理的。你可能骗我一次，但绝对骗不了第二次。"

另外，我还打算解决球队文化中的冷漠现象。回想起我还是球员的时候，球队没有什么内部管家服务。我们必须自己洗衣服、分发门票、自己处理饮食计划（如果你愿意的话，甚至可以叫卡内基熟食店的外卖）。我并不是说我们应该回到那种自己动手的生活方式，但我们需要重新建立起与之相关的职业责任感。真正重要的问题是：尼克斯是会成为一群依赖他人照顾每一个小需求的娇惯球员，还是会成为一支把完成工作作为最优先的任务，严肃认真的职业队伍？

在我第二次执教湖人时，我们有一些非常优秀的球队领袖，比如科比、德里克 · 费舍尔、保罗 · 加索尔，他们常常在身体上遭受极大的折磨，但依然能坚持打完整个赛季。在我的最后一年，我们有六位球员打满了 82 场比赛。2013/2014 赛季，尼克斯却没有一位球员做到这一点。我们的目标并不是做超人，而是要一起为每场比赛而战，保护球队建立起来的紧密联系。

然而，韧性并不是尼克斯的最大问题。当我在季后赛后与球员交谈时，很多球员表示他们很喜欢队友在场外的个性，只是未能在场上达成统一战线。与媒体报道相反，他们并没有把不和谐归咎于教练，而是归咎于自己。他们坦白承认，自己并没有做出必要的牺牲，以便真正地和队友们凝聚成一个团队。

我很高兴回到纽约。尽管与多年前我作为新秀第一次来到这里相比，这座城市已经发生了巨大变化，但对我来说，这里仍然是家。我喜欢这里的活力、智慧和生活节奏。在洛杉矶，你可以藏在自己的小圈子里，几周都不与外界接触。但在纽约，你无论走到哪里，都能和整个世界肩并肩地接触。这种感觉让人振奋。

毫无疑问，我面前的工作任务非常艰巨。现在我们已经聘请了德里克·费舍尔作为新任主教练，我们需要引进一些新球员来配合决定继续留在尼克斯的卡梅隆·安东尼，改变球队化学反应，并为球队注入更多纽约赖以成名的坚韧和个性。费舍尔在我执教湖人时是一个出色的领袖，我确信他会激励球员们团结起来，用正确的方式比赛。

很快，蜜月期就会过去。我已经能感觉到鲨鱼在水中盘旋。但这不会让我烦恼。现在最重要的，是每天早晨醒来，都有机会去做我一直梦想的事情：重新唤醒那支由瑞德·霍尔兹曼打造的球队——那支改变了我一生的球队。

# 鸣谢

这本书的创作始于2011年至2012年冬天，地点是加利福尼亚州宁静的海滨小镇普拉亚德尔瑞，菲尔·杰克逊家中的客厅里。这个客厅很长，面朝太平洋，房间里摆满了纪念品：一张爱德华·柯蒂斯拍摄的印第安勇士划着独木舟收集芦苇的照片、一幅描绘公牛队第二次三连冠的图腾式画作、一枚湖人2010年总冠军戒指的巨大复制品。透过落地窗，可以看到奥运会选手在海滩上练习排球，一群穿着鲜艳运动服的洛杉矶人则骑着自行车、电动滑板车等环保交通工具，络绎不绝地经过。

菲尔有时会停下来，不再讲解三角进攻的奥秘，而是出神地望着大海。“看。”他一边说，一边指着一艘出海的渔船，或是一小群在近海嬉戏的海豚。我们会静静地坐着，默默观察，直到菲尔决定是时候继续解开“盲猪战术”或其他杰克逊式篮球理论的谜团。

房间的后方是一个小小的冥想空间，用日式纸屏风围起，菲尔每天早晨都会在这里坐禅。墙上挂着一幅美丽的书法作品，是禅宗的符号“圆”，配有唐代高僧良价禅师的诗句：

> 切忌从他觅，迢迢与我疏。

我今独自从，处处得逢渠。
渠今正是我，我谓不如渠。
应须怎么会，方得契如如。

这正是我们在书中试图传达的精髓：转变的道路是要超越狭隘自我来看待自己——看见那个“包括一切”的自己。

篮球并不是一个人的比赛，尽管媒体有时会把它描绘成那样。其实它也不仅仅是五个人的比赛。它是一场错综复杂的舞蹈，包含了每个时刻发生的每一件事——篮球击打篮筐的声音、观众的低语、对手眼中闪现的愤怒、自己内心的纷乱思绪。

写作也一样。创作一本这样的书远不止两个人独自在笔记本电脑前敲击键盘那么简单。幸运的是，在整个项目中，我们得到了一个非凡团队的支持，他们提供了独到的见解、创意和辛勤的努力，帮助我们将这本书呈现出来。

首先，我们要感谢我们的经纪人，威廉·莫里斯经纪公司的詹妮弗·鲁道夫·沃尔什，感谢她帮助我们孕育出这本书，并一路陪伴它成长。同时，还要特别感谢经纪人托德·穆斯伯格，感谢他在整个过程中坚持不懈的努力、正直的品格以及将各个环节完美融合的天赋。

我们深深感激我们的出版商和编辑斯科特·莫耶斯，感谢他从一开始就对这本书有着清晰的构想，并将这一构想变为现实。同时，还要感谢斯科特的助手玛莉·安德森和阿基夫·赛菲，以及企鹅出版集团的其他编辑团队成员，感谢他们在压力之下展现出的卓越能力，宛如乔丹般的从容优雅。

我们尤其要感谢那些花时间与我们分享他们关于菲尔以及书中所述事件的个人见解的球员、教练、记者等人。特别感谢比尔·布拉德利参议员和迈克·里奥丹关于尼克斯相关问题的见解；迈克尔·乔丹、斯科蒂·皮蓬、约翰·帕克森、史蒂夫·科尔和约翰尼·巴赫关于公牛队的分享；科比·布莱恩特、德里克·费舍尔、里克·福克斯、保罗·加索尔、卢克·沃顿、弗兰克·汉伯伦、布莱恩·肖和科特·兰比斯关于湖人队的分享。还要感谢比尔·菲奇、奇普·谢弗尔、沃利·布拉斯、乔治·曼福德、布鲁克·杰克逊和乔·杰克逊为我们提供的宝贵贡献。

我们特别感谢作家萨姆·史密斯和马克·海斯勒，感谢他们对NBA的深刻理解和指导。《芝加哥太阳报》专栏作家里克·泰兰德也给予了我们极大的帮助，还有《洛杉矶时报》记者麦克·布雷斯纳汉和《露天看台体育》的凯文·丁。

我们还要向湖人队公关高手约翰·布莱克和他的团队致敬，因为只有他知道如何巧妙地处理各种事务。同样也要感谢芝加哥公牛的蒂姆·哈拉姆及其团队。

特别感谢菲尔之前书籍创作的合作伙伴，作家查理·罗森（《独行侠》《不止一场比赛》）和迈克尔·阿尔库什（《终极赛季》），以及摄影师乔治·卡林斯基（《全力以赴》）和安迪·伯恩斯坦（《总冠军之路》）。我们还因其他作家在以下作品中的视角获益良多：比尔·布拉德利《奔跑中的人生》，菲尔·伯格《33 街的奇迹》，丹尼斯·德·阿戈斯蒂诺《花园的荣耀》，瑞德·霍尔茨曼与哈维·弗罗默《瑞德说瑞德》，罗兰·拉赞比《心理游戏》《表演》，大卫·哈伯斯塔姆《志在必得》，萨姆·史密斯《乔丹法则》，里克·泰兰德《公牛之年》，伊丽莎白·凯《没有明天》，以及马克·海斯勒《狂人的篮球》。

此外，我们还要感谢几位在菲尔整个职业生涯中进行报道的记者，感谢他们提供的见解，特别是《体育画报》的弗兰克·德福德、杰克·麦卡勒姆和菲尔·泰勒；《洛杉矶时报》的蒂姆·村上、蒂姆·布朗、比尔·普拉施克、T.J. 西梅斯、本·博尔奇、布罗德里克·特纳；《芝加哥论坛报》的梅丽莎·艾萨克森、特里·阿莫尔、斯基普·米斯伦斯基、伯尼·林西科姆和鲍勃·维尔迪；《芝加哥太阳报》的莱西·J. 班克斯、约翰·杰克逊和杰伊·马里奥蒂；《圣迭哥联合论坛报》的蒂姆·沙利文和马克·齐格勒；《纽约时报》的霍华德·贝克和迈克·怀斯；《纽约新闻日报》的迈克·卢皮卡；ESPN 的 J.A. 阿丹德、拉蒙娜·谢尔本和马克·斯坦；以及《华盛顿邮报》的迈克尔·威尔本。

研究人员苏·奥布赖恩和林·加里蒂为确保我们准确无误地核对了所有事实，做出了杰出的贡献。向凯瑟琳·克拉克表示深深的谢意，感谢她制作了精彩的图片画廊；还要感谢布莱恩·穆斯伯格和莉兹·卡拉马里，感谢他们为推广本书所付出的不懈努力。感谢切尔西·杰克逊、克雷·麦克拉克兰、约翰·M. 迪里汉提、杰西卡·卡特洛、丽贝卡·伯格、阿曼达·罗密欧、加里·梅尔曼、艾米·卡罗洛、凯特琳·摩尔、凯瑟琳·西本、盖尔·沃勒和克里西·扎特曼，感谢你们在超出职责范围方面的帮助。

最重要的是，这本书最坚定的支持者芭芭拉·格雷厄姆和珍妮·巴斯给予的爱与支持，让我们深感荣幸。

从一开始，芭芭拉就倾注了她的心血与灵魂，用她卓越的编辑能力和创意视野提升了这本书的品质。

如果没有珍妮，或许根本不会有这本书。正是她促使菲尔回到湖人，开启了他的第二段执教生涯。我们要感谢珍妮以及已故的杰里·巴斯博士，正是他们给了菲尔机会，赢得最后两枚戒指。

菲尔·杰克逊与休·迪里汉提